Tim LaHaye & Jerry B. Jenkins

Weil jeder Tag zählt

Andachten zur Wiederkunft Jesu

Tim LaHaye & Jerry B. Jenkins

Weil jeder Tag zählt

Andachten zur Wiederkunft Jesu

Projektion J

Titel der Originalausgabe:
Perhaps Today

1. Auflage 2003

ISBN 3-89490-482-8

Die Bibelstellen wurden, wenn nicht anders angegeben, der „Gute Nachricht Bibel“ entnommen.

Übersetzung: Rosina Erb
Umschlaggestaltung: Michael Wenserit
Umschlagfoto: GettyImages
Satz: Typostudio Rücker, Linden
Druck und Verarbeitung: Ebner & Spiegel, Ulm

Dieses Buch ist allen Menschen gewidmet, die sowohl spirituelle Inspiration als auch prophetische Lehre suchen. Wir beten dafür, dass sie nicht zu jenen gehören, die zurückgelassen werden, wenn Jesus wiederkommt, sondern dass sie dafür bereit sind.

Inhalt

Einführung

Die Wiederkunft Jesu ist für Christen ein überaus wichtiges Thema. Die Geschichte, wie wir sie kennen, wird eines Tages zu Ende gehen, und das, was wir „Zeit“ nennen, wird in Gottes herrlichem Morgen aufgehen. Das Neue Testament beschäftigt sich hauptsächlich mit dem Thema „Erlösung“, weil diese der Zweck seines ersten Kommens war, aber trotzdem nimmt Jesu zweites Kommen auch dort einen breiten Raum ein und wird 318-mal erwähnt.

Die Wiederkunft Jesu wird von allen Verfassern des Neuen Testaments erwähnt. Sie war für die Kirche in den ersten drei Jahrhunderten – einer sehr missionarischen Zeit in der Geschichte der Christenheit – von brennendem Interesse. Nach diesen 300 Jahren sank die Bibel jedoch im Ansehen der Menschen und hatte in ihren Augen nur noch wenig mit ihrem Alltag zu tun. So geriet die Verheißung der Wiederkunft Jesu beinahe völlig in Vergessenheit. In den nachfolgenden Jahrhunderten erlebten die Kirche und die Gesellschaft allgemein einen moralischen und spirituellen Verfall. Das Thema der „Heiligung“ wurde in der Kirche fast nicht mehr gelehrt, und man hörte auf, die Gute Nachricht Jesu zu verkündigen. Diese Zeit, die treffend als „finsteres Mittelalter“ bezeichnet wird, dauerte 1 000 Jahre.

Aber Gottes Plan mit der Menschheit ist über die Jahrhunderte hinweg nicht in Vergessenheit geraten. Mit der Reformation und der weiten Verbreitung der Bibel im 16. und 17. Jahrhundert ist auch die Lehre von der Wiederkunft Jesu wieder aus der Versenkung aufgetaucht. Die Christen wurden erneut motiviert, in einer gottlosen Zeit ein Leben unter Gottes Leitung zu führen. Die Verkündigung des Evangeliums und der missionarische Eifer erwachten von neuem. Und der große Auftrag Gottes wurde auf immer breiterer Ebene ausgeführt.

Die beiden vergangenen Jahrhunderte zeichnen sich ähnlich wie die ersten drei Jahrhunderte der Kirchengeschichte durch eine weltweite Verkündigung des Evangeliums aus. In diesen fünf Jahrhunderten haben sich mehr Christen darum bemüht, ein Leben unter der Leitung des Heiligen Geistes zu führen, und haben mehr Missionare ihren Glauben an andere weitergegeben als in allen vorhergehenden Jahrhunderten zusammen.

Der Grund dafür ist – die Bibel!

Wann immer das Volk Gottes sich intensiv mit den Inhalten der Bibel auseinander setzte, erkannten die Menschen schnell, wie faszinierend die Prophetie der Bibel ist: „Die Bestätigung durch Jesus ist der Geist, der ihnen prophetische Worte eingibt" (Offenbarung 19,10). Die Zukunft, die Gott für uns geplant hat, wird wunderbar sein, und viele Experten glauben, dass diese Zukunft unmittelbar bevorsteht.

M. R. DeHaan aus Grand Rapids, Michigan, war ein Arzt, der viele amerikanische Christen beeinflusste. Meine Mutter fing schon in jungen Jahren an, freitagabends seine Bibelkurse zu besuchen. Daraus entwickelte sich mit der Zeit seine *Radio Bible Class* (Bibelstudium im Radio), die für Millionen von Zuhörern zu einer Art „Bibelschule" wurde.

Woher nahm Dr. DeHaan seine Einsicht und Kraft?

Er war Alkoholiker, der seine Gesundheit in jungen Jahren durch übermäßigen Alkoholkonsum fast ruiniert hatte und mit 36 beinahe gestorben wäre. Dann kam er zum Glauben an Gott und begann, sich immer stärker mit der biblischen Prophetie auseinander zu setzen.

Mit der Zeit wurden auch die Gebete meiner Mutter erhört, und ich wurde Pastor meiner ersten Gemeinde, als ich 23 war. Es war eine kleine ländliche Gemeinde, die sich keinen erfahreneren Pastor leisten konnte. Ich kann nicht sagen, wie gut oder schlecht ich war. Das Predigen fiel mir nicht leicht und ich musste mich immer lange darauf vorbereiten. Ich war stets verzweifelt darum bemüht, gutes Material für meine Predigten zu finden.

In dieser Zeit fiel mir Dr. DeHaans Buch *The Second Coming of Christ* („Das zweite Kommen Christi") in die Hände. Es sollte sich aber herausstellen, dass dieses Buch mehr als nur eine Quelle der Inspiration für einen Predigtanfänger war. Ich predigte zwar über dieses Thema, aber dies hatte nicht nur auf meine Gemeinden eine tief gehende Wirkung, sondern auch auf mich selbst. Es hat mein Denken über Prophetie, Verkündigung und Heiligung über fünf Jahrzehnte lang geformt und mir eine Vision für weltweite Mission gegeben.

Jahre später, als ich den Sitz der *Radio Bible Class* in Grand Rapids besuchte, bekam ich die Erlaubnis, Dr. DeHaans Arbeitszimmer zu besichtigen. Was mich dabei am meisten beeindruckte, war nicht etwa seine große Bibliothek, sondern ein einfaches Schild an einem Bücherregal. Dort stand in großen schwarzen Buchstaben: *Vielleicht noch heute.*

Dieses Motto kann auch für alle Leser dieses Buches zur Hoffnung werden. Wir beten dafür, dass alle, die dieses Buch lesen, sich der Herausforderung stellen, jeden Tag so zu leben, als könnte Jesus noch heute wiederkommen. Die Worte dieses Buches sollen uns an sein Versprechen erinnern: „Im Haus meines Vaters gibt es viele Wohnungen, und ich gehe jetzt hin, um dort einen Platz für euch bereitzumachen ... Und wenn ich gegangen bin und euch den Platz bereitet habe, dann werde ich zurückkommen und euch zu mir nehmen, damit auch ihr seid, wo ich bin“ (Johannes 14,2–3).

Diese Worte Jesu könnten täglich in Erfüllung gehen. Er könnte jederzeit wiederkommen, denn unserer Ansicht nach haben sich alle Prophezeiungen bezüglich seiner Wiederkunft bereits erfüllt. Es steht nichts mehr aus, das noch erfüllt werden müsste. Diese Erwartungshaltung sollte sich auch darauf auswirken, wie wir als Christen leben. Das tägliche Lesen in diesem Andachtsbuch soll Sie begeistern und motivieren. Jesus steht praktisch schon vor der Tür – könnte da noch jemand traurig oder mürrisch sein?

1 Jesus hat versprochen, uns ins Vaterhaus zu holen

„Dann sagte Jesus zu allen: ‚Erschreckt nicht, habt keine Angst! Vertraut auf Gott, und vertraut auch auf mich! Im Haus meines Vaters gibt es viele Wohnungen, und ich gehe jetzt hin, um dort einen Platz für euch bereitzumachen. Sonst hätte ich euch doch nicht mit der Ankündigung beunruhigt, dass ich weggehe. Und wenn ich gegangen bin und euch den Platz bereitet habe, dann werde ich zurückkommen und euch zu mir nehmen, damit auch ihr seid, wo ich bin. Den Weg zu dem Ort, an den ich gehe, den kennt ihr ja.'

Thomas sagte zu ihm: ‚Herr, wir wissen nicht einmal, wohin du gehst! Wie sollen wir dann den Weg dorthin kennen?'

Jesus antwortete: ‚Ich bin der Weg, denn ich bin die Wahrheit und das Leben. Einen anderen Weg zum Vater gibt es nicht.'"

Johannes 14,1–6

Jesus Christus ist der Weg! Viele Christen kennen diese Verheißung. Wenn ein Verwandter oder Freund stirbt, schöpfen wir aus dieser Wahrheit Hoffnung. In der Sonntagsschule wird sie unseren Kindern beigebracht. Sie ist die Medizin für unser unruhiges Herz.

Wir können sicher sein, dass wir in unserem Leben immer wieder mit Schwierigkeiten und Nöten konfrontiert werden. „Aus seinem eigenen Wesen kommt das Leid, so wie der Funkenwirbel aus dem Feuer" (Ijob 5,7). Diese Erfahrung geht an keinem Menschen vorüber! Auch wenn man Christ ist, ist dies noch lange keine Garantie gegen Unglück und Leid. Doch Jesus bietet uns einen Ausweg an: „Vertraut auf Gott und vertraut auch auf mich!" Und er hat uns eine Verheißung gegeben, die zu den wichtigsten in der Bibel gehört: „Ich werde zurückkommen und euch zu mir nehmen, damit auch ihr seid, wo ich bin." Wir haben sein Wort: Er ist dabei, im Himmel einen Platz für uns vorzubereiten. Er wird wiederkommen und uns persönlich ins Vaterhaus holen.

Betrachten Sie darum Probleme und Sorgen als das, was sie sind. Lassen Sie sich darum auch in Ihren größten Nöten von der Verheißung trösten, die Jesus den Jüngern nur wenige Stunden vor seiner Kreuzigung gab. Diese Verheißung trägt noch immer. Worin auch immer Ihre Not besteht – Jesus wird wiederkommen und wir werden eines Tages alle im Hause seines Vaters sein.

Dieses Haus wird in der Tat riesig sein! Es wird genügend Platz darin sein, um alle Gläubigen des Alten und Neuen Testaments darin aufzunehmen. Stellen Sie die Ausmaße eines solchen Hauses in Frage? Tun Sie es nicht, denn Gott hat versprochen, dass darin für jeden Platz ist. Lassen Sie uns mit der Verheißung jenes großen Hauses leben! Ich kann nicht an seine Herrlichkeit denken, ohne mich dabei an meine Mutter zu erinnern. Ihr Leben war hart. Als sie 28 war, wurde sie Witwe, die drei kleine Kinder versorgen musste. Sie arbeitete unermüdlich in einer Fabrik, um uns großzuziehen, und abends besuchte sie neun Jahre lang die Bibelschule, um Kindern das Evangelium verkündigen zu können. An diesem Platz diente sie Jesus 23 Jahre lang. Sie wohnte oft nur in einem Einzimmerappartement oder in einem Wohnwagen. Doch sie diente Gott, ohne hohe Ansprüche zu stellen oder großen Wert auf materielle Dinge zu legen. Sie besaß niemals ein eigenes Haus. Aber im Himmel wird das anders sein! Dort erwartet sie ein wunderschönes Haus – ihr wahres Zuhause! Dieses Haus wird sie in alle Ewigkeit genießen können. Es ist das Haus, das ihr Erlöser für sie vorbereitet hat. Es ist auf ihrem unablässigen Dienst und auf ihrer Liebe zum Bauherrn, der die Mitte ihres Lebens eingenommen hat, erbaut.

In dieser Bibelstelle spricht Jesus ebenfalls die Entrückung der Gemeinde an. Dies ist das erste Mal, dass Jesus davon spricht, dass er alle, die an ihn glauben, ins Vaterhaus holen wird. In seinen früheren Hinweisen auf seine Wiederkunft spricht er nur davon, dass er auf diese Erde zurückkommen wird, um sein Königreich aufzurichten. Aber hier wird die erste Phase seiner Wiederkunft aufgezeigt, die oft als Entrückung bezeichnet wird. Sie wird herrlich sein. Sie wird völlig überraschend kommen. Und was am besten ist: Sie wird vielleicht bald stattfinden!

Gebet für den heutigen Tag

Lieber himmlischer Vater, danke für deine Mut machende Verheißung. Erfülle uns mit Freude über dein Versprechen, dass du wirklich wiederkommen wirst, um uns in dein Haus zu holen, das dein Sohn auch jetzt gerade für uns vorbereitet. Hilf uns, dass wir dir treu dienen, solange wir leben. Und was den heutigen Tag betrifft, so hilf uns, alle unsere Entscheidungen im Lichte der Wiederkunft Jesu zu treffen. Mach uns sensibel für deine Führung, damit wir uns auch anderen zuwenden und ihnen voll Freude von deiner Verheißung erzählen. In Jesu Namen, Amen.

2 Unsere doppelte Staatsbürgerschaft

„Wir dagegen haben schon jetzt Bürgerrecht im Himmel, bei Gott. Von dort erwarten wir auch unseren Retter, Jesus Christus, den Herrn. Er wird unseren schwachen, vergänglichen Körper verwandeln, sodass er genauso herrlich und unvergänglich wird wie der Körper, den er selber seit seiner Auferstehung hat. Denn er hat die Macht, alles seiner Herrschaft zu unterwerfen." Philipper 3,20–21

1998 schloss sich die mexikanische Regierung verschiedenen anderen Nationen an, die ihren Bürgern gestatten, ihre ursprüngliche Staatsbürgerschaft zu behalten, wenn sie Bürger eines anderen Staates werden. Millionen von Mexikanern haben seither die doppelte Staatsbürgerschaft beantragt. Die USA verlangen aber andererseits, dass die amerikanische Staatsbürgerschaft aufgegeben wird, wenn man sich dazu entschließt, Bürger eines anderen Landes zu werden. Davon gibt es natürlich eine Ausnahme: Kein Gesetz kann uns daran hindern, sowohl Bürger der Vereinigten Staaten als auch Bürger des Himmels zu sein. Dieses Bürgerrecht tritt dann in Kraft, wenn wir durch den Glauben an Jesus Christus wiedergeboren werden.

Unsere natürliche Staatsbürgerschaft erhalten wir durch die Geburt in einem bestimmten Land, das wir uns jedoch nicht aussuchen können. Unser Bürgerrecht im Himmel ist ein Geschenk Gottes an alle, die seinen Sohn im Glauben darum bitten, die Herrschaft über ihr Leben zu übernehmen. Unsere natürliche Staatsbürgerschaft ist physisch und endet mit unserem irdischen Leben; unsere himmlische Staatsbürgerschaft ist spirituell und von ewiger Dauer.

Von Bürgern wird erwartet, dass sie die Gesetze ihres Heimatlandes befolgen. Sie müssen auch Steuern zahlen, um die Regierung zu unterstützen, und bei den Wahlen jene wählen, die über sie regieren sollen. Auf ähnliche Weise wird auch von Christen erwartet, dass sie ihrem Herrn gehorchen und im Glauben alles befolgen, was er von ihnen verlangt. Die Gebote Gottes zielen im Wesentlichen darauf ab, ein Leben unter seiner Leitung zu führen, das sich deutlich von dem der Menschen unterscheidet, die keine Beziehung zu Jesus haben. Jesus fordert uns auf, uns selbst zu verleugnen und unser Kreuz täglich auf uns zu nehmen, wenn wir ihm nachfolgen wollen (Lukas 9,23). Die Bürger dieses Königreichs sind dazu berufen, die Perspektive der Ewigkeit immer im Auge zu behalten.

Worin liegt diese Ewigkeitsperspektive?

Es ist die größte Möglichkeit der Geschichte!

Der Apostel Paulus beschreibt sie als ein gespanntes Warten „auf unseren Retter, Jesus Christus, den Herrn". Es ist durchaus kein Geheimnis, dass der Schlüssel zu einem erfolgreichen Leben als Christ darin liegt, diese Perspektive niemals aus den Augen zu verlieren. Als Bürger des Himmels sollten wir nie vergessen, dass Jesus jeden Augenblick wiederkommen kann. Dann wird er uns für immer zu sich nehmen. Das gegenwärtige Zeitalter wird keinen Bestand haben. Dieser Augenblick könnte unser letzter auf Erden sein.

Als das *People Magazine* einen Spezialbericht über unsere „Finale"-Reihe veröffentlichte, bestand man darauf, dass mein Mitautor Jerry B. Jenkins und ich für die Kamera posierten, indem wir himmelwärts blickten. Wir fanden es ein wenig merkwürdig, dass wir an drei verschiedenen Orten insgesamt fünf Stunden lang in den Himmel blicken mussten, damit die Verantwortlichen das eine Foto bekamen, das sie in diesem Artikel brachten. Sie wollten mit diesem Foto vermutlich andeuten, dass Menschen, die so himmlisch gesinnt sind, zu nichts anderem nützlich sind.

Doch genau das Gegenteil ist der Fall!

Wir sind Bürger des Himmels. Wir sind fest davon überzeugt, dass Jesus jeden Augenblick zurückkommen kann. Da der heutige Tag unser letzter auf Erden sein könnte, bemühen wir uns darum, alle wichtigen Entscheidungen im Leben im Licht der Ewigkeit zu treffen. Wir blicken wie Mose (Hebräer 11,24–25) auf unsere ewige Belohnung und verzichten darum in unserem irdischen Leben auf manches.

Im Leben von Bürgern, die nur eine Staatsbürgerschaft besitzen, dreht sich oft alles nur um das Hier und Jetzt. Aber Menschen mit doppelter „Staatsbürgerschaft" entscheiden alle wichtigen Dinge im Leben im Hinblick darauf, dass sie einen Retter erwarten, der „unseren schwachen, vergänglichen Körper verwandeln [wird], sodass er genauso herrlich und unvergänglich [sein] wird wie der Körper, den er selber seit seiner Auferstehung hat" (Philipper 3,21). Der Himmel wird ewig dauern! Darum „richtet eure Gedanken nach oben und nicht auf die irdischen Dinge!" (Kolosser 3,2).

Gebet für den heutigen Tag

Lieber Vater, danke, dass ich durch deine Gnade ein Bürger des Himmels geworden bin. Ich verdiene dieses Privileg nicht, aber ich danke dir dafür. Ich wünsche mir aufrichtig, jeden Tag nach deinem Willen zu leben. Hilf mir, alle Entscheidungen mit Blick auf die Ewigkeit zu fällen. Ich möchte dir meinen Willen unterstellen. Gebrauche mein Leben so, wie du es möchtest. In Jesu Namen, Amen.

3 Die klarste Stelle über die Entrückung

„Wir wollen euch nicht im Unklaren lassen, liebe Brüder und Schwestern, wie es mit denen aus eurer Gemeinde steht, die schon gestorben sind. Dann braucht ihr nicht traurig zu sein wie die übrigen Menschen, die keine Hoffnung haben. Wir glauben doch, dass Jesus gestorben und auferstanden ist. Ebenso gewiss wird Gott auch die Verstorbenen durch Jesus und mit ihm zusammen zum ewigen Leben führen.

Mit einem Wort des Herrn sage ich euch: Die Brüder und Schwestern, die schon gestorben sind, werden gegenüber uns, die beim Kommen des Herrn noch am Leben sind, nicht benachteiligt sein. Wenn Gottes Befehl ergeht, der oberste Engel ruft und die himmlische Posaune ertönt, wird Christus, der Herr, selbst vom Himmel kommen. Zuerst werden dann alle, die im Vertrauen auf ihn gestorben sind, aus dem Grab auferstehen. Danach werden wir, die noch am Leben sind, mit ihnen zusammen auf Wolken in die Luft gehoben und dem Herrn entgegengeführt werden, um ihn zu empfangen. Dann werden wir für immer mit ihm zusammen sein. Macht euch also damit gegenseitig Mut!"

1. Thessalonicher 4,13–18

Christen haben unterschiedliche Ansichten darüber, wann die Entrückung stattfinden wird. Einige sagen, dass sie vor der Trübsalzeit stattfinden wird; andere denken, dass sie während der Trübsalzeit sein wird; und wieder andere glauben, dass sich die Entrückung erst ereignen wird, wenn die Trübsalzeit vorüber ist. Aber in einer Sache stimmen die meisten überein: dass es irgendwann in der Zukunft einen Augenblick geben wird, in dem alle lebenden und toten Christen einen Befehl vom Himmel her hören werden, auf den hin sie in die Wolken „hochgehoben" oder „entrückt" werden. Dort werden sie Gott begegnen und danach für immer mit ihm zusammen sein!

Diese Bibelstelle gibt nicht nur eindeutige Hinweise auf die

Entrückung der Gemeinde, sondern sie bedeutet auch einen großen Trost für uns, denn sie beantwortet die alte Frage: „Was geschieht mit Christen nach dem Tod?“ Ich habe alle Weltreligionen durchforscht und nichts gefunden, das Menschen eine echte Hoffnung auf ein Leben nach dem Tod vermitteln könnte. Dieser Text schildert, was zuerst geschehen wird, wenn Jesus sein zukünftiges Königreich aufrichten wird. Paulus gibt uns an dieser Stelle eine detaillierte Beschreibung der Auferstehung der Christen und schenkt allen, die jemals einen geliebten Menschen durch den Tod verloren haben, viel Hoffnung.

Der erste Brief an die Thessalonicher ist wahrscheinlich das älteste Buch im Neuen Testament. Er wurde nur 18 Jahre, nachdem Jesus in den Himmel aufgefahren ist, geschrieben. Das bedeutet, dass dieser Brief etwa zehn Jahre vor dem ältesten Evangelium verfasst wurde.

Der unerschrockene Evangelist Paulus hatte die kleine Gemeinde in Thessalonich gegründet, einer Stadt, die völlig in Götzendienst und Unmoral verstrickt war. Es gab dort Juden, die seine Lehre von der Auferstehung Jesu ablehnten und ihn darum schnell wieder aus der Stadt vertrieben. Doch in den wenigen Wochen vor seiner Vertreibung hatte er viel über Prophetie gelehrt.

Etwa sechs Monate nach seiner Vertreibung erreichte ihn die Nachricht, dass einige Gemeindeglieder gestorben waren. Ihre Hinterbliebenen wollten wissen, was nun mit den Verstorbenen geschehen werde. Sie hatten Angst, ihre Lieben würden in den Gräbern zurückgelassen werden, wenn Jesus wiederkommt. Indem Paulus auf ihre Zweifel einging, gab er uns allen eine Antwort. Vielleicht sind auch einige Ihrer Lieben bereits gestorben. Wenn ja, dann können Sie diesen Text nicht oft genug lesen. Es ist unsere große Hoffnung, zusammengefasst in nur sechs Versen.

Jesus wird sowohl für die Lebenden als auch für die Toten wiederkommen. Er wird seine gesamte Gemeinde zu sich holen. Wenn wir bei seinem Kommen noch am Leben sind, werden wir aber den bereits Gestorbenen nichts voraus haben. Genau genommen werden die Toten noch vor den Lebenden auf den Ruf Christi reagieren. Dann werden wir alle „in die Luft gehoben und dem Herrn entgegengeführt“.

Unsere verstorbenen Lieben werden einen neuen Auferstehungsleib erhalten. Alle irdischen Körper werden augenblicklich in himmlische Körper verwandelt. Und dann kommt der atemberaubende Augenblick, in dem wir Jesus sehen werden! Ja, mehr noch als sehen: Wir werden für immer mit ihm zusammen sein!

Können Sie sich vorstellen, wie es sein wird, für immer mit Jesus zusammen zu sein? Ewiges Leben! Es wird keinen Tod mehr geben! Aber dafür immer währende Gesundheit durch ihn, den großen Arzt. Friede, der alle Kriege überwindet. Keinen Mangel mehr. Nichts mehr, das uns beschmutzen oder Schaden zufügen kann.

Doch leider gilt diese wunderbare Verheißung nicht allen Menschen. Nur wer Jesus Christus persönlich als seinen Herrn und Erlöser angenommen hat, hat die berechtigte Hoffnung, ein Teil jener zu sein, „die noch am Leben sind", wenn Christus wiederkommt. Nur wer im Vertrauen auf Christus gestorben ist, wird zu den Seinen gehören, wenn er kommt, um seine Gemeinde zu sich zu holen (1. Korinther 15,18). Paulus ruft uns in Erinnerung: „Wir glauben doch, dass Jesus gestorben und auferstanden ist. Ebenso gewiss wird Gott auch die Verstorbenen durch Jesus und mit ihm zusammen zum ewigen Leben führen." Darum werden nur die Menschen an der Entrückung teilhaben, die „glauben". Woran glauben? An das Evangelium!

In 1. Korinther 15, Verse 1 bis 4 schränkt Paulus die Rettung auf Menschen ein, die daran glauben, dass Jesus gestorben und auferstanden ist. Jesus hat sich ein für alle Mal für unsere Sünden geopfert. Er ist wieder auferstanden, was sowohl Gottes Macht über den Tod zeigt als auch beweist, dass Gott sein Opfer angenommen hat. Jeder Mensch, der Christ sein will, muss an diese Wahrheit glauben. Weder irgendwelche Traditionen noch konfessionelle Grundsätze bieten Rettung; allein der Glaube an den Tod und die Auferstehung Jesu Christi ist die Grundlage unserer Erlösung. Wenn Sie noch den leisesten Zweifel daran haben, ob Sie den auferstandenen Jesus je als Ihren Erlöser angenommen haben, dann sollten Sie ihn im Glauben in Ihr Leben einladen. Dann wird diese Verheißung und Hoffnung auch Ihnen gelten.

Gebet für den heutigen Tag

Lieber himmlischer Vater, danke, dass du Jesus, deinen Sohn, geschickt hast, um am Kreuz für meine Sünden zu sterben. Danke, dass du ihn von den Toten wieder auferweckt hast. Verzeih mir, dass ich mich immer wieder gegen dich auflehne und mein Leben in meine eigene Hand nehmen will. Ich bin bereit, mich deinem Willen für mein Leben anzuvertrauen. Ich lade deinen auferstandenen Sohn ein, als Herr und Retter in mein Leben zu kommen. Ich vertraue dir offiziell mein Leben und meine ganze Zukunft an. Das bete ich in Jesu Namen, Amen.

4 Warten auf die Erfüllung unserer Hoffnung und die Wiederkunft Jesu

„Denn die rettende Gnade Gottes ist offenbar geworden und sie gilt allen Menschen. Sie bringt uns dazu, dass wir dem Ungehorsam gegen Gott den Abschied geben, den Begierden, die uns umstricken, und besonnen, gerecht und fromm in dieser Welt leben, als Menschen, die auf die beseligende Erfüllung ihrer Hoffnung warten und darauf, dass unser großer Gott und Retter Jesus Christus in seiner Herrlichkeit erscheint. Er hat sein Leben für uns gegeben, um uns von aller Schuld zu befreien und sich so ein reines Volk zu schaffen, das nur ihm gehört und alles daransetzt, das Gute zu tun." Titus 2,11–14

Zwei verschiedene Phasen der Wiederkunft Jesu bilden in der Bibel eine Einheit. Die „Erfüllung ihrer Hoffnung", von der in dem oben zitierten Bibelvers die Rede ist, bezieht sich auf die Entrückung der Gemeinde. Die „Wiederkunft in Herrlichkeit" hingegen weist darauf hin, dass Jesus mit „Macht und Herrlichkeit" kommen wird (Matthäus 24,30). Bei diesem letzten Ereignis wird er den Antichrist besiegen und sein tausendjähriges Friedensreich aufrichten (Offenbarung 19,11–21).

Diese beiden Ereignisse liegen sieben Jahre auseinander. In dieser Zeit wird Jesus sowohl seine Heiligen im Himmel richten als auch jene Menschen, die auf der Erde zurückgelassen wurden. Diese Zeit ist so turbulent, dass sie von Jesus als Drangsalzeit bezeichnet wird. Er lehrte, dass diese Zeit „furchtbarer sein [wird] als alles, was jemals seit Beginn der Welt geschehen ist oder in Zukunft noch geschehen wird“ (Matthäus 24,21). Die Wiederkunft in Herrlichkeit wird erst am Ende der Trübsalzeit stattfinden. Die Entrückung geht ihr voraus.

Paulus fordert Christen auf, sich auf beides zu freuen. Erst das sehnsüchtige Warten auf diese Ereignisse wird uns dazu befähigen, unseren gottlosen Begierden zu entsagen und „besonnen, gerecht und fromm“ in dieser Welt zu leben. Aber Christ zu werden bedeutet nicht, dass wir nie wieder Fehler machen werden, noch wird es uns davor bewahren, mit Versuchungen konfrontiert zu werden. Gott hat uns die Hoffnung auf seine Wiederkunft geschenkt, damit wir in solchen Situationen gestärkt werden. Wenn wir über unsere Versuchungen die Oberhand gewinnen, können wir uns Gottes wunderbarem Plan für unsere Zukunft zur Verfügung stellen.

Welcher Christ würde sich schon wünschen, dass Jesus kommt, während er in irgendwelche Sünden verstrickt ist? Da wir weder den Tag noch die Stunde kennen, wann er wiederkommt, sollten wir uns darum bemühen, unser Leben so zu führen, als könnte er jederzeit kommen – so als ob dieser Tag unser letzter wäre. Die Vorfreude auf diese Herrlichkeit wird unsere Versuchungen auf eine kontrollierbare Größe reduzieren.

Der Pastor einer dörflichen Gemeinde ging eines Sonntagmorgens zur Kirche, um zu predigen. Dabei kam er am Haus eines seiner Gemeindeglieder vorüber, den er schon seit mehreren Wochen nicht mehr in der Kirche gesehen hatte. Als er in die Nähe des Hauses kam, hört er, dass Holz gehackt wurde. Er machte einen kleinen Abstecher in den Hinterhof und sah den Mann in Arbeitskleidung Holz hacken. Der Pastor legte seine Hände trichterförmig an den Mund, rief ihm zu: „Bruder, der Herr kommt bald!“ und ging dann weiter zur Kirche. Etwa zehn Minuten nach

Beginn des Gottesdienstes schlüpfte der Holzhacker zur Überraschung seiner Frau verlegen in die letzte Reihe. Wir alle müssen von Zeit zu Zeit daran erinnert werden, über unseren alltäglichen Geschäften das Kommen Jesu nicht zu vergessen. Das Problem im Leben des Mannes war nicht, dass er Holz hackte, sondern dass er seine Prioritäten falsch gesetzt hatte.

Warten auf die „Erfüllung der Hoffnung" bedeutet, dass wir unser ganzes Leben in Vorfreude auf den Augenblick verbringen sollen, in dem er uns zu sich holen wird. Dürfen wir dabei auch all das Gute genießen, das Gott uns zur Verfügung gestellt hat? Natürlich. Einige werden gerade Urlaub machen, wenn er kommt. Andere werden arbeiten, um den Lebensunterhalt für ihre Familien zu verdienen. Die Mütter werden teilweise zu Hause sein, um ihre Kinder großzuziehen. Manche werden vielleicht gerade Sport treiben oder irgendwelchen Hobbys nachgehen. Aber alle, die ihn lieben, sollten voller Vorfreude auf sein Kommen warten.

Vor kurzem hatte einer meiner Enkel ein Vorstellungsgespräch für eine gut bezahlte Anstellung in einem säkularen Unternehmen. Zuerst war er versucht, die Stelle anzunehmen. Schließlich glaubte er, diese besondere Anstellungschance verdient zu haben. Er hatte jahrelang gespart und geknausert, um an einem christlichen College zu studieren. Nach einem Einführungstag in der Firma hatte er den Eindruck, für diese Arbeit gut geeignet zu sein. Er war sogar der Meinung, mit dieser Arbeit vielen Menschen helfen zu können. Dennoch dachte er, als er am Ende seines ersten Arbeitstages durch Los Angeles nach Hause fuhr: *Es ist zwar ein guter Job, aber er hat keine Auswirkung auf die Ewigkeit.* Er fuhr von der Autobahn herunter und vertraute Jesus von neuem sein Leben an. Plötzlich hatte er die Gewissheit, dass Gott ihn berufen hatte, Jugendpastor zu werden.

Nur wenig später entdeckte er ein Schild, das ihm den Weg zum „Talbot Seminar" wies. Er hatte schon früher daran gedacht, dort sein Magisterexamen abzulegen. Aus diesem Grund fuhr er gleich dorthin, fand einen Angestellten, der noch da war, und schrieb sich in dieses Seminar ein. Er hat nun die Gewissheit, dass er für seine Zukunft die richtige Entscheidung gefällt hat. Wenn Jesus während seines Studiums wiederkommt, wird er ihn damit ehren. Wenn Christus kommt, wenn er seinen Abschluss gemacht hat und als Jugendpastor tätig ist, wird er ihm damit dienen. So oder so wird er in der Lage sein, „auf die beseligende Erfüllung der Hoffnung zu warten, und darauf, dass unser großer Gott und Retter Jesus Christus erscheint".

Die „beseligende Erfüllung der Hoffnung" ist eine andere Hoffnung als: „Ich *hoffe*, dass mich jemand besuchen kommt!" Oder: „Ich *hoffe*, dich wiederzusehen!" In der Hoffnung, von der hier die Rede ist, liegt viel mehr Gewissheit. Die Hoffnung, von der die Bibel spricht, ist eine „selige Zuversicht".

Das Wort „Hoffnung" wird hier verwendet, um auf ein zukünftiges Ereignis hinzuweisen, das Gott schon vor langer Zeit garantiert hat. Diese Hoffnung bezieht sich auf etwas, das in der Zukunft liegt, aber so sicher eintreffen wird wie die 100 Prophezeiungen des Alten Testaments, die vom ersten Kommen Jesu berichten. Dies ist mittlerweile eine historische Tatsache. Und auch die Wiederkunft Jesu wird eines Tages Geschichte sein. Sie wird passieren. Leben Sie darum Ihr Leben in freudiger Erwartung, bis es geschieht. Warten Sie auf die Erfüllung dieser Hoffnung! Warten Sie voller Zuversicht!

Gebet für den heutigen Tag

Lieber Vater, danke, dass du versprochen hast wiederzukommen. Danke, dass du schon im Voraus gezeigt hast, was mich in der Zukunft erwarten wird. Ich möchte dir treu sein und trotz aller Schwierigkeiten und Versuchungen nicht aufhören, täglich auf dein Kommen zu warten. Darum bitte ich in Jesu Namen, Amen.

5 Der Trost seiner Wiederkunft

„Wir wollen euch nicht im Unklaren lassen, liebe Brüder und Schwestern, wie es mit denen aus eurer Gemeinde steht, die schon gestorben sind. Dann braucht ihr nicht traurig zu sein wie die übrigen Menschen, die keine Hoffnung haben. Wir glauben doch, dass Jesus gestorben und auferstanden ist. Ebenso gewiss wird Gott auch die Verstorbenen durch Jesus und mit ihm zusammen zum ewigen Leben führen.

Mit einem Wort des Herrn sage ich euch: Die Brüder und Schwestern, die schon gestorben sind, werden gegenüber uns, die beim Kommen des Herrn noch am Leben sind, nicht benachteiligt sein. Wenn Gottes Befehl ergeht, der oberste Engel ruft und die himmlische Posaune ertönt, wird Christus, der Herr, selbst vom Himmel kommen. Zuerst werden dann alle, die im Vertrauen auf ihn gestorben sind, aus dem Grab auferstehen. Danach werden wir, die noch am Leben sind, mit ihnen zusammen auf Wolken in die Luft gehoben und dem Herrn entgegengeführt werden, um ihn zu empfangen. Dann werden wir für immer mit ihm zusammen sein. Macht euch also damit gegenseitig Mut!

1. Thessalonicher 4,13–18

17 Tage vor meinem zehnten Geburtstag starb mein Vater unerwartet an einem Herzinfarkt. Ich war vollkommen verzweifelt! Auch meine fünfjährige Schwester konnte nicht verstehen, warum er so plötzlich aus unserem Leben verschwunden war. Unser sieben Wochen alter Bruder würde niemals die Liebe eines Vaters kennen lernen. Zum ersten und einzigen Mal in meinem Leben wollte ich nicht mehr leben. Ich war so geschockt, dass ich es kaum ertragen konnte, seine sterblichen Überreste in der Leichenhalle zu sehen. Sein lautes Lachen, seine liebevollen Umarmungen, seine aufmunternden Berührungen – alles vorbei. Das Leben hatte jegliche Hoffnung für mich verloren.

Zu unserem Glück glaubte der Pfarrer, der meine Eltern sechs

Jahre zuvor zum Glauben an Christus geführt hatte, an die Bibel. Als dieser Pastor meinen Vater beerdigte, sprach er von der Hoffnung auf die Ewigkeit. Wie ein Blitz, der das Dunkel erhellt, bot er mir damit eine zuversichtliche Hoffnung an, die nie wieder erloschen ist.

Er zeigte mit dem Finger auf die tief hängenden Wolken am Himmel und rief: „Das ist nicht alles, was diese Welt von Frank LaHaye gesehen hat! Der Tag wird kommen, an dem Jesus auf den Wolken des Himmels kommen und rufen wird ... und die toten Christen werden als Erste auferstehen. Dann werden wir, die wir noch am Leben sind, zusammen mit ihnen in die Wolken gehoben, um dort oben mit ihm zusammenzutreffen. Und danach werden wir für immer bei Gott sein." Und er fügte noch hinzu: „Darum tröstet einander mit diesen Worten!"

Diese Lehre bedeutete einen lebenslangen Trost für mich, und nicht nur für mich, sondern für Millionen von Christen überall auf der Welt. Diese Bibelstelle und ihre Parallelstelle in 1. Korinther 15, Verse 50 bis 58 werden bei Trauergottesdiensten häufiger als alle anderen Hoffnungsworte vorgelesen oder zitiert. Gedichte und Grabreden sind nett, aber sie reichen nicht an den Trost heran, der von solchen Bibelstellen ausgeht. Diese Verse bieten uns die Hoffnung auf ein wunderbares Leben nach dem Tod.

Haben Sie je bemerkt, dass Menschen, die Jesus und seinen Anspruch auf ihr Leben sonst völlig ignorieren, diese Bibelstelle gerne zitieren, wenn sie einen geliebten Menschen verlieren? Bei solchen Anlässen haben selbst große Denker wie Tennyson, Wordsworth oder Russell nur wenig Hoffnung zu bieten. Jesus allein hat Worte, die ewiges Leben bringen (Johannes 6,68).

In Vers 13 der anfangs zitierten Bibelstelle erklärt Paulus, der Sinn seiner Lehre liege darin, dass Christen nicht zu trauern brauchen „wie die übrigen Menschen, die keine Hoffnung haben". Es ist keine Schande zu trauern, wenn wir einen geliebten Menschen durch den Tod verlieren. Dieser Schmerz ist etwas Natürliches. Warum? Weil wir die Anwesenheit und Gesellschaft unserer Lieben vermissen. Aber wir brauchen nicht um sie zu trauern, als wäre ihre Seele oder ihr Geist nach ihrem Tod heimatlos. Sie sind bei Gott im Vaterhaus. Darum braucht unser Schmerz niemals so hoffnungslos zu sein wie der von Menschen, die ohne Gott durch ihr Leben gehen.

Menschen, die keine Beziehung zu Jesus haben, besitzen diese Hoffnung jedoch nicht. Das Schwerste, das ich in meiner 40-jährigen Tätigkeit als Pastor zu tun hatte, war, Menschen zu beerdigen, die nicht gerettet waren. Es war alles so hoffnungslos. Zu solchen Erinnerungen gehören unter anderem auch die drei Texaner, die beim Begräbnis ihres ungläubigen Vaters schluchzten. Sie hatten eine ordentliche Summe für den luftdichten, gläsernen Sarg ausgegeben, um den Leichnam ihres Vaters so lange wie möglich zu konservieren. Ein Glassarg ist aber ein sinnloser Versuch, Hoffnung zu finden. Es wäre entschieden besser gewesen, ihr Vater hätte sein Leben Jesus anvertraut, als er noch am Leben war!

Es gibt keine Stelle in der Bibel, die Menschen, die ohne Glauben an Jesus Christus sterben, Hoffnung anbietet. Auch wenn wir Christen sind, haben wir diese Hoffnung nicht aus uns selbst oder auf Grund irgendeiner Leistung, die wir vollbracht haben. Sie beruht allein auf dem Werk, das Jesus Christus auf Golgatha vollbrachte und auf der Kraft seiner Auferstehung.

Das wurde mir bei der Beerdigung eines christlichen Freundes einmal anschaulich vor Augen gestellt. Seine Frau Olivia bezeugte bei diesem Gedenkgottesdienst ihren Glauben an Jesus. Die ungläubige Schwester dieser Frau weinte bitterlich, als sie vom Grab weggingen. Die trauernde Witwe legte den Arm liebevoll um sie und sagte: „Nimm es dir nicht so zu Herzen. Ich werde meinen Mann ja wiedersehen, wenn Jesus kommt."

Daraufhin schluchzte die Schwester nur umso mehr, weil ihr bewusst war, dass sie diese Hoffnung nicht hatte. Aber die Erkenntnis eines Mangels ist oft der Anfang von etwas Wunderbarem. Er führte in diesem Fall dazu, dass die Schwester ihr Vertrauen auf Jesus setzte, noch bevor sie wieder zu Hause waren. Sie fand Trost in ihrer Errettung und in der Verheißung der Wiederkunft Jesu.

Gebet für den heutigen Tag

Lieber Vater, ich danke dir sehr für die tröstliche Wahrheit, dass ich eines Tages alle meine Freunde und Verwandten wiedersehen werde, die an dich glauben. Welche andere Religion könnte uns das bieten? Bitte hilf mir, meinen Glauben auch an Menschen weiterzugeben, die diese Hoffnung nicht haben, weil sie dich nicht kennen. Ich möchte heute gerne von deinem Heiligen Geist gebraucht werden. Das bete ich in Jesu Namen, Amen.

6 Jesus erwarten

„Ihr aber seid unserem Beispiel gefolgt und damit dem Beispiel unseres Herrn. Obwohl ihr schwere Anfeindungen ertragen musstet, habt ihr die Botschaft mit der Freude angenommen, die der Geist Gottes schenkt. So seid ihr ein leuchtendes Vorbild für alle Glaubenden in Mazedonien und Achaia geworden.

Und nicht nur dorthin ist die Botschaft des Herrn von euch aus gelangt; es hat sich auch überall sonst herumgesprochen, dass ihr euch Gott zugewandt habt. Wir brauchen niemand etwas davon zu erzählen. Wo wir auch hinkommen, sprechen sie davon, was für ein segensreiches Wirken wir unter euch entfalten konnten. Überall erzählen sie, wie ihr euch von den Götzen abgewandt habt und dem wahren und lebendigen Gott dient – und wie ihr nun vom Himmel her seinen Sohn erwartet, den er vom Tod auferweckt hat: Jesus, der uns vor dem bevorstehenden Gericht rettet." 1. Thessalonicher 1,6–10

Viele Mitglieder der jungen Gemeinde in Thessalonich waren vor ihrer Entscheidung für Jesus heidnische Götzendiener, die ihre Götter mit den in der griechisch-römischen Kultur weit verbreiteten unmoralischen Ritualen verehrt hatten. Nach ihrer Umkehr fingen jene ehemaligen Heiden an, dem „wahren und lebendigen Gott“ zu dienen und auf das Kommen seines Sohnes zu warten.

Das ist einer der zahlreichen neutestamentlichen Beweise dafür, dass Sünder, die zum Glauben an Jesus kommen, nach ihrer Entscheidung für ihn ein ganz neues Leben anfangen. Aber unsere heutigen Zeitgenossen verstehen die Bedeutung dieser „Umkehr“ oft falsch. Sie versuchen zuerst, ihr Leben zu ändern, um sich als würdig zu erweisen, Christ zu werden. Solche Versuche sind von vornherein zum Scheitern verurteilt, denn ohne Christus können Menschen niemals ihr Leben ganz neu ausrichten. Sie haben nicht die Kraft dazu. Sie werden frustriert und desillusioniert, lehnen den Glauben oft ganz ab und wenden sich wieder ihrem alten Leben zu.

Die Bibel spricht an diesem Punkt eine ganz klare Sprache: Wir müssen zunächst Jesus annehmen, und erst danach, wenn wir die Kraft dazu bekommen, werden wir auch in der Lage sein, unser Leben zu verändern. Eine der besten Motivationen, um einen Wandel herbeizuführen, liegt darin, an die Wiederkunft Jesu zu glauben. Der Apostel Paulus lehrte die Menschen in Thessalonich, dass Christus in diese Welt gekommen ist, um die Verlorenen zu suchen und zu retten. Er erinnerte sie oft daran, dass Jesus für ihre Sünden gestorben ist und am dritten Tag wieder auferweckt wurde, so wie die Propheten des Alten Testaments es vorausgesagt hatten. Er lehrte sie, ihr Leben immer mit Blick auf die Wiederkunft Jesu zu führen. Diese Erwartungshaltung sollte ihnen helfen, sagte der Apostel, sich von ihren alten Götzen abzuwenden und dem lebendigen Gott zu dienen.

Wie sah dieses Warten aus? Es war kein Warten in bequemer Passivität. Warten ist eine geistliche Übung, die ein Leben im Gebet und bewussten Bibelstudium verlangt. Paulus hatte sie bereits dafür gelobt, dass sie seinem Beispiel und damit dem Beispiel Jesu gefolgt waren (Vers 6). Er fährt dann fort: „So seid ihr ein leuchtendes Vorbild für alle Glaubenden in Griechenland geworden. Und nun hat sich sogar über Griechenland hinaus herumgesprochen, dass ihr euch Gott zugewandt habt. Denn wohin wir auch kommen, spricht man davon. Wir brauchen niemand etwas davon zu erzählen.“ Es war offensichtlich, dass diese Neubekehrten durch ihre Erwartungshaltung sozusagen unter Strom standen und sehr motiviert waren, anderen von ihrem Glauben zu erzählen.

Diese Wahrheit konnte ich auch einmal anschaulich am Leben eines jungen Zahnarztes und dessen Frau sehen. Die beiden waren vor vielen Jahren in unserer Gemeinde zum Glauben an Christus gekommen. Ich kann mich an kein anderes Paar erinnern, das jemals mehr Menschen zu Jesus geführt hätte als diese beiden. Als ich diesen dynamischen jungen Mann fragte, wieso er viele Menschen für Jesus gewinnen konnte, antwortete er: „Jeder, den ich kenne, ist ein Mensch, der Christus braucht."

Dieses missionarische Paar schloss sich später „Campus für Christus" an und arbeitete dort in einem Programm mit, das wieder neuen Schwung in Gemeinden bringen sollte. Sie verbrachten die nächsten 30 Jahre damit, Tausenden von Menschen beizubringen, wie man seinen Glauben an andere weitergeben kann. Nachdem sie unsere „Finale"-Reihe gelesen hatten, schrieben sie uns vor kurzem, um uns zu sagen, wie sehr ihnen diese Bücher gefallen hätten. In diesem Brief erinnerten sie mich auch daran, dass ich kurz nach ihrer Lebenswende sonntagabends über das Buch der Offenbarung gelehrt hatte. Der Mann gab offen zu: „Ich muss gestehen, dass ich damals nicht immer verstanden habe, was Sie sagten, auch wenn es mir meine Frau auf dem Nachhauseweg zu erklären versuchte. Ich habe aber eines erkannt: Wenn Jesus wirklich wiederkommt, dann sollte ich mein Leben besser in Ordnung bringen!"

Dieses junge Paar musste, so wie die Thessalonicher, ihr Leben vollkommen ändern, um dem „wahren und lebendigen Gott" dienen zu können. Hat es ihnen geschadet? Sicherlich nicht. Im Brief dieses Zahnarztes war zu lesen: „Wir hatten ein großartiges Leben!" In all den Jahren meines Dienstes habe ich niemals gehört, dass sich je ein Mensch darüber beklagte, er habe die falsche Entscheidung getroffen, als er sein Leben Jesus anvertraute. Es gibt dafür einen ganz einfachen Grund: Das Leben eines Christen ist die einzige sinnvolle Art zu leben. Und im Zentrum dieses Lebens steht die wunderbare Hoffnung auf sein Kommen.

Gebet für den heutigen Tag

Lieber himmlischer Vater, ich will dir danken, dass du mich gerettet und meinem Leben eine neue Ausrichtung gegeben hast. Ohne dich müsste ich alle Entscheidungen, die für mein tägliches Leben so wichtig sind, ganz alleine treffen. Danke für alle Verheißungen, dass Jesus ein zweites Mal kommen wird. Hilf mir, dass sie mich immer dazu motivieren, mich von den Götzen meiner Vergangenheit abzuwenden, um dir, dem lebendigen Gott, dem alle Ehre gebührt, zu dienen. In Jesu Namen, Amen.

7 Rettung vor dem kommenden Gericht

„Wie ihr nun vom Himmel her seinen Sohn erwartet, den er vom Tod auferweckt hat: Jesus, der uns vor dem bevorstehenden Gericht rettet."

1. Thessalonicher 1,10

Die Verheißung der Wiederkunft Jesu hatte die Kraft, die jungen Christen von Thessalonich von ihrem Götzendienst abzubringen, sodass sie stattdessen dem lebendigen Gott dienten. Doch das allein war nicht ihre einzige Motivation. Jesus hat nicht nur versprochen wiederzukommen, sondern er hat auch verheißen, uns vor dem kommenden Gericht zu retten. Wer einmal verstanden hat, dass wir vor Gottes Strafgericht errettet werden, wird ein starkes Bedürfnis haben, ein Leben zu führen, das sich deutlich von dem von Nichtchristen unterscheidet.

Paulus hatte die Thessalonicher während seines kurzen Dienstes viel über biblische Prophetie gelehrt. Der Gedanke der „Rettung vor dem kommenden Gericht" war also für sie nicht neu. Er hatte sie offensichtlich gelehrt, was die Propheten des Alten Testaments über Gericht, Leiden, Bedrängnis und Not zu sagen hatten. Paulus hatte zwar die Endzeitreden Jesu selbst nicht gehört, wusste aber, dass Christus die Trübsalzeit als eine Zeit bezeichnete, die „furchtbarer sein wird als alles, was jemals seit Beginn der Welt geschehen ist oder in Zukunft noch geschehen wird" (Matthäus 24,21). Paulus hatte den Thessalonichern wahrscheinlich auch nicht verschwiegen, dass Daniel schon vor langer Zeit vorausgesagt hatte, dass diese Zeit sieben Jahre dauern wird (Daniel 9,27).

Aber er überzeugte diese jungen Gläubigen, dass sie die Trübsalzeit, so schlimm diese auch sein wird, nicht erdulden müssten. Das ist nicht die einzige Stelle, an der Paulus von dieser einzigartigen Rettung spricht. Diese Lehre findet sich auch in Römer 5, Vers 9 und 1. Thessalonicher 5, Vers 9, wo er erklärt, Gott habe uns nicht dazu bestimmt, dem Gericht zu verfallen.

Paulus ist nicht der Einzige, der von dieser Rettung spricht, sie wird auch von Jesus selbst erwähnt. Im Buch der Offenbarung sagt er zu Johannes, dass er die Gläubigen „in der Zeit der Versuchung bewahren wird, die demnächst über die ganze Erde kommen und alle Menschen auf die Probe stellen wird" (Offenbarung 3,10). Mit dieser „Zeit der Versuchung" kann nur die Trübsalzeit gemeint sein, die auf die Entrückung der Gemeinde folgt.

Offensichtlich gebraucht Paulus sowohl die Verheißung der Wiederkunft Jesu als auch die Verheißung der Rettung vor der Trübsalzeit, um die ehemaligen praktizierenden Götzendiener zu einer Veränderung ihres Lebens einzuladen. Und als sie die Wahrheit über die Ereignisse der Endzeit erkannten, wandten sie sich von ihrem sündigen Lebensstil ab, um „dem wahren und lebendigen Gott zu dienen" (1. Thessalonicher 1,9).

Es ist interessant zu sehen, dass sich in den ersten drei und letzten zwei Jahrhunderten der Kirchengeschichte insgesamt mehr Menschen von ihren Götzen abgewandt haben als in allen übrigen Jahrhunderten zusammen. In diesen fünf Jahrhunderten wird auch die Lehre über die Wiederkunft Jesu am klarsten und stärksten verbreitet.

Ich werde nicht aufhören, darüber zu staunen, was Menschen dazu motivieren kann, zum Glauben an Christus zu kommen. Manche werden durch den Opfertod Christi am Kreuz dazu bewegt. Andere werden von seiner großen Erlösungstat dazu gedrängt. Ich selbst war über die Möglichkeit der Verdammung so erschrocken, dass ich mich augenblicklich Christus zuwandte. Ein junger Mann kam einmal nach einem Gottesdienst, in dem ich gepredigt hatte, weinend nach vorne und sagte: „Gott will mich vor seinem kommenden Gericht retten." Auch er hatte die Botschaft verstanden! Er hatte begriffen, dass er die Trübsalzeit auf sich nehmen muss, wenn er keine Beziehung zu Gott eingeht. Sein Gebet bewegte mich sehr: „Danke, Herr, dass du mich vor dem kommenden Gericht rettest."

Gebet für den heutigen Tag

Lieber Vater, ich kann nicht aufhören, dir für deine Verheißung zu danken, dass Jesus wiederkommen wird, um uns in dein himmlisches Vaterhaus zu holen. Ich danke dir auch dafür, dass ich die Trübsalzeit, die vielleicht schon bald über diese Welt kommen wird, nicht erleiden muss. Bitte hilf mir, jeden Tag so zu leben, dass ich in der Kraft des Heiligen Geistes meinen Glauben auch an andere weitergeben kann. Das bitte ich im Namen deines Sohnes, Amen.

8 Hoffnung, Freude und Siegeskranz

„Ihr seid doch unsere Hoffnung und unsere Freude und unser Siegeskranz, auf den wir stolz sein können, wenn Jesus, unser Herr, kommt. Ja, gerade auch ihr! Ihr seid doch unsere Ehre und unsere Freude!"

1. Thessalonicher 2,19–20

Der Apostel Paulus freute sich sehr über die Thessalonicher, die ihren Götzen den Rücken gekehrt hatten, um „dem wahren und lebendigen Gott zu dienen" (1. Thessalonicher 1,9). Wir haben bereits gesehen, dass ihre Umkehr von einer fast unglaublichen Veränderung ihres Lebens begleitet wurde. An dieser Stelle sagt Paulus, wie viel sie ihm bedeuten. Ihr Beispiel machte ihm deutlich, dass sich sein Leben und seine Mühe gelohnt hatten. Sie wurden zu seiner Hoffnung, Freude und seinem Siegeskranz.

Manche Bibellehrer glauben, dass dieser „Siegeskranz" eine der fünf Kronen ist, die sich ein Christ im Laufe seines Lebens „verdienen" kann. Aus der Perspektive der Ewigkeit her gesehen wird diese Krone alles andere im Leben in den Schatten stellen. Es ist eine Krone, die von Jesus selbst verliehen wird, wenn er auf seinem Richterstuhl sitzt. Sie ist aus reinem Gold und für all jene bestimmt, die sich bewusst darum bemühten, ihre Freunde und Bekannten zum Glauben zu führen.

Eine Parallele zu diesem Bild finden wir in der Prophetie Daniels, die sich auf das Kommen Christi bezieht: „Die Einsichtigen werden leuchten wie der taghelle Himmel, und alle, die anderen den rechten Weg gezeigt haben, werden glänzen wie die Sterne für ewige Zeiten" (Daniel 12,3).

Wir dürfen dabei nicht vergessen, dass diese Krone wie jede andere Krone ein Symbol für Autorität ist. Sie wird ihre Träger in eine Position versetzen, in der sie im Tausendjährigen Reich mit Christus herrschen werden. Mit den vier anderen Kronen werden wir uns etwas später in diesem Buch beschäftigen, doch diese spezielle Krone ist eine besondere Auszeichnung für alle „Seelengewinner". Sie ist ein Hinweis darauf, dass alle, die Menschen für Christus gewinnen, im Tausendjährigen Reich eine besondere Rolle einnehmen werden.

Viele Christen glauben, dass diese Krone für Diakone, Sonntagsschullehrer, Chormitglieder usw. reserviert ist. Aber wir sind alle aufgerufen, Menschen für Jesus zu gewinnen und mit dieser Krone belohnt zu werden, die ausschließlich für Evangelisten reserviert ist. Und sie wird für mindestens tausend Jahre verliehen!

Aber das ist noch nicht alles. Paulus spricht davon, dass die Umkehr und die Lebensveränderung der Thessalonicher für ihn eine Quelle des Stolzes und der Freude waren. Ihre Reaktion und Hingabe an den lebendigen Christus bestärkten auch ihn in der Zuversicht, dass Jesus wirklich lebt und eines Tages wiederkommen wird, um uns zu sich zu holen. Wir dürfen uns auch heute noch daran freuen, dass Jesus Leben verändert. Fragen Sie Menschen, die andere zum Glauben geführt haben, und sie werden Ihnen bestätigen, dass es keine größere Freude gibt. Wir erhalten oft Briefe von Menschen, die uns berichten, dass sie Nichtchristen oder Christen, die sich von Gott entfernt hatten, unsere Romane in die Hand gedrückt haben. Als Folge davon haben viele von ihnen wieder zum Glauben an Jesus Christus gefunden.

Vor kurzem sprach mich ein junger Mann im Foyer eines christlichen Rundfunksenders an, um mir zu erzählen, wie Gott diese Romane gebraucht hatte, um das Leben seiner Schwester zu verändern. Sie hatte sich mit ihren Eltern überworfen, war von zu Hause ausgezogen und hatte den Kontakt zu allen Familienmitgliedern abgebrochen. Da er der Einzige war, mit dem sie überhaupt noch sprach, schickte er ihr unseren ersten Band zu. Sie las ihn, vertraute Jesus von neuem ihr Leben an und bat ihre Eltern in einem Brief, ob sie wieder nach Hause kommen dürfe! Die Freudentränen liefen ihm über die Wangen, als er uns diese Geschichte erzählte.

Vor Jahren stellte ich einmal einem jungen Augenarzt in unserer Gemeinde die Frage: „Was war die tollste Erfahrung, die Sie je in Ihrem Leben gemacht haben?" Ich erwartete, dass er mir vielleicht von seiner ersten erfolgreichen Hornhautverpflanzung berichten würde, die er vor nur zehn Tagen durchgeführt hatte. Meine Frage schien ihn sehr nachdenklich zu machen. Schließlich lehnte er sich in seinem Stuhl zurück und erzählte mir von einer Frau, die er vor kurzem zu Jesus geführt hatte.

Nach einer Augenoperation musste der Verband langsam wieder von ihren Augen entfernt werden. Während er Tag für Tag eine weitere Verbandschicht entfernte, nahm er die Gelegenheit wahr, um ihr von seinem Glauben zu erzählen. Als er damit fertig war, fragte er, ob auch sie sich eine Beziehung zu Jesus wünsche. Sie lehnte zuerst ab, sagte dann aber ja.

Der Arzt strahlte übers ganze Gesicht, als er seine Erzählung fortsetzte. „Als wir beteten, spürte ich, dass noch jemand im Raum war. Ich blickte auf und sah ihren Mann neben dem Bett stehen. Ich gestehe, dass ich vor diesem Mann immer ein wenig Angst hatte. Er war ein ausgesprochen schroffer Mensch, der andere gerne einschüchterte. Als ich aber aufblickte, liefen ihm Tränen übers Gesicht. Ich nahm allen Mut zusammen und zeigte auch ihm den Weg zu Christus. Und auch er fand zum Glauben."

Als der Arzt seine Geschichte beendet hatte, war es im Raum ganz still geworden, und ich fragte mich: *Wie kommt es, dass diese Erfahrung das Tollste war, das dieser junge Mann jemals erlebt hat?* Das hat damit zu tun, dass Menschen nichts wirklich glücklicher macht, als andere zum Glauben zu führen. Es gibt nichts, das für die Ewigkeit größere Bedeutung haben könnte.

Wahre Verkünder des Evangeliums verdienen diese „Freudenkrone".

Gebet für den heutigen Tag

Lieber himmlischer Vater, danke, dass du mich gerettet hast. Ich danke dir auch für alle, die daran beteiligt waren, mich zum Glauben an Christus zu führen. Diese Erfahrung war das Tollste, das ich je erlebt habe. Hilf mir, sie mit anderen zu teilen und ihnen den Weg zu dir zu zeigen. Führe mich mit einem Menschen zusammen, der dich braucht, und gebrauche mich, um deine Gnade zu ihm zu bringen. Das bete ich in Jesu Namen, Amen.

9 Überströmende Liebe

„Wir können unserem Gott nicht genug für euch danken und für die große Freude, die er uns an euch erleben lässt. Tag und Nacht bitten wir ihn von ganzem Herzen, dass wir euch wiedersehen dürfen. Denn wir möchten euch gerne helfen, dass an eurem Glauben nichts mehr fehlt.

Wir bitten Gott, unseren Vater, und Jesus, unseren Herrn, uns den Weg zu euch zu ebnen. Der Herr lasse eure Liebe zueinander und zu allen Menschen wachsen und überströmen, sodass sie stark wird wie unsere Liebe zu euch. Er mache euch innerlich stark, damit ihr vor Gott, unse-

rem Vater, in untadeliger Heiligkeit dasteht, wenn Jesus, unser Herr, mit all seinen Engeln kommt. Amen." 1. Thessalonicher 3,9–13

Ein junger Mann aus meinem Bekanntenkreis berichtete uns einmal davon, was ihn lange daran gehindert hatte, Christ zu werden: Er hatte einen lebenslangen, tief sitzenden Hass auf einen Menschen, den er für einen Heuchler hielt. Jedes Mal, wenn er diesen Menschen sah, stieg der Ärger in ihm hoch, der schließlich sogar seinen Weg zu Gott blockierte.

Glücklicherweise fing er an, unsere „Finale"-Bände zu lesen, und kam allmählich zu der Überzeugung, dass es in erster Linie darum ging, dass *er selbst* Christus brauchte. Er erkannte die schreckliche Wahrheit: Wenn Jesus seine Gemeinde zu sich holt, würde seine Freundin entrückt werden, aber er selbst würde zurückbleiben. Darum entschloss er sich, am darauf folgenden Sonntag nach vorne zu gehen und zu Jesus Christus ein ewiges „Ja" zu sagen.

Danach passierte etwas Erstaunliches. Als er den Mittelgang entlangging, wurde er von einem überwältigenden Gefühl der Liebe ergriffen. Sein alter Ärger über diese Person, die er für einen Heuchler hielt, war wie weggeblasen. Der Heilige Geist hatte ihn von seiner Sünde gereinigt und seine Feindseligkeit durch Liebe ersetzt. Er hatte zwar noch immer den Eindruck, dass sich der andere falsch verhielt, aber es war ihm nicht mehr wichtig. Seine Einstellung hatte sich vollkommen verändert!

Paulus wünschte sich diese Art von überströmender Liebe für die Thessalonicher. Die Art von Liebe, die weit über unsere natürliche Zuneigung hinausgeht. Paulus wusste um ihre Verstrickung in die griechisch-römische Religion. Ihre Götzen waren unmoralische Gottheiten, die auf dem Boden von Hass, Eifersucht und Stolz gediehen und sich sogar rächten, wenn man sie nicht zufrieden stellte. Aber nun war Christus gekommen. Der christliche Glaube hatte das unvergleichliche Angebot der Liebe Gottes zu ihnen gebracht, der seinen einzigen Sohn für die Sünden einer rebellischen Welt geopfert hat (Johannes 3,16). Und Paulus wünschte sich für jene ehemaligen Götzendiener, dass sie sich um diese Art von Liebe bemühten.

Paulus' Wunsch wurde in ihrem Leben schließlich Realität.

Selbst säkulare Geschichtsschreiber berichten davon, dass die Christen im ersten Jahrhundert für ihre Liebe bekannt waren. Paulus ermahnte sie aber, in dieser Liebe noch vollkommener zu werden (1. Thessalonicher 4,10). Wir alle kennen Menschen, die in uns Bitterkeit hervorrufen, die unsere Beziehung zerstören und unsere Liebe zu Gott dämpfen kann.

Machen Sie doch einmal Inventur und überprüfen Sie alle Ihre Beziehungen. Gibt es jemanden, den Sie nicht mögen? Gibt es jemanden, der in Ihnen Bitterkeit weckt? Gott wünscht sich, dass Sie diesem Menschen vergeben und anfangen, ihn zu lieben. Lassen Sie niemals zu, dass Ihr Sieg als Christ durch Groll wieder zunichte gemacht wird. Vergeben Sie jedem Menschen seine Kleinlichkeiten oder bösen Absichten. Lieben Sie diesen Menschen trotz allem. Jesus wird wiederkommen. Machen Sie diese Form von Liebe zu einem Lebensstil.

Gebet für den heutigen Tag

Lieber himmlischer Vater, ich danke dir für deine bedingungslose Liebe! Vergib mir, wann immer ich lieblos war. Hilf mir, dass ich auch jenen vergeben kann, die mich durch ihre Selbstsucht verletzt haben. Ich will nicht, dass ich mich einmal wegen mangelnder Vergebungsbereitschaft vor dem Richterstuhl Christi verantworten muss. Doch mir fehlt viel zu oft die Kraft dafür, Christus ähnlich zu werden. Darum hilf mir, so zu lieben, wie du liebst, wenn ich heute damit beginne. Das bitte ich in Jesu Namen. Amen.

10 Belohnung der Märtyrer

„Habt keine Angst wegen der Dinge, die ihr noch erleiden müsst. Der Teufel wird einige von euch ins Gefängnis werfen, um euch auf die Probe zu stellen. Zehn Tage lang werden sie euch verfolgen. Haltet in Treue durch, auch wenn es euch das Leben kostet. Dann werde ich euch als Siegespreis ewiges Leben schenken." Offenbarung 2,10

„Freuen darf sich, wer auf die Probe gestellt wird und sie besteht; denn Gott wird ihm den Siegeskranz geben, das ewige Leben, das er allen versprochen hat, die ihn lieben." Jakobus 1,12

Cassie Bernall wird von ihren Mitschülern als lebhaftes Mädchen beschrieben, das von Glaube, Hoffnung und Liebe erfüllt war. Obwohl sie erst vor drei Jahren während eines Zeltlagers zum Glauben an Jesus gekommen war, war ihr Leben völlig verändert. Als sie an diesem Wochenende nach Hause kam, sagte sie zu ihrer Mutter: „Mama, du hast eine neue Tochter bekommen. Ich habe mein Leben Christus anvertraut." Sie hörte augenblicklich auf, rebellisch zu sein und Drogen zu nehmen und wurde zu dem Kind, das ihre Eltern immer schon in ihr gesehen hatten.

An jenem unvergesslichen Tag war Cassie in Littleton, Colorado, auf dem Weg in die Schulbibliothek, um für eine Prüfung zu lernen. Plötzlich fingen zwei Bewaffnete an, auf ihre Klassenkameraden zu schießen. Einer von ihnen näherte sich Cassie und fragte, ob sie an Gott glaube. Sie zögerte nur einen Augenblick, bevor sie sagte: „Ja, ich glaube an ihn." Daraufhin schoss ihr Mörder ihr aus nächster Nähe ins Gesicht.

Der Gedenkgottesdienst, bei dem auch ihr persönliches Zeugnis auf Video gezeigt wurde, erschütterte die ganze Nation. Es war zwei Tage vor ihrem Tod in der Jugendgruppe ihrer Gemeinde aufgenommen worden. Sie brachte ihre Lebensbotschaft mit eigenen Worten klar zum Ausdruck: „Ich versuche einfach, nicht im Widerspruch zu mir selbst zu stehen. Ich will allen falschen Schein ablegen und nur für Christus leben." Cassie war eines der zwölf Opfer, die von jenen jugendlichen Tätern erschossen wurden.

An dem Gedenkgottesdienst für die ums Leben gekommenen Schüler nahmen über 70 000 Trauernde teil, denen Franklin Graham und andere Pastoren, die bei dieser Schießerei jugendliche Gemeindemitglieder verloren hatten, Trost zusprachen. Die Feier wurde auf zahlreichen Fernsehsendern übertragen. Obwohl bei solchen Anlässen immer Geistliche hinzugezogen werden, sind sie an Schulen sonst nur wenig willkommen. Beten, Lesen in der Bibel und das Bekenntnis zu Gott und seiner Schöpfung sind im Klassenzimmer normalerweise verpönt. Doch in Krisenzeiten wie diesen sind Pfarrer plötzlich gerne gesehen.

Haben Sie sich je gefragt, woran das liegt?

Es ist wirklich ganz simpel: Die Bibel ist nämlich die einzige Quelle, die uns echte Hoffnung für ein Leben nach dem Tod anbietet! Wenn geliebte Menschen von uns genommen werden, machen auch die tollsten Gedichte, die ausgeklügeltste Philosophie oder menschliche Weisheit keinerlei Eindruck auf uns. Wahre Hoffnung ist nur in der Auferstehung Jesu zu finden. Er hat für uns ein unzerstörbares Zuhause im Himmel vorbereitet. Keine andere Religion und kein säkulares Gedankengebilde werden jemals an diesen wunderbaren Plan heranreichen, den Gott für alle hat, die an Jesus Christus glauben.

Was ist aus Cassie geworden? Wurde ihr Leben nicht mitten im Frühling ihres Lebens abgeschnitten? Man braucht nicht um sie zu trauern. Vielleicht um ihre Eltern. Ja, beten Sie für sie. Beten Sie auch für ihre Schule, denn Cassie, die allen sympathisch war, wird dort vermisst werden. Aber was sie selbst angeht, so weiß sie nun, was es bedeutet, von ihrem Körper getrennt in der Gegenwart des Herrn zu sein (2. Korinther 5,7). Von nun an wird für sie eine „Krone des Lebens" bereitliegen, die niemals verwelken wird!

In der Bibel wird diese Krone des Lebens zweimal erwähnt (Offenbarung 2,10; Jakobus 1,12). Sie wird die wichtigste Belohnung für alle Gläubigen sein, die einmal ohne Angst vor Christi Richterstuhl stehen werden. Denn alle, die bei diesem Gericht vor ihm stehen, werden wiedergeborene Gläubige wie Cassie sein.

Wie sollen wir diese Krone verstehen? Was bedeutet sie? Das weiß niemand genau. Wir wissen aber, dass sie eine Belohnung für alle ist, die im Tausendjährigen Reich Christi eine Führungsposition einnehmen werden.

Könige tragen bei bestimmten Feierlichkeiten Kronen. Aber das sind im Grunde nur bescheidene Diademe. Ihre irdischen Kronen symbolisieren Autorität und Macht. Aus der Bibel wissen wir, dass wir „tausend Jahre lang mit Christus herrschen" werden (Offenbarung 20,6). Daraus ist zu schließen, dass Cassie und alle anderen christlichen Märtyrer Kronen tragen werden, die ihren Dienst für Gott symbolisieren, den sie liebten und dem sie bis in den Tod treu waren.

Man hat Christen im Laufe der Geschichte wegen ihres Glaubens oft gefoltert und viele von ihnen sind als Märtyrer gestorben. Alle Märtyrer werden aber eines Tages reich belohnt werden. Sie werden eine Märtyrerkrone erhalten. Ihr Lohn wird von ewiger Dauer sein.

Gebet für den heutigen Tag

Lieber himmlischer Vater, danke für den Mut und den Glauben, den Cassie in ihrem letzten Augenblick zeigte. Danke, dass du sie zu dir in den Himmel geholt hast. Hilf auch mir, stets im Licht der Wiederkunft Jesu zu leben, damit ich jeden Augenblick bereit bin, bei dir zu sein. Das bitte ich in Jesu Namen, Amen.

11 Ein Leben, das Gott gefällt

„Gott hat uns nicht dazu berufen, dass wir ein zuchtloses Leben führen, sondern dass wir sein heiliges Volk sind und ihm Ehre machen. Wer also diese Anweisungen in den Wind schlägt, lehnt sich nicht gegen einen

Menschen auf, sondern gegen Gott, der euch seinen Heiligen Geist gegeben hat, damit ihr so leben könnt, wie es ihm gefällt.

Über die Liebe zu den Brüdern und Schwestern brauchen wir euch nicht zu schreiben. Gott selbst hat es euch ins Herz gegeben, einander zu lieben. Ihr erweist solche Liebe ja allen Glaubensgeschwistern in ganz Mazedonien. Wir bitten euch, dass ihr darin noch vollkommener werdet!

Betrachtet es als Ehrensache, ein geregeltes Leben zu führen. Kümmert euch um eure eigenen Angelegenheiten, und arbeitet für euren Lebensunterhalt, wie wir euch das gesagt haben. Lebt so, dass ihr denen, die nicht zur Gemeinde gehören, keinen Anstoß gebt und niemand zur Last fallt." 1. Thessalonicher 4,7–12

Für ein Leben als Christ gibt es bestimmte Maßstäbe. Die in der oben zitierten Bibelstelle erwähnten stehen unmittelbar vor der Stelle, die allgemein als wichtigste Stelle über die Entrückung gilt (1. Thessalonicher 4,13–18). Dieser Text ist eine der größten Herausforderungen in der Bibel, so zu leben, dass Christus jeden Augenblick kommen kann.

Paulus gibt an dieser Stelle fünf Hinweise darauf, wie ein Leben aussieht, das Gott gefällt:

1. Er sagt, dass wir von Gott dazu berufen sind, heilig zu sein (Vers 7).

Paulus fordert die neu bekehrten Thessalonicher in diesem Kapitel auf, ihren Leib zu heiligen und sich von allen (sexuellen) Sünden fern zu halten, weil diese eine ständige Bedrohung für unsere Heiligung sind (1. Thessalonicher 4,3). Gott ist heilig, und wenn wir eine enge Vertrauensbeziehung zu ihm haben wollen, müssen auch wir danach streben, heilig zu sein. An einer anderen Stelle der Bibel ermahnt Petrus die Gläubigen: „Euer ganzes Tun soll ausgerichtet sein an dem heiligen Gott, der euch berufen hat. In den Heiligen Schriften heißt es ja: Ihr sollt heilig sein, denn ich bin heilig“ (1. Petrus 1,15).

Wie können wir es schaffen, ein Leben zu führen, das sich von dem unserer Mitmenschen unterscheidet und Gott gefällt? Das Erste, das wir tun sollten, ist, Gott um Vergebung zu bitten. Warum? Weil nicht bekannte Sünden Gott davon abhalten, unsere Gebete zu erhören. Schon David sagte im Alten Testament: „Hätte ich Böses im Sinn gehabt, dann hätte der Herr mich nicht erhört" (Psalm 66,18; Einheitsübersetzung). Hatten Sie je das Gefühl, dass Ihre Gebete nicht zu Gott durchdringen? Unsere mangelnde Vollmacht geht meist auf unseren Mangel an Heiligkeit zurück.

Im Alten Testament wohnte Gottes Herrlichkeit im Allerheiligsten. Das Allerheiligste war der innerste Tempelbereich, den der Hohepriester nur einmal im Jahr betreten durfte. Allen anderen war es verboten, ihn überhaupt zu betreten. Wenn der Hohepriester dort seinen Dienst verrichten wollte, musste er vorher seinen gesamten Körper sorgfältig reinigen. Bevor er ins Heiligtum ging, wurde ein Seil an seinem Knöchel festgebunden. Daran konnten ihn die anderen Priester, die ja das Heiligtum nicht betreten durften, wieder nach draußen ziehen, sollte er im Allerheiligsten tot umfallen, weil er nicht alle Sünden bekannt hatte. Gott verlangt von uns, dass wir heilig sind, wenn wir uns auf sein Kommen vorbereiten. Darum sollen wir alle Sünden bekennen, wenn wir uns Gott im Gebet nähern. Nachdem wir das getan haben, müssen wir seine Vergebung aber auch annehmen und uns nicht weiter mit Schuld und Selbstverdammung quälen. Ihn um Vergebung zu bitten ist alles, was nötig ist, um augenblicklich vor ihm „rein" zu sein.

2. Wir müssen unseren Mitchristen mehr Liebe entgegenbringen (Vers 10).

Liebe ist die erste Frucht des Heiligen Geistes, die er in unserem Leben wirkt. Wenn es also einen Menschen geben sollte, gegen den Sie Groll empfinden, dann bitten Sie Gott, Ihnen zu vergeben und Ihre Vorbehalte durch seine Liebe zu ersetzen.

3. Streben Sie danach, ein geregeltes Leben zu führen (Vers 11).

Ein ausschweifendes Leben ist charakteristisch für Menschen, die keine persönliche Beziehung zu Gott haben. Ihnen fehlt oftmals der innere Friede, den sie durch Geschäftigkeit und Dinge zu finden suchen. Je mehr Friede ein Mensch in seinem Herzen hat, desto weniger wird er sich nach äußerem Lärm sehnen. Je näher wir dem Ende dieses Zeitalters kommen, desto mehr ist zu erwarten, dass unsere Welt von Menschen beherrscht wird, die Gott ablehnen. Personen, die zu Gewalttätigkeit und Lärm neigen, lehnen sich oft auch gegen alles auf, was Christus ähnlich ist. Paulus sagt, dass Christen einen anderen Lebensstil anstreben sollen: ein ruhiges und geregeltes Leben im Gehorsam auf Gott.

4. Wir sollen uns um unsere eigenen Angelegenheiten kümmern (Vers 11).

Sich um seine eigenen Angelegenheiten zu kümmern bedeutet, dass wir uns nicht überall einmischen sollen. Wir müssen jedem Menschen zugestehen, auf seine Art zu leben. Wir dürfen niemals versuchen, vor Gott die Verantwortung für das Verhalten eines anderen zu übernehmen.

5. Wir sollen für unseren eigenen Lebensunterhalt sorgen (Vers 11).

Die Bibel ermutigt uns nie zur Faulheit. Sie lehrt sogar – besonders im Hinblick auf die Wiederkunft Jesu –, dass jeder, der nicht arbeiten will, auch nicht essen soll (2. Thessalonicher 3,10).

Als ich Pfarrer in meiner ersten Gemeinde war, wohnten wir in einem Pfarrhaus gleich neben der Kirche. Am Tag, an dem ich meinen Dienst antrat, kam auch eine Wagenladung Grassoden an, denn ich hatte vor, meinen Rasen selbst zu verlegen. An diesem Tag kam ebenfalls ein Maurer, um ein neues Kirchenschild aufzustellen. Dieser Maurer hatte eine negative Meinung von Geistlichen; er hielt sie alle für faul und unproduktiv. Ich hatte keine Ahnung, dass er mich sehr genau beobachtete, während er selbst seine Arbeit machte. Wir fingen beide um 7.30 Uhr an zu arbeiten. Ich stellte mich vor und sagte, dass ich zu einer frühen Sitzung müsse, bevor ich mit dem Verlegen des Rasens beginnen könne. Ich bin sicher, dass er so seine Zweifel hatte, ob ich je wieder auftauchen würde, um den Rasen auch wirklich zu verlegen. Aber sobald meine Sitzung vorüber war, kam ich zurück, zog mich um und verlegte meinen Rasen. Kurz darauf läutete das Telefon. Ich musste meine schmutzige Kleidung ausziehen, mich umziehen und einen Besuch erledigen. Danach kam ich wieder zurück, zog meine Arbeitskleidung an und verlegte den Rasen weiter. So ging es den ganzen Tag. Als wir beide um fünf Uhr Schluss machten, hatte der Maurer gesehen, dass ich im Laufe des Tages sechsmal meine Kleidung gewechselt hatte.

Am darauf folgenden Sonntag kam er mit seiner ganzen Familie in die Kirche. Einen Monat später nahm er Christus als seinen Herrn an. Ich denke, er wurde zum Teil durch das einfache Beispiel ehrlicher Arbeit gewonnen. Er hatte nicht nur seine Meinung über Pfarrer geändert, sondern auch über Gott, der Christen zu ehrlicher Arbeit ermutigt.

Paulus möchte seine Leser durch diese fünf Vorschriften daran erinnern, dass wir von anderen beobachtet werden. Wenn wir zu Jesus Christus gehören und das im Büro, im Geschäft oder in der Schule bekennen, wird unser Umfeld von uns erwarten, dass wir uns dementsprechend verhalten. Paulus fordert diese jungen Gläubigen auf, so zu leben, dass sie anderen, die nicht Teil der Gemeinde sind, keinen Anstoß geben und niemandem zur Last fallen (Vers 12). Mit anderen Worten: Ein Christ kann es sich nicht leisten, so zu leben, als lebe er auf einer Insel für sich allein.

Jeder christliche Sportfan hat Freude an Spitzensportlern, die dazu bereit sind, ein Zeugnis für Christus abzulegen. In der amerikanischen Football-Liga gibt es viele von ihnen. Vor einigen Jahren führte einer der besten Spieler der Liga seinen unglaublichen Erfolg auf seine Entscheidung für Christus zurück. Sogar säkulare Sportjournalisten mussten bei seinem öffentlichen Zeugnis seine moralische Integrität und Unbescholtenheit anerkennen. Ein anderer christlicher Sportler wurde aber im Gegensatz dazu am Abend vor dem Meisterschaftsspiel für ein Verbrechen verhaftet, das nicht nur seinen Ruf ruinierte, sondern auch den seiner Familie und Jesu, den er zu lieben behauptete. Sein Leben stimmte nicht mit seinen Worten überein und gab damit den Sportreportern Gelegenheit, sich über sein Zeugnis und sein Leben lustig zu machen.

Gebet für den heutigen Tag

Lieber himmlischer Vater, vergib mir, dass ich deinen Maßstäben nicht immer gerecht werde. Ich will deinem Sohn Jesus Christus nachfolgen und für sein Kommen bereit sein. Stärke mich, wenn ich mit Versuchungen konfrontiert werde. Mache mich fähig, so zu leben, dass ich ein gutes Zeugnis für dich bin. Amen.

12 Gottes Wille für uns bei Christi Wiederkunft

„Wir können unserem Gott nicht genug für euch danken und für die große Freude, die er uns an euch erleben lässt. Tag und Nacht bitten wir ihn von ganzem Herzen, dass wir euch wiedersehen dürfen. Denn wir möchten euch gerne helfen, dass an eurem Glauben nichts mehr fehlt.

Wir bitten Gott, unseren Vater, und Jesus, unseren Herrn, uns den Weg zu euch zu ebnen. Der Herr lasse eure Liebe zueinander und zu allen Menschen wachsen und überströmen, sodass sie stark wird wie unsere Liebe zu euch. Er mache euch innerlich stark, damit ihr vor Gott, unserem Vater, in untadeliger Heiligkeit dasteht, wenn Jesus, unser Herr, mit allen seinen Engeln kommt.

Brüder, ihr habt von uns gelernt, wie ihr leben sollt, um Gott zu gefallen; und ihr lebt auch schon so. Nun bitten und ermahnen wir euch im Namen von Jesus, dem Herrn, dass ihr darin auch weiterhin Fortschritte macht.

Ihr wisst, welche Anweisungen wir euch in seinem Auftrag gegeben haben. Gott will, dass ihr heilig seid: dass ihm euer ganzes Leben gehört. Das bedeutet, dass ihr euch von Unzucht fern halten sollt. Jeder von euch Männern soll lernen, mit seiner Frau so zusammenzuleben, wie es Gott und den Menschen gefällt. Ihr sollt nicht blind eurer Leidenschaft folgen, wie die Menschen, die Gott nicht kennen. Es soll sich auch keiner Übergriffe erlauben und seinen Bruder bei Geschäften übervorteilen.

Wir haben euch das schon früher gesagt, und wir haben euch nachdrücklich gewarnt: Wer so etwas tut, den wird der Herr bestrafen. Gott hat uns nicht dazu berufen, dass wir ein zuchtloses Leben führen, sondern dass wir sein heiliges Volk sind und ihm Ehre machen."

1. Thessalonicher 3,9–4,7

Jeder Pastor wird sich wie Paulus danach sehnen, dass seine Gemeindeglieder sich stets darum bemühen, den Willen Gottes zu tun. Paulus, der unerschrockene Evangelist, freute sich darüber zu sehen, wie diese Frischbekehrten ihren alten Götzen den Rücken kehrten, um dem lebendigen Gott zu dienen. Aber er wünschte sich noch etwas für sie: Er wollte, dass sie in Heiligkeit und Liebe lebten, was er als „Leben in der Heiligung" bezeichnete (2. Thessalonicher 2,13). Diese biblische Tugend ist heute vielerorts in Vergessenheit geraten. Doch die Bibel stellt immer wieder ganz klar: Wenn uns Jesus zu sich holt, werden wir dafür zur Verantwortung gezogen, ob wir ein Leben geführt haben, das ihm gefällt.

Im 1. Brief an die Thessalonicher schreibt Paulus von der „untadeligen Heiligkeit", in der wir vor Gott, unserem Vater, stehen sollen, wenn Jesus wiederkommt (1. Thessalonicher 3,13). Wenig später spricht er davon, dass unsere Heiligung uns vor aller Unzucht fern hält (1. Thessalonicher 4,3). Sexuelles Fehlverhalten gehört mit zu den größten „Stolpersteinen" von Christen. Gott hat uns Menschen das Geschenk der Sexualität gemacht, aber es wird vom Widersacher gerne benutzt, um Gläubige zu vernichten. Manchmal fragen wir uns, warum Gott uns den Geschlechtstrieb überhaupt gegeben hat. Die Antwort ist einfach: Wenn wir ihn nicht hätten, wäre die menschliche Rasse schon lange ausgestorben. Doch er wird wie jeder andere Trieb – Hunger, Selbsterhaltung, Ehrgeiz – oft missbraucht. Wer diesen Trieb nicht unter Kontrolle hält, läuft Gefahr, von ihm zerstört zu werden.

Unsere Sexualität ist ein Geschenk, das innerhalb der Ehe zur Entfaltung kommen sollte. Selbstdisziplin fängt ganz praktisch in unserem Denken an, das nach Aussage der Bibel rein sein soll. Ich konnte oft beobachten, dass Christen die Freude an einem gottgefälligen Leben wieder verloren haben, nachdem sie sich gedanklich mit verbotenen sexuellen Dingen beschäftigten. Leider greift dies in der heutigen Zeit durch die neuen Medien um sich.

Jesus sagte: „An ihren Früchten werdet ihr sie erkennen" (Matthäus 7,16; Einheitsübersetzung). Man muss kein Theologe sein, um zu sehen, dass unsere Unterhaltungsindustrie die letzten Reste unserer jüdisch-christlichen Moralvorstellungen und Werte zerstört. Welche Filme kennen Sie, die Treue, dauerhafte Liebe oder Unschuld als Tugenden anpreisen? Die Unterhaltungsindustrie hat eine weit verbreitete Lüge in Umlauf gesetzt: Unser Privatleben geht niemanden etwas an; es hat keinerlei Auswirkungen auf unser berufliches Leben.

Das Schlimme daran ist, dass nicht nur Nichtchristen dieser Lüge aufsitzen. Auch viele Christen haben diese Art zu denken übernommen. Zu viele von uns sind der Meinung, sie könnten ihren Kopf mit Dingen voll stopfen, von denen sie – wenn sie ehrlich sind – im Grunde wissen, dass sie Auswirkungen auf ihr Glaubensleben haben. Die Bibel sagt uns, dass der Mensch so ist, wie er in seinem Herzen denkt. Alles, womit wir unseren Kopf füttern, wird auch unsere Gefühle beeinflussen und unser Verhalten bestimmen.

Ein 21-jähriger Student teilte mir einmal die Befürchtung mit: „Pastor, ich glaube, ich bin süchtig nach Sex!" Ich hatte den Eindruck, dass seine Befürchtung etwas mit den Gedanken zu tun hatte, denen er Zugang zu seinem Kopf gewährte. Als ich ihn fragte, wie er denn seine Freizeit verbringe, gab er zu, den „Playboy" und ähnliche Zeitschriften zu lesen. Aber er beteuerte: „Ich kaufe sie nicht; sie liegen im Haus unserer Verbindung überall herum." Als ich ihn fragte, welche Filme er sich im Fernsehen ansehe, gab er schließlich zu, auf einem bestimmten Kanal ständig Filme zu sehen, die als jugendgefährdend eingestuft werden.

Ich sagte ihm, dass er wahrscheinlich keine Sexsucht habe. Es war nur so, dass er seinen Sexualtrieb, der mit 21 ohnehin sehr hoch ist, mit Pornografie und sexuell freizügiger Unterhaltung übermäßig angeregt hatte. Ich warnte ihn, dass es vielleicht einige Monate dauern könne, bis er dieses Denkschema überwunden habe. Ich riet ihm, diese Gedanken mit Hilfe geistlicher Übungen allmählich durch gesunde und heilsame Bilder zu ersetzen. Dann empfahl ich ihm, regelmäßig in der Bibel zu lesen, sie zu studieren und Bibelstellen auswendig zu lernen. Als er sich auf diese neue Übung einließ, verschwanden die belastenden Gedanken.

Unser Kopf ist das wichtigste Organ, das wir haben. Wenn wir ein reines Herz haben wollen, müssen wir unsere Gedanken nach oben und nicht auf irdische Dinge richten (Kolosser 3,2). Unsere Zuneigungen bestimmen, wer wir sind. Ja, sie bestimmen sogar unser Schicksal. Woran wir unser Herz hängen, wird darüber entscheiden, wo wir die Ewigkeit verbringen werden.

Gebet für den heutigen Tag

Lieber himmlischer Vater, bitte vergib mir, dass ich durch das, was ich meinen Augen zu sehen erlaube, Dinge in meinen Kopf hineingelassen habe, die nicht gut für mich sind. Ich möchte für die Dinge sensibel werden, die Bestand haben, und den Versuchungen dieser Welt nicht erliegen. Hilf mir zu erkennen, was ich lesen, hören oder sehen soll. Ich möchte, dass mein Denken rein wird und dich ehrt. In Jesu Namen, Amen.

13 Bereit sein am „Tag des Herrn“

„Über die Frage, wann das geschehen wird, Brüder und Schwestern, zu welchem näheren Zeitpunkt es eintreten wird, brauchen wir euch nichts zu schreiben. Ihr wisst selbst ganz genau, dass der Herr so unvorhergesehen kommt wie ein Dieb in der Nacht. Wenn die Menschen sagen werden: ‚Alles ist ruhig und sicher', wird plötzlich Gottes vernichtendes Strafgericht über sie hereinbrechen, so wie die Wehen über eine schwangere Frau. Da gibt es kein Entrinnen.

Ihr aber lebt ja nicht in der Dunkelheit, Brüder und Schwestern, sodass euch der Tag des Herrn wie ein Dieb überraschen könnte. Ihr alle seid vielmehr Menschen, die dem Licht und dem Tag gehören. Und weil wir nicht mehr der Nacht und der Dunkelheit gehören, wollen wir auch nicht schlafen wie die anderen, sondern wach und nüchtern sein.

Wer schläft, tut es in der Nacht, und wer sich betrinkt, tut es in der Nacht. Wir aber gehören dem Tag und wollen deshalb nüchtern sein. Wir wollen Glauben und Liebe als Panzer anlegen und die Hoffnung auf Rettung als Helm." 1. Thessalonicher 5,1–8

Sind Sie jemals ausgeraubt worden? Wir mussten diese Erfahrung gleich zweimal machen. Als wir einmal verreist waren, überprüfte ein Dieb unser Sicherheitssystem und warf einen Stein durchs Küchenfenster. Dieses war unglücklicherweise das einzige Fenster, das *nicht* gesichert war. Dann nahm er alle Wertsachen mit, die durch dieses Fenster passten. Das andere Mal hielt meine Frau Beverley gerade einen Vortrag in einer Gemeinde, als ein Dieb in ihr Hotelzimmer eindrang und ihren gesamten Schmuck mitgehen ließ.

Diebe setzen auf unsere Vertrauensseligkeit. Sie lieben es, überraschend zu kommen. Die Wiederkunft Jesu wird oft mit dem Kommen eines Diebes verglichen. Wenn Jesus wiederkommt, werden die meisten Menschen nicht damit rechnen. Selbst einige seiner Nachfolger werden vollkommen überrascht sein. In meinen Predigten lege ich den Zuhörern immer wieder eindringlich nahe, jeden Tag ihres Lebens für das zweite Kommen Jesu Christi bereit zu sein, das unausweichlich auf uns zukommt.

In der Bibel wird immer wieder auf den „Tag des Herrn" verwiesen. Dieser Ausdruck bezeichnet eine Zeit des Gerichts, in der Gott wieder direkt in unsere Geschichte eingreifen wird. Wenn die Propheten des Alten Testaments von diesem Tag sprechen, dann denken sie dabei meist an ein Gericht, durch das Gott Israel und Juda für seine Sünden strafen wird. Manchmal weist der „Tag des Herrn" im Alten Testament auch auf Belagerungen oder Kriege hin. Gelegentlich wird dieser Ausdruck auch verwendet, um die Trübsalzeit und das Erscheinen des Messias in seinem Tausendjährigen Reich zu bezeichnen.

In unserem heutigen Bibeltext bezieht sich der „Tag des Herrn" auf alle, die bei seinem Kommen innerhalb eines Augenblicks verwandelt und zu ihm entrückt werden. Er wird so unerwartet wie ein Dieb kommen, dann, wenn ihn die meisten Menschen nicht erwarten.

Paulus fordert die „Kinder des Lichts" dazu auf, wach und nüchtern zu sein und vor allem drei Dinge anzuziehen:

1. *Den Panzer des Glaubens.* Ich kenne nur einen Weg, wie man in diesen Glaubenspanzer hineinschlüpfen kann: durch regelmäßiges Lesen in der Bibel. Ich bin niemals einem Christen begegnet, der sich nicht genügend Zeit genommen hätte, um in der Bibel zu lesen.

2. *Den Panzer der Liebe.* Gläubige sollen einander lieben, auch solche, die nicht liebenswert sind. Es ist leicht zu hassen. Aber wir brauchen den Heiligen Geist, der durch Gottes Wort zu uns spricht, um uns fähig zu machen, auch die zu lieben, die unsere Liebe nicht erwidern.
3. *Den Helm der Rettung bzw. die Hoffnung auf Rettung.* Unsere Hoffnung auf Rettung hat nichts mit einer vagen Möglichkeit zu tun. Sie ist eine zuversichtliche Erwartung. Sie ist eine Rettungsgewissheit. Wir wissen, dass Gott die Macht hat, wirklich alle zu retten, die ihn anrufen.

Als Pfarrer habe ich oft an Sterbebetten gesessen. Menschen, die keine Hoffnung auf Leben nach dem Tod haben, sterben anders als Christen. Ich habe niemals einen Christen gekannt, der nicht in Frieden gestorben wäre. Bei Menschen, die Christus ablehnen, ist das jedoch anders. Sie gehen oft schreiend und tobend aus diesem Leben. Jesus nimmt Gläubigen alle Todesangst und tauscht sie durch die Zuversicht auf das ewige Leben aus. Was könnte besser sein?

Gebet für den heutigen Tag

Lieber Vater, danke, dass du Jesus geschickt hast, um für meine Sünden am Kreuz zu sterben und mich zu retten. Ich weiß, dass ich es nicht wert bin, aber ich bin dir unsagbar dankbar dafür. Danke für die Zuversicht, dass ich sofort bei dir sein werde, wenn ich sterbe (2. Korinther 5,7). Hilf mir, jeden Tag Zeit dafür einzuplanen, um in deinem Wort zu lesen und zu beten. Ich möchte andere lieben und ein Leben führen, das dir gefällt. Das bete ich in Jesu Namen. Amen.

14 Christen sind nicht fürs Gericht bestimmt, sondern werden gerettet

„Denn Gott hat uns nicht dazu bestimmt, dass wir seinem Gericht verfallen, sondern dass wir durch Jesus Christus, unseren Herrn, gerettet werden.

Er, unser Herr, ist für uns gestorben, damit wir mit ihm zusammen leben. Das gilt für uns alle, ob wir noch am Leben sind, wenn er kommt, oder ob wir schon vorher gestorben sind.

Macht also einander Mut und helft euch gegenseitig weiter, wie ihr es ja schon tut." 1. Thessalonicher 5,9–11

Wenn man eine Bibelpassage richtig auslegen will, muss man immer einen Blick auf den Kontext werfen, in dem sie zu finden ist. In 1. Thessalonicher 4, Vers 13 bis 18 liefert Paulus uns die ausführlichste Beschreibung über die Entrückung der Gemeinde. Das tat er, damit wir uns wirklich darauf verlassen können, dass eines Tages vom Himmel her ein Ruf zu hören sein wird, der die Toten auferweckt, die Lebenden verwandelt und uns alle ins Vaterhaus holt. Wir haben bereits gesehen, welch großer Trost darin für alle trauernden Gläubigen liegt.

An dieser Stelle fordert uns Paulus aber auf, alle zu meiden, die leichtfertig Frieden und Sicherheit predigen. Eine solche naive Haltung wird oft mit plötzlicher Vernichtung beantwortet (1. Thessalonicher 5,3). Vernichtung ist auch ein treffendes Bild für die Trübsalzeit, die urplötzlich über alle Menschen kommen wird, die auf dieser Erde leben (Lukas 21,35). Diese Zeit wird auch als „Tag des Herrn" bezeichnet, denn an ihm wird sich der Zorn Gottes über die gesamte lebende Menschheit ergießen. Gott wird eine Reihe von Gerichten zulassen, um Ungläubige vor die unausweichliche Entscheidung zu stellen, den Retter anzunehmen oder abzulehnen. Er wird allen, die bei der Entrückung zurückgelassen werden, genau sieben Jahre Zeit geben, um diese wichtige Entscheidung zu fällen. Aber diese sieben Jahre werden auch eine Zeit sein, in der er seinen Zorn über allen ausgießt, die seine Propheten und Diener verfolgten. Aus Offenbarung 6, Vers 17 geht klar hervor, dass es die schrecklichste Zeit der Geschichte sein wird.

Nachdem Paulus die Gläubigen dazu aufgefordert hat, sich vom Kommen Christi nicht überraschen zu lassen, macht er eine erstaunliche Aussage: „Denn Gott hat uns nicht dazu bestimmt, dass wir seinem Gericht verfallen, sondern dass wir durch Jesus Christus, unseren Herrn, gerettet werden." Das ist eine der biblischen Verheißungen, die am meisten unterschätzt werden. Gott wird sein Versprechen halten und Christen vor dem kommenden Gericht retten (1. Thessalonicher 1,10). Das Wichtigste an dieser Verheißung liegt aber darin, dass diese Rettung allen gilt, die an Christus glauben. Sie betrifft nicht nur die Generation, die in der Endzeit lebt, sondern alle Gläubigen zu allen Zeiten.

Die Bibel macht klar, dass Gott dieser Welt ein Ende setzen wird, die ihre Leiden größtenteils selbst verschuldet hat. Jeder normaler Mensch kann nur mit Grauen an die Millionen denken, die infolge von Kriegen – dem stärksten Ausdruck menschlicher Unmenschlichkeit gegenüber dem Nächsten – ums Leben kamen oder leiden mussten. Man schätzt, dass allein im 20. Jahrhundert 180 Millionen Menschen auf Grund von Kriegen und politischer Unterdrückung umgekommen sind. Unzählige Menschen haben Gliedmaßen verloren oder andere Körperverletzungen erlitten, nur um wahnsinnige Diktatoren daran zu hindern, diese Welt zu beherrschen. Freiheit ist nie umsonst. Sie hat immer ihren Preis. Doch einmal wird der Tag kommen, an dem alles Leiden ein feuriges Ende finden wird; ein Tag, an dem Gott die Gedanken und Motive unserer Herzen richten wird. Es wird Millionen von Menschen geben, die ihn ablehnen, aber die gute Nachricht lautet, dass es auch ein riesiges Heer von Menschen geben wird, so groß, dass niemand sie zählen kann, die bereit sind, sein Rettungsangebot anzunehmen (Offenbarung 7,9). Die Trübsalzeit wird eine Zeit folgenschwerer Entscheidungen sein – sieben schicksalsschwere Jahre, die über das Leben und Sterben von Menschen entscheiden!

Christen sind jedoch dazu bestimmt, erlöst und vor dem

kommenden Gericht gerettet zu werden (Vers 9), wann immer sie leben bzw. gelebt haben. Mit anderen Worten: Jeder Mensch wird eine letzte Chance haben, diesen Rettungsanker zu ergreifen. Diese unerhörte Hoffnung sollte die Herzen aller Gläubigen mit Freude erfüllen. An jenem Tag werden alle Ungerechtigkeiten des Lebens ausgeglichen sein. Alle, die klug sind, werden die Rettung wählen.

Eine der am weitesten verbreiteten Reaktionen auf das Erlösungsangebot, die wir im Laufe der Jahre hörten, war: „Das ist mir zu einfach." Können wir wirklich ohne irgendwelche guten Werke bis in alle Ewigkeit von den Folgen unserer Sünde frei werden? Ja, das ist möglich, denn Jesus hat den vollen Preis dafür bezahlt. Wenn jemand zu mir sagt: „Das christliche Angebot der Erlösung ist mir zu billig!", dann antworte ich: „Nein, es ist keine billige Lösung. Sie hat Gott das Leben seines einzigen Sohnes gekostet." Sie hat den Sohn Gottes unvergleichliches Leiden gekostet, ja sogar den „Verbrechertod am Kreuz" (Philipper 2,8). Unsere Erlösung, die uns von den Folgen der Sünde befreite, hatte einen äußerst hohen Preis. Sie kostete Gott das, was ihm am allerwertvollsten war: das Leben seines Sohnes.

„Die Freude am Herrn umgibt euch wie eine schützende Mauer" (Nehemia 8,10). Es gibt keine andere Freude, die damit vergleichbar wäre, Jesus zu kennen und zu wissen, dass er sich für unsere Rettung geopfert hat. Kein Wunder, dass wir von Paulus aufgefordert werden: „Lasst uns Gott danken für sein unsagbar großes Geschenk!" (2. Korinther 9,15).

Gebet für den heutigen Tag

Lieber himmlischer Vater, ich danke dir von Herzen für das Geschenk deines Sohnes, der bereit war, sich für meine Rettung zu opfern. Es scheint so wenig zu sein, dir dafür nichts als meinen Dank geben zu können! Aber ich muss es tun. Ich danke dir, dass du mir meine Sünden vergeben hast. Und ich danke dir, dass du mich vor dem kommenden Gericht retten wirst. Ich will dir das Einzige geben, das ich dir geben kann: mein Leben. Gebrauche es so, wie du es für richtig hältst. Und gebrauche mich auch heute dazu, um anderen von deinem großen Angebot zu erzählen. Amen.

15 Weitere Ermahnungen angesichts seiner Wiederkunft

„Macht also einander Mut und helft euch gegenseitig weiter, wie ihr es ja schon tut.

Brüder und Schwestern, wir bitten euch: Erkennt die an, die sich für euch abmühen und in der Gemeinde des Herrn Verantwortung übernehmen, um euch den rechten Weg zu zeigen. Wegen des Dienstes, den sie an euch tun, sollt ihr ihnen mit Hochachtung und Liebe begegnen. Lebt in Frieden und Eintracht miteinander!

Wir bitten euch weiter, liebe Brüder und Schwestern: Weist die zurecht, die ein ungeregeltes Leben führen. Ermutigt die Ängstlichen. Helft den Schwachen und habt Geduld mit allen. Achtet darauf, dass niemand von euch Böses mit Bösem heimzahlt. Bemüht euch vielmehr stets, das Gute zu tun, im Umgang miteinander und mit allen Menschen.

Freut euch immerzu! Lasst nicht nach im Beten! Dankt Gott in jeder Lebenslage! Das will Gott von euch als Menschen, die mit Jesus Christus verbunden sind.

Unterdrückt nicht das Wirken des Heiligen Geistes. Verachtet nicht die Weisungen, die er euch gibt. Prüft aber alles, und nehmt nur an, was gut ist. Von jeder Art des Bösen haltet euch fern!"

1. Thessalonicher 5,11–22

Gestern haben wir gesehen, dass wir durch Jesus nicht nur Gottes Erlösung erhalten haben, sondern auch vor dem kommenden Gericht gerettet werden. Es ist unwichtig, ob wir noch leben oder schon gestorben sind, wenn Jesus wiederkommt, denn alle, die an ihn glauben, werden entrückt werden. Paulus schreibt, dass wir mit ihm zusammen *leben* werden (1. Thessalonicher 5,10). Gleichgültig, ob wir zum Zeitpunkt der Entrückung bereits tot waren oder noch leben.

Der Apostel Paulus fordert uns auf, täglich und stündlich für das Kommen Christi bereit zu sein. Die 13 folgenden Dinge helfen uns dabei, in dieser ständigen Erwartungsbereitschaft zu leben:

1. Wir sollen einander Mut machen.
2. Wir sollen einander aufbauen und uns gegenseitig helfen. Christen sollen die gute Nachricht der Erlösung bereitwillig mit anderen teilen.
3. Wir sollen unsere Leiter respektieren. Wir sollen alle, die anderen dienen, ermutigen.
4. Wir sollen in Frieden miteinander leben.
5. Christen sollen mit anderen Geduld haben – auch mit den Trägen, Ängstlichen und Schwachen. Christen sollen sich dadurch auszeichnen, dass sie lernen, sich nicht nur um sich selbst, sondern auch um andere zu kümmern.
6. Wir sollen versuchen, einander immer Gutes zu tun.
7. Wir sollen fröhlich sein.
8. Wir sollen nicht aufhören zu beten. Unter anderem sollen wir auch dafür beten, dass sich die Menschen, die Jesus noch nicht kennen, für sein Kommen bereitmachen.
9. Wir sollen Gott in jeder Lebenslage danken, weil das sein Wille für alle ist, die zu Christus gehören. Dankbare Menschen sind auch glückliche Menschen. Danken und Freude gehen Hand in Hand. Diese beiden Dinge wirken Entmutigung und Selbstmitleid entgegen, bevor diese uns in Depressionen stürzen.
10. Wir sollen das Wirken des Heiligen Geistes nicht unterdrücken. Das ist normalerweise eine Folge der Sünde, wenn wir Zorn oder Ärger nicht bekennen. Wir sollten stattdessen unsere Gedanken nach oben richten – auf Dinge wie die Wiederkunft Jesu.
11. Wir sollen über Prophezeiungen nicht spotten. Prophetie soll die Gläubigen auferbauen (Offenbarung 19,10).
12. Wir sollen alles prüfen, aber nur das Gute behalten.
13. Wir sollen uns von allem Bösen fern halten.

Während meiner 40 Jahre im Gemeindedienst konnte ich beobachten, dass eine gesunde Lehre auch Harmonie in der Gemeinde bewirkt. Wenn ich außerdem anfing, über die Wiederkunft Jesu zu predigen, fing die Gemeinde an, rasch zu wachsen. Einige, die meine Bibelauslegungen und Predigten nicht mochten, regten sich darüber auf. Sie versuchten von Zeit zu Zeit, Unruhe zu stiften, um meinen Dienst zum Scheitern zu bringen. Dennoch wurden meine Predigten über die Wiederkunft Jesu immer vom Wirken des Heiligen Geistes in unseren Gottesdiensten begleitet. Menschen vertrauten Jesus ihr Leben an. Viele hörten zum ersten Mal den Ruf Gottes, ihm missionarisch zu dienen. Wieder andere stellten Gott von neuem ihr Leben zur Verfügung.

Aber alle, die sich vom Kommen Christi begeistern ließen, wurden nur selten in diese Konflikte verwickelt. Wenn Spannungen auftraten, waren diese jungen Christen vom Kommen Christi ganz besonders begeistert. Fasziniert von der Hoffnung auf die Wiederkunft Jesu, erzählten sie Freunden von ihrer Beziehung zu Jesus, luden sie in die Gemeinde ein, wo viele von ihnen zum Glauben fanden. Die Wahrheit über die Wiederkunft Jesu hat etwas an sich, das unsere kleinen Meinungsverschiedenheiten auf die richtige Größe reduziert.

Nachdem uns Paulus zwölf sehr positive Dinge genannt hat, die unserem Leben die richtige Richtung geben, erinnert er uns auch daran, uns von allem Bösen fern zu halten. Wir leben in einer gefallenen Welt, die täglich schlimmer zu werden scheint. Wir laufen Gefahr, uns immer weiter vom christlichen Glauben fortzubewegen, der einst die Grundlage unseres Volkes war. Wir sind von Versuchungen umgeben. Wenn Christen anfangen, sich der Gott-losen Gesellschaft anzupassen, werden sie auch damit aufhören, sich an den zwölf positiven Dingen zu orientieren. Die beste Art und Weise, wie man sich in einer zunehmend bösen Welt vom Bösen fern halten kann, besteht darin, sich immer wieder vor Augen zu führen, dass Jesus wiederkommt.

Gebet für den heutigen Tag

Lieber himmlischer Vater, danke, dass du mich immer wieder daran erinnerst, dass Jesus wiederkommen wird. Es gibt Tage, an denen mich meine Alltagsgeschäfte so sehr in Beschlag nehmen, dass ich dich darüber ganz aus den Augen verliere. Hilf mir, heute nach Menschen Ausschau zu halten, die für dein Kommen nicht bereit sind. Erfülle mich mit der Kraft deines Heiligen Geistes, um diesen Menschen von meinem Glauben zu erzählen. Das bitte ich in Jesu Namen, Amen.

16 Vollkommene Heiligung bei seinem Kommen

„Gott selbst aber, der uns seinen Frieden schenkt, vollende euch als sein heiliges Volk und bewahre euch im Innersten unversehrt, fehlerlos an Seele und Leib, für den Tag, an dem Jesus Christus, unser Herr, kommt."

1\. Thessalonicher 5,23

Für frühere Generationen schien „Heiligung" eine einmalige Erfahrung der Gnade zu sein, von der man annahm, dass sie ein ganzes Leben lang anhält. Leider zeigt unsere menschliche Erfahrung, dass das nur selten stimmt. Wir alle kennen die Geschichten von reifen Christen, die sich in falsche Verhaltensweisen verstrickten, die ihr Lebenszeugnis unglaubwürdig machen. Auch sie haben von Gott eine „weiße Weste" bekommen, die jedoch durch ihr Fehlverhalten wieder Flecke bekam.

Da keiner von uns frei ist von Sünde, sollten wir diese Menschen nicht verurteilen, sondern aus ihrem Beispiel lernen. Heiligung sollte für uns alle zur täglichen und stündlichen Erfahrung werden. Nichts wird uns aber mehr dazu motivieren als das Warten auf die Wiederkunft Jesu.

Vor kurzem gab ich im Fernsehen ein Interview über unsere „Finale"-Serie. Dabei wurde mir eine Frage gestellt, mit der ich häufig konfrontiert werde: „Dr. LaHaye, wie nahe sind wir Ihrer Meinung nach der Wiederkunft Jesu?"

Ich antwortete: „Niemand kennt den Tag oder die Stunde. Es

kann noch heute sein oder im kommenden Monat oder im nächsten Jahr. Oder vielleicht erst im nächsten Jahrhundert."

Darauf folgte die Frage: „Glauben Sie tatsächlich, dass er noch heute kommen kann?"

Ja, das könnte zweifellos der Fall sein! Es ist wichtig zu wissen, dass es keine Zeichen gibt, die unserer Entrückung vorausgehen. Diese ist ein Ereignis, das unangekündigt eintreten wird. Wir müssen also erkennen: Es gibt nichts, das noch in Erfüllung gehen müsste, bevor Jesus zu seiner Gemeinde wiederkehrt. Dies gilt jedoch nicht für seine Wiederkunft am Ende der siebenjährigen Trübsalzeit. Für dieses Ereignis wird es viele Zeichen geben, die es im Vorfeld ankündigen: das Auftreten des Antichristen, die Unterzeichnung seines Abkommens mit Israel, die 21 in der Offenbarung beschriebenen Gerichte, um nur einige wenige zu nennen. Alle diese Ereignisse müssen eintreten, bevor Jesus in Macht und Herrlichkeit wiederkommen und sein Reich aufrichten kann.

Da es also keine Vorwarnung geben wird, sollte jeder Christ jeden Tag seines Lebens so verbringen, als ob es sein letzter wäre. Im gestrigen Text haben wir zwölf Dinge betrachtet, die jeder Christ tun sollte, um ein Leben zu führen, das Gott gefällt. Wir sollten uns jedoch nicht unter Druck setzen, sondern berücksichtigen, dass unsere Heiligung ein lebenslanger Prozess ist, der unsere gesamte Person mit Körper, Seele und Geist betrifft. Sie fängt bei unserer Entscheidung für Jesus an und wird erst bei seiner Wiederkunft abgeschlossen sein, wenn wir durch ihn einen neuen und unvergänglichen Körper bekommen (1. Korinther 15,52). Wenn unser Wesen erneuert ist, sind wir zu einer „neuen Schöpfung" geworden. „Das Alte ist vergangen, Neues ist geworden" (2. Korinther 5,17; Einheitsübersetzung). Wenn wir unser Denken, unsere Seele und unseren Geist regelmäßig mit dem Wort Gottes „ernähren", wird uns der Heilige Geist auch die Bereiche unseres Lebens zeigen, in denen wir Veränderungen vornehmen sollten. Und diese Aufgabe müssen wir nicht alleine angehen: Gott vollzieht sie durch seinen Heiligen Geist in uns, sodass wir seinem Sohn immer ähnlicher werden und bei seinem Kommen vollkommen und „untadelig" sein werden.

Gebet für den heutigen Tag

Lieber himmlischer Vater, ich danke dir dafür, dass du mich verändern willst. Danke, dass du mich für den Himmel „tauglich" machen und meinen Körper, meine Seele und meinen Geist verwandeln wirst. Wecke das Verlangen in mir, ein Leben zu führen, das dir gefällt. Sollte es in meinem Leben etwas geben, das mir schadet, so bitte ich dich, mir mein Fehlverhalten durch deinen Heiligen Geist aufzudecken. Hilf mir, alle Sünden sofort zu bekennen und dich wirklich Herr über mein Leben sein zu lassen. In Jesu Namen, Amen.

17 Das Gericht bei seinem Kommen

„Denn es entspricht der Gerechtigkeit Gottes, dass er die, die euch Leiden bereiten, selbst leiden lässt und dass er euch, die ihr jetzt leiden müsst, mit uns zusammen von allen Leiden befreit.

Das wird geschehen, wenn Jesus, der Herr, vom Himmel kommt und alle ihn sehen werden. Er kommt mit den Engeln, die seine Befehle vollstrecken, und in loderndem Feuer, um Vergeltung zu üben an allen, die Gott nicht ehren und die Gute Nachricht von Jesus, unserem Herrn, nicht gehorsam annehmen. Als Strafe verhängt der Herr in seiner Macht und Herrlichkeit ewiges Verderben über sie. Das geschieht an dem Tag, an dem er kommt, um von allen, die ihm gehören, von allen, die zum Glauben an ihn gekommen sind, geehrt und umjubelt zu werden – auch von euch, denn ihr habt ja der Botschaft geglaubt, die wir euch gebracht haben." 2. Thessalonicher 1,6–10

Wenn Jesus wiederkommt, wird er alle richten, die seine Propheten und Heiligen verfolgt haben. Die meisten Märtyrer sind gestorben, bevor sie miterleben konnten, dass diejenigen, die sie verfolgt haben, ihre gerechte Strafe erhielten. Wahrscheinlich sind die meisten Verfolger ebenfalls gestorben, ohne für ihre Verbrechen verurteilt zu werden. Aber es wird einen Tag der Vergeltung geben. All ihre Unmenschlichkeit wird von Jesus gerecht gerichtet werden, wenn er wiederkommt.

Die Christen in Thessalonich waren so engagierte Christen, dass der Widersacher in einem vergeblichen Versuch, sie von ihrem Glauben abzubringen, falsche Lehrer und Verfolger in ihre Mitte sandte. Paulus lobte sie wegen ihrer Standhaftigkeit und Treue in allen Verfolgungen und Leiden (2. Thessalonicher 1,4), versprach ihnen aber auch, dass all das Böse, das diese Verfolger über die Gemeinde brachten, gesühnt werden wird.

Es sieht aus, als hätten einige dieser Übeltäter und Christenverfolger anscheinend nicht die Folgen für ihr böses Tun zu tragen. Wenn Jesus in Macht und Herrlichkeit wiederkommt, wird ihnen aber auch der beste Rechtsanwalt zu keinem Freispruch verhelfen können. Das Gericht Gottes wird gerecht, berechtigt und schnell sein: „Was der Mensch sät, wird er ernten" (Galater 6,7; Einheitsübersetzung).

Paulus betont, dass keine feindliche Macht sich Jesus in den Weg stellen kann, wenn er mit seinen mächtigen Engeln vom Himmel kommt, auch nicht der Widersacher selbst. Aus Offenbarung 20 erfahren wir, dass Satan eines Tages gefesselt und in den Abgrund geworfen wird. Auch der Antichrist und die falschen Propheten werden einmal lebend in diesem Feuersee landen.

Das wird die Zeit sein, in der Gott seine Märtyrer rächen wird, indem er ewiges Verderben über ihre Verfolger verhängt und sie von der ewigen Gemeinschaft mit ihm ausschließt. Alle, die Gottes Heilige verfolgen, müssen einmal dafür bezahlen.

Die Geschichte zeigt, dass im Laufe der Jahrhunderte unzählige Märtyrer auf dem Scheiterhaufen verbrannt wurden. Manche von ihnen wurden nur deshalb verbrannt, weil sie die Bibel in eine andere, für alle Menschen verständliche Sprache übersetzten, darunter zum Beispiel John Wycliffe, John Huss, Savonarola und William Tyndale. In den meisten Fällen wurden die wahren Übeltäter niemals zur Verantwortung gezogen. John Wycliffe, der als „Morgenstern" der Reformation bezeichnet wird, starb, ohne dass seine Bibelübersetzung je gewürdigt worden war. Seine Gebeine wurden lange nach seinem Tod von Menschen, die ihm übel nahmen, dass er die Bibel in die Sprache des Volkes übersetzt hatte – es war die erste englische Bibelübersetzung –, voller Hass wieder ausgegraben und verbrannt.

Es gibt jedoch eine Ausnahme in all diesen Geschichten von Verfolgung: Jesus von Nazareth, der berühmteste Märtyrer aller Zeiten, hat allen, die ihn gekreuzigt oder seine Kreuzigung verlangt haben, selbst vergeben. Als er am Kreuz hing, betete er: „Vater, vergib ihnen! Sie wissen nicht, was sie tun" (Lukas 23,34). Viele Bibelausleger sind der Meinung, dass unter den 3 000 Juden, die an Pfingsten zum Glauben kamen, auch viele von denen waren, die an seiner Kreuzigung teilgenommen hatten.

Wenn selbst eine Sünde wie die der Kreuzigung Jesu vergeben werden kann, dann ist klar, dass uns auch jedes andere Fehlverhalten vergeben werden kann. Das heißt auch, dass alle Menschen, die die Christen verfolgen oder verfolgt haben, dazu eingeladen sind, Jesu Rettungsangebot anzunehmen. Aber sie müssen sich darum bemühen, solange sie noch am Leben sind.

Ja, es kann sogar sein, dass es auf Grund dieser überströmenden Gnade Gottes im Himmel ein großes Wiedersehen geben wird. Es kann sein, dass eines Tages die Märtyrer mit ihren Mördern durch seine übergroße Gnade wieder vereinigt werden.

Alle, die aber in die Ewigkeit gehen, ohne ihr Leben Gott unterstellt zu haben, werden eines Tages vom gerechten Richter des ganzen Universums gerichtet werden. Er wird sie mit ewigem Verderben bestrafen und sie werden für immer von ihm getrennt sein.

Gebet für den heutigen Tag

Lieber himmlischer Vater, ich stehe voller Ehrfurcht vor dem Wunder deiner Erlösung. Danke, dass du mich durch die Erlösungstat deines Sohnes retten und alle meine Sünden vergeben kannst. Bitte hilf mir, die Bestrafung aller, die mich verfolgt haben, allein dir zu überlassen. Hilf mir, für sie zu beten, damit sie wie ich deiner vergebenden Gnade begegnen. Hilf mir, ihnen alles zu vergeben, das sie mir angetan haben. Ich möchte frei von allem Groll sein, wenn Jesus wiederkommt. Das bete ich in Jesu Namen, Amen.

18 Jubel der Heiligen

„Als Strafe verhängt der Herr in seiner Macht und Herrlichkeit ewiges Verderben über sie. Das geschieht an dem Tag, an dem er kommt, um von allen, die ihm gehören, von allen, die zum Glauben an ihn gekommen sind, geehrt und umjubelt zu werden – auch von euch, denn ihr habt ja der Botschaft geglaubt, die wir euch gebracht haben."

2. Thessalonicher 1,9–10

Nach einer Meinungsumfrage glauben 64 Prozent der US-Amerikaner, dass Jesus physisch auf diese Erde zurückkommen wird. Aus dieser Umfrage geht auch hervor, dass etwa 44 Prozent an so etwas wie die Entrückung der Christen glauben. Das Erstaunliche daran ist, dass aber nur 41 Prozent den Anspruch erheben, wiedergeborene Christen zu sein. Wenn meine Rechnung also stimmt, dann wissen 23 Prozent der Amerikaner (das heißt etwa zwei von zehn Menschen) ausreichend viel über Jesus, um sich bekehren zu können, wenn ihnen nur jemand das Evangelium predigen würde.

Gestern haben wir gesehen, dass beim Kommen Jesu alle Menschen gerichtet werden, die seine Gemeinde verfolgt haben. Was wir jedoch noch nicht erwähnt haben, ist, dass alle diese Menschen auf der Erde zurückgelassen werden, wenn sie keine Beziehung zu Gott haben. Sie müssen dann die Trübsalzeit erleiden, bevor sie von Gott für ihre Taten verurteilt werden.

Das ist aber nur eine Seite der Medaille. Die andere Seite ist, dass die Heiligen Jesus bei seiner Wiederkehr bejubeln werden. In dem Kampf, der schon lange zwischen Gott und dem Widersacher tobt, freut sich Jesus am meisten über Christen, die ihr Vertrauen auf ihn setzen. Einer der traurigsten Sätze, die man vielleicht über Jesus sagen kann, lautet: „Er kam in sein Eigentum, aber die Seinen nahmen ihn nicht auf" (Johannes 1,11; Einheitsübersetzung). Doch in freudigem Gegensatz dazu fährt Johannes gleich in Vers

12 fort: „Aber allen, die ihn aufnahmen, gab er Macht, Kinder Gottes zu werden."

Wenn Jesus seine Gemeinde zu sich holt, werden ihm alle Christen zujubeln, weil er sie dem Widersacher entrissen hat. Zu diesen Geretteten werden Milliarden von Menschen gehören, die im Laufe der Jahrtausende zum Glauben an ihn gekommen sind. Wenn sie vor seinem Richterstuhl stehen, werden sie ihn jubelnd preisen. Sie sind standhaft geblieben und dafür wird er sie nun belohnen.

Paulus erwähnt in diesen Versen das zweite Kommen Christi, um den jungen Christen in Thessalonich Mut zu machen. Es wird einmal der Tag kommen, an dem die Taten ihrer Verfolger gerichtet und die Ungerechtigkeiten bestraft werden. Aber ebenso werden auch die Opfer der Heiligen belohnt werden.

Aus meiner 40-jährigen Erfahrung als Pastor weiß ich, dass manche Geistliche schwierige Gemeinden haben (in denen sie sogar von ihren eigenen Gemeindemitgliedern verfolgt zu werden scheinen), aber meine Frau und ich waren mit drei wunderbaren Gemeinden gesegnet. Obwohl wir bereit waren, für ihn zu leiden und unser Leben für alles zu opfern, was Gott von uns verlangen sollte, hat er niemals große Opfer von uns verlangt. Wenn wir auf unser Leben zurückblicken, dann sehen wir, dass er uns sehr gesegnet hat.

Unsere erste Gemeinde in Minneapolis baute gleich nach unserer Ankunft ein neues Haus für uns. Wir haben sechs Jahre lang in diesem wunderschönen neuen Haus gelebt. Unsere kalifornische Gemeinde ermöglichte es uns, ein Haus zu kaufen. Damit machten wir zum zweiten Mal die Erfahrung, in einem nagelneuen Zuhause mit einer wunderschönen Aussicht zu leben. Während all dieser Jahre unseres Dienstes hat uns Gott vier gesunde Kinder geschenkt. Wir haben uns stets bemüht, unseren Glauben an andere weiterzugeben, und Gott hat unseren Dienst reich gesegnet und unsere kühnsten Erwartungen weit übertroffen.

Aber nicht alle, die ihn lieben, haben es so leicht. Manche Menschen, die Gott in seinen Dienst beruft, werden an einen sehr schwierigen Platz gestellt. Sie sind genauso engagiert wie wir, aber sie müssen kämpfen und Opfer bringen, die uns nicht abverlangt wurden. Manche von denen, die wir kennen, haben Kinder oder Angehörige verloren, während sie Tausende von Meilen von ihrer Heimat entfernt waren. Zwei unserer Freunde dienen Gott in der drückenden Hitze und Armut Afrikas. Eine von ihnen leidet an Arthritis. Trotz ihrer Schmerzen begleitet sie ihren Mann täglich in den Dschungel, stolpert über Furchen und ungepflasterte Wege, um Menschen das Evangelium zu bringen. Sie haben in ihrer Treue Menschen erreicht, die nie von Jesus gehört hätten, wenn sie nicht nach Afrika gekommen wären.

Wer wird einmal den größeren Lohn bekommen? Vermutlich nicht meine Frau und ich. An dem Tag, an dem er von allen seinen Heiligen verherrlicht wird (2. Thessalonicher 1,10), werden vielleicht einige der unbekanntesten Heiligen der Geschichte den größten Lohn bekommen. Wir alle werden den Namen Jesu preisen, wenn diejenigen, die heute praktisch keiner kennt, endlich die Ehre bekommen, die ihnen zusteht. Sie haben ihm nie gedient, um einmal geehrt zu werden. Sie dienten ihm aus Liebe. Doch wenn er kommt, dann werden sie ihren Lohn erhalten und dem Erlöser, den sie ihr ganzes Leben lang geliebt haben, zujubeln!

Wir stehen mitten in einem Kampf um die Seelen von Menschen. Wir müssen uns entscheiden, ob wir Diener unseres Erlösers oder Marionetten in der Hand seines Widersachers sein wollen. Ich bin sicher, dass jeder, der dieses Buch liest, den Wunsch hat, zu einem willigen Diener in der Hand Jesu, unseres Herrn, zu werden.

Fragen Sie nicht, warum Sie gesegnet und niemals verfolgt wurden. Nehmen Sie einfach jeden Tag aus seinen Händen an und vertrauen Sie ihm Ihr Leben an, damit er Sie gebrauchen kann. Manche von uns wird er vielleicht bitten, ihren Job aufzugeben und eine Bibelschule oder ein Priesterseminar zu besuchen, um besser für seinen Dienst gerüstet zu sein. Andere wird er vielleicht bitten, ihm da zu dienen, wo sie bereits sind: im Büro, im Geschäft oder im Klassenzimmer. Das Wichtigste dabei ist, dass wir uns ganz zur Verfügung stellen, damit er uns so gebrauchen kann, wie es seinem Plan entspricht. Wenn er dann kommt, wird er jeden von uns entsprechend belohnen, und dieses Fest wird nie zu Ende sein!

Gebet für den heutigen Tag

Lieber Vater, ich danke dir dafür, dass Jesus wiederkommen wird, um uns zu sich zu holen! Hilf mir dabei, jeden Tag meines Lebens so zu leben, als ob er mein letzter wäre. Ich wünsche mir mehr als alles andere auf der Welt, dir treu zu bleiben, denn ich möchte, dass Jesus an mir Freude hat, wenn er kommt. Bitte hilf mir, auf die Stimme des Heiligen Geistes zu hören, damit ich immer nach deinem Willen lebe. Bitte hilf mir, alle Gelegenheiten zu nutzen, die ich heute habe, um meinen Kollegen, Nachbarn oder Verwandten von dir zu erzählen. Danke für die tolle Zukunft, die du für mich planst. In Jesu Namen, Amen.

19

Unsere Vereinigung mit ihm

„Ihr wartet darauf, Brüder und Schwestern, dass Jesus Christus, unser Herr, kommt und wir mit ihm vereinigt werden. Wir bitten euch aber: Lasst euch nicht so rasch verwirren oder erschrecken durch die Behauptung, der Tag, an dem der Herr kommt, stehe unmittelbar bevor. Glaubt es nicht, auch wenn sich jemand auf eine Eingebung des Heiligen Geistes beruft oder auf irgendeinen Ausspruch oder auf einen Brief von mir."

2. Thessalonicher 2,1–2

Das 2. Kapitel des 2. Thessalonicherbriefes ist eines der wichtigsten Kapitel zur Endzeitprophetie. Es steht den Endzeitreden Jesu (Matthäus 24) hinsichtlich wichtiger Wahrheiten und Einsichten in nichts nach. Dieses Kapitel beinhaltet viele Details endzeitlicher Ereignisse.

Beide Briefe an die Thessalonicher wurden bereits zehn Jahre vor den Evangelien verfasst. Sie enthalten jene Endzeitlehren, die Paulus grundsätzlich in allen seinen Gemeinden lehrte. Im 1. Brief lehrte er Einzelheiten über die Entrückung der Gemeinde (1. Thessalonicher 4,13–18) und forderte Christen auf, so zu leben, als käme Christus noch während ihres Lebens. In diesem 2. Brief, den er vermutlich ein halbes Jahr später verfasste, versuchte Paulus, den Thessalonichern Dinge zu erklären, die sie nicht verstanden hatten.

Im Allgemeinen geht es um die Wiederkunft Jesu. Im Einzelnen werden die Entrückung, das Auftreten des Antichristen und Christi Wiederkunft in Macht und Herrlichkeit untersucht. In unserem heutigen Vers weist Paulus noch einmal mit Nachdruck darauf hin, dass Christus bei der Entrückung alle Christen zu sich holen wird. Er hatte bereits in seinem ersten Brief davon berichtet. Der Ausdruck „mit ihm vereinigt werden“ war in der Urgemeinde allgemein üblich, wenn von der Entrückung die Rede war.

Ein Beispiel dafür, das uns über die Jahrhunderte erhalten geblieben ist, stammt von Ephraim von Nisibis, der von 306 bis 373 n. Chr. lebte. Er schreibt:

> *„Warum lehnen wir es nicht ab, uns weiter um irdische Dinge zu kümmern, und bereiten uns nicht auf die Begegnung mit Christus vor, unserem Herrn, der uns aus dem Chaos herausholen wird, das über die ganze Erde kommen wird?* [...] *Alle Heiligen, die Gott erwählt hat, werden noch vor der kommenden Trübsalzeit mit ihm vereinigt werden, damit sie diesem Chaos entgehen, das auf Grund unserer Sünden über die ganze Welt kommen wird.“*

Es ist interessant zu sehen, dass es bereits im vierten Jahrhundert einen Bibelkenner und sehr produktiven Schriftsteller gegeben hat, der von der Entrückung als einem Ereignis sprach, bei dem alle Heiligen noch „vor der Trübsalzeit mit Jesus vereinigt werden“. Dies geht John Darby zeitlich noch voraus, der diese Lehre 1828 zum ersten Mal in der Neuzeit erwähnte. Der Ausdruck „mit Jesus vereinigt werden“ war vermutlich allgemein üblich, um die Entrückung zu beschreiben, nachdem Paulus ihn hier in diesem Text zum ersten Mal verwendete.

Ich kann mir für Christen tatsächlich keine aufregendere Wahrheit vorstellen als die Tatsache, dass Christus seine Gemeinde mit sich vereinigen wird. Der bereits oben zitierte syrische Kirchenvater Ephraim von Nisibis bezog sich genau darauf, als er an die Christen des vierten Jahrhunderts appellierte, allen irdischen Dingen zu entsagen und sich darauf vorzubereiten, Christus zu begegnen. 16 Jahrhunderte später verwenden wir noch immer die gleiche Verheißung, um seine Gemeinde einzuladen, ein Leben in der Abhängigkeit von Gott zu führen.

Ein befreundeter Pastor erzählte mir einmal von einer 91-jährigen Frau in seiner Gemeinde, der er Räume zur Verfügung stellte. Sie ist täglich von acht Uhr morgens bis fünf Uhr nachmittags dort, gibt Bibelunterricht und fordert die Teilnehmer auf, ihr Leben Christus anzuvertrauen und für ihn zu leben. Das tut sie seit über 70 Jahren! Diese Hingabe und Treue sind nicht ungewöhnlich bei Menschen, die wirklich daran glauben, dass Jesus jeden Augenblick kommen kann.

Wie wird sich die Tatsache, dass wir mit ihm vereinigt werden, auf Ihre Lebensführung auswirken? Jemand sagte einmal: „Wir können unser Leben natürlich jederzeit nach unseren eigenen Vorstellungen leben, aber wir können es nur einmal leben!" Ich hoffe, dass Sie Ihr Leben jeden Augenblick im Hinblick auf seine Wiederkunft leben.

Gebet für den heutigen Tag

„Lieber himmlischer Vater, danke, das du uns herausforderst, im Bewusstsein zu leben, dass Jesus jeden Augenblick kommen kann. Ich will diese Tatsache auch während meiner täglichen Verpflichtungen nicht aus den Augen verlieren. Ich stelle mich dir ganz zur Verfügung. Das bete ich in Jesu Namen, Amen."

20

„Lasst euch nicht verwirren und erschrecken!“

„Ihr wartet darauf, Brüder und Schwestern, dass Jesus Christus, unser Herr, kommt und wir mit ihm vereinigt werden. Wir bitten euch aber: Lasst euch nicht so rasch verwirren oder erschrecken durch die Behauptung, der Tag, an dem der Herr kommt, stehe unmittelbar bevor. Glaubt es nicht, auch wenn sich jemand auf eine Eingebung des Heiligen Geistes beruft oder auf irgendeinen Ausspruch oder auf einen Brief von mir. Lasst euch durch nichts und niemand täuschen: Erst muss es dahin kommen, dass viele ihrem Glauben untreu werden. Der Feind Gottes muss auftreten, der alles Böse in sich vereint und der zum Untergang bestimmt ist.“ 2. Thessalonicher 2,1–3

Vor Jahren fand ein Fischer in North Carolina in einem Fluss einen ziemlich großen interessant aussehenden Felsbrocken, den er mit in seine Blockhütte nahm. Da er keinen Kaminsims hatte, auf den er ihn hätte legen können, verwendete er ihn als Türstopper. Nach einiger Zeit kam ein Geologe durch diese Gegend und der Mann lud ihn zum Kaffee in seine Hütte ein. Diese Freundlichkeit sollte sich als äußerst Gewinn bringend erweisen. Denn als sein Gast den Felsbrocken untersuchte, stellte er fest, dass dieser aus reinem Gold war. Es war der größte Goldklumpen, den man je in Colorado gefunden hatte!

Für viele Christen ist die Wiederkehr Christi wie dieser Goldklumpen. Sie ist eine kostbare Lehre, die in alle christlichen Glaubensbekenntnisse aufgenommen wurde. Doch leider führt sie oft nur zu Kontroversen unter den Mitgliedern. Auf das Leben der meisten Menschen hat sie leider kaum eine praktische Auswirkung. Sie ist wie kostbares Gold, dessen Wert man nicht erkennt.

Die Wiederkunft Jesu ist die am zweithäufigsten erwähnte Lehre in der Bibel. Aber im Leben vieler Gläubigen nimmt sie bedauerlicherweise keinen sehr wichtigen Platz ein. Die Vorstellung, dass Jesus bald wiederkommt, sollte aber einen nachhaltigen Einfluss auf das spirituelle Leben der Menschen haben. Sie sollte uns dazu ermutigen, den Menschen, mit denen wir zu tun haben, von Jesus zu erzählen.

Einer der Gründe, warum diese grundsätzliche Lehre in vielen Gemeinden vernachlässigt wird, liegt darin, dass sie den Menschen Angst macht. Doch Jesus Christus fordert uns auf, sein Kommen nicht zu fürchten, sondern uns darauf zu freuen. Er sagte im Hinblick auf sein Kommen: „Habt keine Angst!“ (Johannes 14,1). In seinen Endzeitreden warnt er seine Jünger 13-mal vor falschen Propheten, Lehrern und dem Antichristen. Jesus wusste, dass der Widersacher alles Erdenkliche unternehmen wird, damit Christen diese Lehre ignorieren. Er wusste auch, dass die Täuschungsversuche des Widersachers gegen Ende dieses Zeitalters noch zunehmen werden.

Schon die kleine Gemeinde in Thessalonich hatte darunter zu leiden, dass der Widersacher die Lehre von der Entrückung unterwanderte. Falsche Lehrer hatten ihr Vertrauen in die Entrückung durch Visionen und angebliche Offenbarungen erschüttert. Paulus nimmt in seinem Brief auch Bezug auf einen gefälschten Brief, der offensichtlich in seinem Namen geschrieben wurde. Wie könnte der Widersacher Gemeinden besser verwirren und entmutigen als dadurch, dass er ihnen das raubt, was ihren Glauben so ansteckend macht?

Das ist heute nicht anders. Niemand, der die Bibel wörtlich versteht, wird je daran zweifeln, dass Jesus wiederkommt. Doch der Zeitpunkt, wann dieses Ereignis eintreten wird, löst unter Christen Uneinigkeit aus. Worum geht es bei diesem Streit? Er geht nur darum, wann Jesus wiederkommen wird – vor, während oder am Ende der Trübsalzeit. Ich persönlich bin nach dem Studium aller Stellen, die sich in der Bibel auf die Endzeit beziehen, davon überzeugt, dass er seine Gemeinde schon vor Beginn der Trübsalzeit, die eine Zeit schrecklicher Gerichte sein wird, zu sich holen wird.

Es ist mir ein wirkliches Anliegen, dass sich Christen heute nicht in falscher Sicherheit wiegen, indem sie denken, sie hätten noch alle Zeit dieser Welt, um sich auf das Kommen Jesu vorzubereiten.

Einige meiner Freunde, die daran glauben, dass die Entrückung erst während der Trübsalzeit oder an ihrem Ende eintreten wird, sagen mir gerne, dass ich Christen lieber davor warnen solle, dass wir auf die schlimmste Zeit zugehen, die unsere Welt je erleben wird – nämlich auf die Trübsalzeit. Ich antworte dann immer: „Warum sollte ich das tun? Gott hat es auch nicht getan!" Es gibt im ganzen Neuen Testament keine einzige Stelle, an der Jesus, Paulus oder Petrus davon sprechen, dass sich Christen davor wappnen sollen, diese Trübsalzeit überstehen zu müssen. Andererseits gibt es aber mindestens vier Stellen, an denen davon gesprochen wird, dass wir vor dem kommenden Gericht gerettet werden.

Warum wird dieses Thema nicht erwähnt? Weil wir nicht mehr hier sein werden, wenn die Trübsalzeit über diese Erde kommt. Darum lassen Sie sich vom Tag Christi nicht beunruhigen. Er ist weder bereits da noch wird er kommen, bevor Jesus seine Gemeinde zu sich nach Hause in den Himmel geholt hat. Wenn er das tut, werden alle, die an ihn glauben, augenblicklich von hier verschwunden sein. Alle Menschen, die ihr Leben ohne Gott gelebt haben, werden die Trübsalzeit erleiden müssen (Offenbarung 6–19). Anstatt uns von jener furchtbaren Gerichtszeit in Angst und Schrecken versetzen zu lassen, sollten wir uns darüber freuen, dass unsere Namen im Himmel aufgeschrieben sind.

Ein Missionar auf Heimaturlaub konnte einen Geschäftsmann unserer Gemeinde dafür gewinnen, Tausende von kleinen Funkradios herzustellen, damit er sie mit in den Dschungel nehmen konnte. Die einmalige Eigenschaft dieser Radios lag aber darin, dass sie nur einen einzigen Sender empfangen konnten – einen christlichen Sender. Jedes Radio hatte auch nur einen Knopf, mit dem man es einschalten und gleichzeitig seine Lautstärke regulieren konnte. Der Sender konnte nicht gewechselt werden.

Das ist vergleichbar mit dem, was bei unserer geistlichen Wiedergeburt geschieht. Wenn wir als Christen wiedergeboren werden, kommt der Heilige Geist in unser Leben und stellt unseren Sender auf die Wellenlänge des Himmels ein. Wenn der Erlöser vom Himmel nach uns ruft, werden alle, deren Empfänger auf seine Wellenlänge eingestellt ist, darauf reagieren, egal, welcher Kirche sie angehören. Sie werden zu ihm entrückt und hinauf ins Vaterhaus geholt.

Gebet für den heutigen Tag

Lieber himmlischer Vater, danke, dass du Jesus, deinen Sohn, in diese Welt geschickt hast, damit er für meine Sünden und die Sünden der ganzen Welt stirbt. Danke für die wunderbare Zusage, dass er uns in dein Haus holen wird und wir für immer bei ihm sein dürfen. Kein Mensch hat das verdient, aber ich danke dir dafür, dass du uns dieses wunderbare Geschenk machst. Hilf mir heute, diese wunderbare Botschaft auch an andere weiterzugeben, die für dein Kommen noch nicht bereit sind. In Jesu Namen, Amen.

21 Zuerst Christus – dann der Antichrist!

„Ihr wartet darauf, Brüder und Schwestern, dass Jesus Christus, unser Herr, kommt und wir mit ihm vereinigt werden. Wir bitten euch aber: Lasst euch nicht so rasch verwirren oder erschrecken durch die Behauptung, der Tag, an dem der Herr kommt, stehe unmittelbar bevor. Glaubt es nicht, auch wenn sich jemand auf eine Eingebung des Heiligen Geistes beruft oder auf irgendeinen Ausspruch oder auf einen Brief von mir. Lasst euch durch nichts und niemand täuschen: Erst muss es dahin kommen, dass viele ihrem Glauben untreu werden. Der Feind Gottes muss auftreten, der alles Böse in sich vereint und der zum Untergang bestimmt ist. Er wird sich gegen alles auflehnen und sich über alles erheben, was als göttlich und verehrungswürdig gilt. Ja, er wird seinen Thron im Tempel Gottes aufstellen und wird behaupten, er sei Gott!

Erinnert ihr euch nicht, dass ich euch dies angekündigt habe, als ich noch bei euch war? Inzwischen wisst ihr aber auch, wodurch das noch aufgehalten wird. Der Feind Gottes kann erst hervortreten, wenn die Zeit dafür reif ist. Im Verborgenen ist die Macht der Auflehnung zwar schon am Werk; doch der, der sie bisher noch zurückhält, muss ihr erst noch den Weg freigeben.

Dann erst wird der Feind Gottes offen hervortreten."

2. Thessalonicher 2,1–8

Ein kalifornischer Universitätsprofessor hat vor kurzem ein Buch geschrieben, in dem er die Behauptung aufstellte, dass Christen lieber das Kommen des Antichristen als das Kommen Christi erwarten sollten. Solche Ansichten untergraben nicht nur den Glauben an eine Entrückung vor der Trübsalzeit, sondern sie ermutigen auch die Gemeinde Gottes dazu, falsche Dinge zu erwarten.

Paulus betont in dem oben stehenden Text über das zweite Kommen Christi, dass wir uns von niemandem täuschen lassen sollen. Jesu Wiederkunft in Macht und Herrlichkeit (oder der „Tag des Herrn"; Einheitsübersetzung, siehe Vers 2) wird geschehen, wenn sich zwei Dinge ereignet haben. Als Erstes müssen sich die Menschen von Gott abwenden. Als Zweites muss der Feind Gottes in Erscheinung treten. Die richtige Reihenfolge der Dinge sieht also so aus: Als Erstes kommt die Entrückung, dann tritt der Feind Gottes (oder Antichrist) in Aktion, und erst danach wird Christus in Macht und Herrlichkeit wieder erscheinen.

Lassen Sie uns diese drei Ereignisse betrachten, beginnend mit dem „Tag des Herrn". Die englische „King James"-Bibel hat Bibellesern in den letzten zwei Jahrhunderten in gewisser Weise einen schlechten Dienst erwiesen. Sie übersetzte den griechischen Ausdruck „Tag des Herrn" als „Tag Christi"! Aber der „Tag des Herrn" bezeichnet in der Bibel den Tag, an dem Gott durch seine Gerichte wieder in die Geschichte der Menschheit eingreifen wird. An manchen Stellen bezieht sich dieser Ausdruck auch auf den Tag, an dem die Trübsalzeit, die prophezeite Zeit des Zornes Gottes, beginnt.

Dieser Tag des Gerichts wird aber erst kommen, wenn das, was im Griechischen als *apostasia* bezeichnet wird, stattgefunden hat. Das ist das zweite der drei Endzeitereignisse. Alle englischen Bibelübersetzungen von Wycliffe bis zur *Geneva Bible* haben das griechische Wort *apostasia* mit dem englischen Wort *departing* („Abfall") übersetzt. Dieses Wort kommt im Neuen Testament aber nur zweimal in dieser Verbform vor: einmal an dieser Stelle und einmal in Apostelgeschichte 21, Vers 21, wo die Pharisäer Paulus beschuldigen, er sei vom wahren Glauben abgefallen. *apostasia* müsste hier aber richtig als „sich entfernen“ bzw. als „Entrückung“ übersetzt werden. Darum wird der „Tag des Herrn“ oder die Trübsalzeit nicht kommen, bevor die Entrückung stattgefunden hat. Niemand weiß, warum die Übersetzer der „King James“-Bibel die Bedeutung dieses Wortes veränderten und fälschlich als „Abfall“ übersetzten und warum alle späteren Übersetzungen dieser Version gefolgt sind. Nach Beginn der Trübsalzeit wird es unter den Zurückgelassenen sicherlich eine Art „Abfall vom Glauben“ geben, da es zu diesem Zeitpunkt auf der Erde keine Gläubigen mehr geben wird. In diese glaubenslose Welt werden einmal die 144 000 Zeugen kommen – von denen in Offenbarung 7, Verse 1 bis 15 berichtet wird –, um ihr unglaubliches Werk zu vollbringen: die Menschheit mit der Guten Nachricht zu erreichen.

Niemand weiß, wie viel Zeit zwischen Entrückung und Beginn der Trübsalzeit verstreichen wird. Es kann ein Tag sein, eine Woche oder auch mehrere Jahre. Das erste Ereignis der Trübsalzeit wird die Unterzeichnung eines Abkommens zwischen Israel und dem Antichrist sein, das eine Dauer von sieben Jahren hat (Daniel 9,27). In unserer „Finale“-Serie ließen Jerry und ich zwischen der Entrückung und dem Tag der feindlichen Übernahme durch den Antichristen zwei Wochen verstreichen, doch dieser Zeitraum ist in unserem Roman nur willkürlich gewählt. Wie viel Zeit wirklich vergehen wird, weiß Gott allein.

Das dritte dieser Endzeitereignisse wird das Auftreten des Antichristen sein. Damit ist der Feind Gottes gemeint, der auch „Mann der Sünde“ oder „Mensch der Gesetzwidrigkeit“ genannt wird. Er ist in der Prophetie kein Unbekannter, denn er wird auch von Daniel, Paulus und Johannes in der Apokalypse erwähnt. Er wird der bösartigste Diktator sein, den die Welt je gesehen hat. In Vers 4 wird gesagt, dass er sich über alles erheben wird, was göttlich und verehrungswürdig ist. Er wird so überheblich sein, dass er sich sogar in den Tempel setzen und behaupten wird, Gott zu sein. Er wird die gottlästerlichste Person der ganzen Geschichte sein.

Warum beschäftigen wir uns mit diesen Dingen? Warum haben wir alle diese Bücher über die Wiederkunft Jesu geschrieben?

Kürzlich erhielten wir einen Brief von einem unserer Leser, der die Frage beantwortet. Dieser Leser schrieb, dass sich sein Leben nach dem Lesen unserer Romane vollkommen verändert habe: „Ich habe den Wunsch, allen Menschen, denen ich begegne, von Jesus zu erzählen, damit keiner von ihnen zurückbleiben muss." Genau das ist der Grund, warum es auch uns ein Anliegen ist, die Bibel zu studieren und über die Entrückung zu predigen. Darum haben wir diese Bücher geschrieben: Wir möchten, dass keiner von Ihnen zurückbleiben muss!

Gebet für den heutigen Tag

Lieber Vater, ich danke dir, dass du das Kommen Jesu vor der Trübsalzeit so klar beschrieben hast. Ich bete für alle Menschen, die von diesen Ereignissen hören oder lesen, dass dein Heiliger Geist zu ihnen spricht, damit auch sie diese Dinge verstehen und bereit sind, wenn Jesus wiederkommt. Und ich danke dir für alle, die mir von deinem Rettungsangebot erzählt und mich zu einer Entscheidung aufgefordert haben. In Jesu Namen, Amen.

22 Wenn der Weg freigegeben ist

„Inzwischen wisst ihr aber auch, wodurch das noch aufgehalten wird. Der Feind Gottes kann erst hervortreten, wenn die Zeit dafür reif ist. Im Verborgenen ist die Macht der Auflehnung zwar schon am Werk; doch der, der sie bisher noch zurückhält, muss ihr erst noch den Weg freigeben."
2. Thessalonicher 2,6–8

Der Verfall unserer Kultur wird rasch voranschreiten, wenn die Werte, die uns viele Zeitgenossen vorleben, einmal allgemein übernommen werden. Können Sie sich vorstellen, wie sich unsere Kultur einmal entwickeln wird, sobald die Gemeinde entrückt ist und unserer Gesellschaft kein Vorbild mehr sein wird? Paulus dachte vermutlich an diesen moralischen Verfall, als er lehrte, dass der, der ihn bis jetzt noch zurückhält – nämlich der Heilige Geist – den Weg für ihn freigeben wird (Vers 7).

Eine der Aufgaben, die unsere Kirche heute zu leisten hat, liegt darin, sich der Ungerechtigkeit in den Weg zu stellen. Das hat Auswirkungen, ob Sie es glauben oder nicht. Kirchen, Schulen, Hochschulen, Freizeiten und Dutzende von anderen Diensten üben einen positiven Einfluss aus. Jede missionarisch ausgerichtete Gemeinde, die das Evangelium verkündigt – und davon gibt es in unserem Land Tausende –, erlebt, dass Menschen sich nach der Botschaft sehnen, die sie ihnen bringen, und in der Folge von den verschiedensten Bindungen frei werden: von Alkohol, Drogen, Sex und Gewalt.

Doch nach der Entrückung wird es diesen Einfluss nicht mehr geben. Der Heilige Geist wird sicherlich auch während der Trübsalzeit noch immer am Werk sein. Aus Joel 2, Verse 28 bis 32 geht klar hervor, dass er nicht nur hier sein wird, sondern auch Sünder von ihren Sünden überführen wird. Seine Anwesenheit wird die 144 000 jüdischen Zeugen bevollmächtigen, eine große Menschenschar, „so viele, dass niemand sie zählen kann", zur Umkehr zu führen (Offenbarung 7,9). Aber seine alles durchdringende Kraft wird anders sein als heute. Der riesige Leib Christi mit seinen vielen Gläubigen wird nicht mehr da sein, um die Mächte des Bösen zurückzuhalten. Es wird keine Gemeinde mehr geben, die sich der Sünde in den Weg stellt, denn sie wird einfach verschwunden sein.

Die Kriminalität, die im Laufe der Trübsalzeit um sich greifen wird, wird auch in der Offenbarung eindeutig beschrieben. Die Bibel macht aber ebenso deutlich, dass sich die Menschen nicht einmal durch die Katastrophen der Siegel- und Posaunengerichte ändern werden. „Sie hörten nicht auf, die Dämonen und Götzen aus Gold, Silber, Bronze, Stein und Holz anzubeten [...]. Nein, sie änderten sich nicht; sie hörten nicht auf zu morden, Zauberei und Unzucht zu treiben und zu stehlen" (Offenbarung 9,20–21). Die Fülle solcher Verbrechen schon in der heutigen Zeit lässt uns ahnen, wie die Zukunft aussehen wird, wenn die Gemeinde erst einmal entrückt ist.

In der Zwischenzeit – bis Jesus wiederkommt – sind wir beauftragt, etwas aus dem zu machen, was uns anvertraut ist (Lukas 19,13). Wir müssen dem Heiligen Geist erlauben, unser Leben, unsere Begabungen, unsere Zeit, unsere Familien und unser Geld zu gebrauchen, um dem zunehmenden Einfluss des Bösen etwas entgegenzusetzen.

Gebet für den heutigen Tag

Lieber Vater, rüttle unsere Nation wieder auf und mach ihr bewusst, wie dringend wir dich brauchen. Hilf mir, alles in meiner Macht Stehende zu tun, damit Männer und Frauen gewählt werden und an die Macht kommen, die sich dir und deinen Geboten verpflichtet fühlen. Hilf mir, in meinem Umkreis ein Vorbild zu sein und Fehlverhalten auch mutig anzusprechen. Im Namen deines Sohnes, Amen.

23 Die Bestrafung des Antichristen

„Dann erst wird der Feind Gottes offen hervortreten. Aber Jesus, der Herr, wird ihn mit dem bloßen Hauch seines Mundes töten, wenn er in seiner Herrlichkeit kommt.

Der Feind Gottes wird bei seinem Auftreten vom Satan unterstützt, sodass er Aufsehen erregende Wunder vollbringen und die Menschen damit blenden kann." 2. Thessalonicher 2,8–9

Ein Passagier, der kürzlich neben mir im Flugzeug saß, schreckte mich mit der Frage auf: „Glauben Sie, dass der Antichrist schon lebt?" Niemand kann die Frage dieses jungen Mannes mit Sicherheit beantworten. Wenn die Wiederkunft Jesu kurz bevorsteht – was viele Menschen glauben, die sich mit Prophetie beschäftigen –, könnte das durchaus bereits der Fall sein. Aber wir werden ihn erkennen, wenn er öffentlich in Erscheinung tritt. Er hat in der Bibel viele Namen: Tier, anmaßender und hinterlistiger König, kleines Horn, Antichrist oder auch – wie in diesem Text – Feind Gottes. Wie auch immer er genannt wird, es wird für alle offensichtlich sein, dass er die Verkörperung des Bösen ist. Doch nicht sofort von Anfang an!

Als mein 16-jähriger Enkel den ersten Band der „Finale"-Reihe halb durchgelesen hatte, sagte er: „Ich hoffe nur, dass Nicolai Carpathia [das ist der Name, den wir dem Antichrist gaben] nicht der Antichrist ist, denn irgendwie mag ich ihn." Als er beim zweiten Band angelangt war, hatte er aber seine Meinung über ihn geändert. Auf diese Weise wird dieser böse Mann auch in die Geschichte eintreten (vgl. Offenbarung 6,1–2). Er wird der erste der vier apokalyptischen Reiter sein und die Welt mit Charme und Diplomatie für sich einnehmen. Aber wenn ein Krieg ausbricht, bei dem jeder Vierte ums Leben kommt, werden viele Menschen anfangen zu sehen, wer er wirklich ist.

Als Politiker wird dieser Mann viele Versprechungen machen (Judas 1,16). Er wird die Anerkennung vieler finden, wenn er unserer kriegsmüden Welt verspricht, Frieden zu bringen. Er wird zwar Frieden predigen, aber zum globalen Diktator werden. Wir sind heute an Politiker gewöhnt, die uns alles Mögliche versprechen, um gewählt zu werden, aber später alles wieder vergessen. Doch wenn der Antichrist in der siebenjährigen Trübsalzeit herrschen wird, wird er nicht allein seine politischen Zusagen vergessen, sondern auch zunehmend bösartiger werden. Etwa in der Mitte dieser Zeit wird er ums Leben kommen und wie durch ein Wunder wieder lebendig werden, wenn Satan seinen Körper in Besitz nimmt. Danach wird er den Tempel entweihen, die Juden verfolgen und neben den beiden Zeugen der Offenbarung auch Millionen von Gläubigen töten.

Zuletzt wird er von Christus vernichtet werden, wenn dieser – wie in Offenbarung 19 beschrieben – in großer Macht und Herrlichkeit wiederkommt. Doch er wird erst dann vernichtet werden, wenn er getan hat, was Satan schon immer am besten konnte: Er wird die Menschen täuschen. Während der siebenjährigen Trübsalzeit wird sich jeder Mensch, der auf dieser Erde lebt, zwischen Christus und dem Antichrist entscheiden müssen. Die Folgen dieser Entscheidung werden von ewiger Dauer sein. In Offenbarung 20 wird prophezeit, dass der Antichrist und sein falscher Prophet am Ende der Trübsalzeit, wenn Jesus wiederkommt, um sein Reich aufzurichten, schließlich in einen „See von brennendem Schwefel“ geworfen werden.

Die Trübsalzeit und die Zeit davor werden eine Periode unglaublicher Täuschungen sein. Einer der Gründe, warum viele glauben, dass wir dem Ende unseres Zeitalters schon sehr nahe sind, liegt darin, dass das Auftreten falscher Lehrer und falscher Messiasse auffallend zunimmt. Aber das ist nichts im Vergleich dazu, wenn der Antichrist erst einmal da ist.

Das Volk Gottes sollte deshalb gut informiert sein. Jerry und ich haben uns dieser Sache verschrieben. Wir möchten anderen durch alle nur erdenklichen Mittel den großartigen Plan Gottes für die Zukunft der Menschheit mitteilen. Wir möchten Menschen überall auf der Welt vor falschen Lehren über Gott, unsere Erlösung und dem Schicksal der Menschheit warnen.

Wir hoffen, dass auch Sie durch dieses Andachtsbuch auf den Geschmack kommen und selbst in der Offenbarung lesen, um alles, was Ihnen in Zukunft begegnet, am Wort Gottes zu prüfen. Viele Menschen sagen, dass sie das Buch der Offenbarung nicht verstehen. Aber man kann es. Vielleicht nicht alle komplizierten Details, aber wer es sorgfältig liest, wird erstaunt sein, wie viel daraus zu lernen ist.

Vor kurzem schrieb uns einer unserer Leser in einem Brief: „Obwohl ich den Rest der Bibel kenne, habe ich mich nie an die Offenbarung herangewagt, bevor ich die ‚Finale‘-Reihe las. Doch im Anschluss daran habe ich sie gleich viermal gelesen! Und ich bin glücklich, sagen zu können, dass sie für mich Sinn macht.“ Das wird auch bei Ihnen der Fall sein. Ja, Sie werden dadurch sogar gesegnet werden, denn es ist das einzige Buch in der Bibel, das allen einen Segen verheißt, die es lesen (Offenbarung 1,3). Ich gebe offen zu, dass ich nicht den Anspruch erhebe, alles zu verstehen, was dort steht, obwohl ich einen Bestseller mit dem Titel *Revelation Unveiled* („Enthüllung der Offenbarung“) geschrieben habe. Aber das, was ich verstanden habe, hat mich sehr bereichert.

Es gibt die Geschichte über einen alten Hausmeister, der in der

Offenbarung las, während er darauf wartete, dass einige Studenten ihr Basketballspiel zu Ende brachten. Dieser Hausmeister war in einem liberalen Priesterseminar angestellt, wo man nicht an die Wahrheit der Offenbarung glaubte. Einer der Studenten sah ihn in der Bibel lesen und fragte, was er da lese.

Der alte Mann erwiderte: „Das Buch der Offenbarung."

In der Annahme, dass kein Mensch dieses Buch wirklich verstehen kann, fragte der Seminarist: „Verstehen Sie denn, was Sie da lesen?"

Der Hausmeister antwortete mit einem Lächeln: „Aber gewiss."

„Und was steht darin?", fragte der Seminarist.

Der Hausmeister antwortete: „Jesus ist der Sieger!"

Selbst wenn wir nichts aus der Offenbarung lernen, als dass Jesus eines Tages siegen wird, hat sich unser Lesen gelohnt!

Gebet für den heutigen Tag

Lieber himmlischer Vater, danke dafür, dass du uns in der Bibel schon vieles von dem zeigst, was wir in Zukunft erwarten dürfen. Diese Welt kann manchmal ein recht trostloser Ort voller Sünde, Chaos und Tragödien sein. Lehre mich, den Tag zu erwarten, an dem Jesus wiederkommen und alles wieder zurechtrücken wird. Hilf mir, mich auf eine Welt zu freuen, in der es keine Tränen und kein Leid, sondern nur noch Frieden und Segen geben wird. Gebrauche mein Leben, um die gute Nachricht, dass Jesus zuletzt Sieger sein wird, auch an andere weiterzugeben. In Jesu Namen, Amen.

24 Wenn Gott die Täuschung zulässt

„Der Feind Gottes wird bei seinem Auftreten vom Satan unterstützt, sodass er Aufsehen erregende Wunder vollbringen und die Menschen damit blenden kann. Alle, die verloren gehen, wird er durch seine bösen Künste täuschen. Sie erliegen ihnen, weil sie ihr Herz nicht der Wahrheit geöffnet haben, die sie retten könnte. Deshalb liefert sie Gott dem Irrtum aus, sodass sie der Lüge Glauben schenken. Alle, die der Wahrheit nicht geglaubt haben, sondern am Bösen Gefallen hatten, werden so ihre Strafe finden." 2. Thessalonicher 2,9–12

Unser Gott ist ein Gott der Wahrheit. Täuschung ist darum niemals Teil seines Wesens. Doch in dieser Bibelstelle ist von einer Zeit die Rede, in der Gott zulässt, dass die Menschen einem Irrtum zum Opfer fallen und der Lüge glauben. Diese Zeit der Täuschung wird während der Herrschaft des Antichristen kommen, insbesondere in der zweiten Hälfte der Trübsalzeit.

Gott hat seine Wahrheit in der Bibel offenbart. Der Verfasser des Hebräerbriefes schrieb: „In der Vergangenheit hat Gott in vielfältigster Weise durch die Propheten zu unseren Vorfahren gesprochen. Aber jetzt, am Ende der Zeit, hat er zu uns gesprochen durch den Sohn" (Hebräer 1,1–2). Petrus stimmt ihm zu, wenn er sagt: „Ihr müsst aber vor allem Folgendes bedenken: Keine Voraussage in den Heiligen Schriften darf eigenwillig gedeutet werden; sie ist ja auch nicht durch menschlichen Willen entstanden. Die Propheten sind vom Geist Gottes ergriffen worden und haben verkündet, was Gott ihnen aufgetragen hatte" (2. Petrus 1,20–21).

Und Jesus sagte von sich selbst: „Ich bin der Weg, die Wahrheit und das Leben; niemand kommt zum Vater außer durch mich" (Johannes 14,6; Einheitsübersetzung).

Offensichtlich hat Gott durch mehr als 40 Menschen 1 600 Jahre lang die Wahrheit offenbart, indem er sie zum Schreiben der

Bibel inspirierte. Diese Offenbarung seiner Wahrheit besteht aus 66 Büchern und ist zweifelsohne das authentischste Buch der Antike. Warum also sollte Gott, zu dessen Wesen es gehört, uns die Wahrheit zu zeigen, die Menschheit einer Täuschung überlassen?

Der Zeitpunkt, wann diese Täuschung eintreten wird, ist nicht schwer zu erkennen: Sie wird kommen, nachdem der Antichrist in Erscheinung getreten ist und bevor er von Jesus bei dessen Wiederkunft vernichtet werden wird. Wann immer Sie sich mit dieser kurzen siebenjährigen Periode beschäftigen, in der sich der Zorn Gottes über unsere Welt ergießt, sollten Sie sich deren Zweck vor Augen führen: Er will die noch lebenden Menschen kurz vor Beginn des Tausendjährigen Reiches dazu bringen, sich endgültig für oder gegen Christus zu entscheiden.

„Gott will nicht, dass einige zugrunde gehen. Er möchte, dass alle Gelegenheit finden, von ihrem falschen Weg umzukehren" (2. Petrus 3,9). Aber er wird keinen von uns zu dieser Entscheidung zwingen, sondern er überlässt es nach wie vor jedem Einzelnen selbst, sie zu treffen. Gott wird vom Ausgang natürlich nicht überrascht sein, denn er wusste schon vor Grundlegung der Welt, wann jeder Einzelne geboren wird und zum Glauben an ihn kommt. In den Wirren der Trübsalzeit werden die Menschen zwei unterschiedliche Entscheidungen treffen müssen. Erstens: Eine Menge, so groß, dass niemand sie zählen kann (Offenbarung 7,9), wird der Wahrheit glauben, die ihr von den 144 000 Zeugen und den beiden mit übernatürlichen Kräften ausgestatteten Zeugen Gottes gepredigt wird. Offensichtlich wird Gott sich in dieser Zeit jede nur erdenkliche Mühe geben, um die Wahrheit zu allen zu bringen, die für sie offen sind.

Aber die Mehrheit aller, die in der Trübsalzeit leben, werden wie in der heutigen Zeit die Wahrheit ablehnen, weil sie zu sehr an ihrem bisherigen Lebensstil hängen (2. Thessalonicher 2,12). Das ist der Grund, aus dem auch heute viele Menschen die Wahrheit des Evangeliums ablehnen. Sie wollen ein bestimmtes Vergnügen nicht aufgeben und Jesus den Vorzug geben, weil sie die Sünde lieben, in die sie verstrickt sind. Diese Dinge werden aber zu ihrer ewigen Trennung von Gott führen. Jene Menschen werden den Lügen des Antichristen Glauben schenken, der ihnen sein

Zeichen auf Stirn und rechten Handrücken aufdrücken wird. Die meisten dieser Menschen werden in der Trübsalzeit die Predigt der 144 000 Diener Gottes und seiner beiden Zeugen nicht einmal hören wollen (Offenbarung 7 und 11). Sie werden den Antichrist dem wahren Christus vorziehen. Und sie werden die Entscheidung auch nicht mehr rückgängig machen wollen, wenn sie einmal getroffen ist, denn Gott wird sie einer Täuschung verfallen lassen, sodass sie den Lügen des Widersachers Glauben schenken.

Wie gut, dass es heute noch nicht so weit ist. Vor kurzem rief ich am Ende einer Tagung über Prophetie zur Lebensübergabe auf. Viele Teilnehmer kamen nach vorne und nahmen Jesus als ihren Herrn und Erlöser an. Aber das Beste daran ist, dass alle, die dies nicht getan haben, noch die Möglichkeit haben, ihre Entscheidung zu überdenken. Das ist der Grund, warum es in der Bibel heißt: „Jetzt ist die Zeit der Gnade! Jetzt ist der Tag der Errettung!" (2. Korinther 6,2). Man könnte auch sagen: Jetzt ist der Tag der Entscheidung.

Gebet für den heutigen Tag

Lieber himmlischer Vater, ich bewundere deine Geduld mit der Menschheit. Du hast die Propheten, die Apostel und sogar deinen Sohn geschickt, um uns vor dem kommenden Gericht zu warnen. Ich weiß, dass du in der Trübsalzeit Tausende von Menschen beauftragen wirst, anderen das Evangelium zu bringen. Ich bete für alle, die deinen Sohn noch nicht als Herrn und Retter angenommen haben. Bitte schicke ihnen deinen Heiligen Geist, um ihnen zu zeigen, wie sehr sie dich brauchen. Und gebrauche auch mich, um ihnen die gute Nachricht weiterzusagen, dass du sie retten willst. In Jesu Namen, Amen.

25 Steine, die unseren Glauben stärken

„Jesus verließ den Tempel und wollte weggehen. Da kamen seine Jünger zu ihm und wiesen ihn auf die Prachtbauten der Tempelanlage hin. Aber Jesus sagte: ‚Ihr bewundert das alles? Ich sage euch, hier wird kein Stein auf dem andern bleiben. Alles wird bis auf den Grund zerstört werden.'"

Matthäus 24,1–2

Nachdem wir uns mit den Aussagen der Apostel über Entrückung beschäftigt haben, sollten wir auch einen Blick auf das werfen, was Jesus darüber zu sagen hatte. Kurz vor seinem Tod hielt Jesus auf dem Ölberg seine Abschiedsreden.

Diese Reden über die Endzeit, die in Matthäus 24–25, Markus 13 und Lukas 21 aufgezeichnet sind, sind nach Ansicht von Experten aus den folgenden drei Gründen die wichtigste Prophetie in der Bibel: Sie stammen erstens von Jesus selbst, der alle Autorität dazu hat, uns den Plan Gottes für unsere Zukunft aufzudecken, da er das Ende schon von Anfang an kannte.

Zweitens sind diese Aussagen die ausführlichste Beschreibung der endzeitlichen Ereignisse und auch die erste, die der Gemeinde gegeben wurde. Sie beschreiben, wie er am Ende der Trübsalzeit mit Macht und Herrlichkeit wiederkommt.

Drittens beantworten sie eine Frage, die alle, die sich mit dem Kommen Christi beschäftigen, brennend interessiert: „Sag uns, wann wird das geschehen, und woran können wir erkennen, dass du wiederkommst und das Ende der Welt da ist?" (Matthäus 24,3).

Ich persönlich glaube, dass die Endzeitreden Jesu als Grundlage betrachtet werden sollten, auf der alle übrigen Prophezeiungen zu verstehen sind. Wenn man die anderen biblischen Texte in Beziehung zu dieser Lehre setzt, erscheinen sie erst im richtigen Licht. Das Buch Daniel und die Offenbarung fügen sich z. B. gut in den Überblick über die zukünftigen Ereignisse ein.

Als Erstes sollten wir aber die Miniprophetie untersuchen, mit der Jesus seine Endzeitprophetie beginnt. Es war in den letzten Wochen seines irdischen Lebens, als Jesus mit seinem Gefolge gerade aus dem Tempel kam. Die Jünger versuchten voll Stolz, ihn mit der Pracht des neu renovierten Tempels zu beeindrucken. Herodes hatte jahrelang daran gebaut und eine Menge Steuergelder ausgegeben, um ihn renovieren zu lassen. Er war vor 450 Jahren erbaut worden, nachdem die Juden aus der babylonischen Gefangenschaft zurückgekehrt waren.

Ist es nicht witzig: Man stelle sich einmal vor, welchen Eindruck es auf den Schöpfer des Universums machen muss, wenn man versucht, ihn mit einem Gebäude zu beeindrucken, das von Menschen erbaut ist! Aber für die Jünger war es immerhin das großartigste Gebäude, das sie je gesehen hatten. Jesus antwortete ihnen: „Ihr bewundert dieses Gebäude? Ich sage euch, dass hier kein Stein auf dem andern liegen bleiben wird. Denn es wird bis auf den Grund zerstört werden."

Genau 37 Jahre später geschah alles so, wie Jesus gesagt hatte. Die Römer belagerten unter Titus Jerusalem und zerstörten die Stadt völlig. Geschichtsschreiber berichten, dass sie bis auf den Grund niederbrannte. In einem dieser Berichte ist zu lesen, dass Titus den Befehl gab, den Tempel zu verschonen. Er war kein Christ, aber weil er ein religiöser Mensch war, hatte er auch gegenüber religiösen Gebäuden Respekt.

In jener Zeit erhielten römische Soldaten für ihre Dienste keinen regelmäßigen Sold. Sie durften stattdessen ihre besiegten Feinde plündern und alle Wertsachen an sich nehmen. Offensichtlich gehörte Gold zu den Dingen, die sie am liebsten plünderten, denn es war gut zu transportieren und leicht gegen andere Güter einzutauschen.

Als das Feuer in der Stadt außer Kontrolle geriet, stieg die glühende Hitze bis zur Kuppel des Tempels hinauf und ließ die kunstvollen goldenen Überzüge schmelzen. Dieses geschmolzene Gold floss in die Ritzen und Spalten zwischen die Steine, aus denen der Tempel erbaut war. Nachdem das Feuer den Tempel zerstört hatte, war das einzig Wertvolle, das noch übrig war, das Gold in den Ritzen. Die römischen Soldaten mussten den Tempel Stein für Stein auseinander nehmen, um an dieses Gold zu kommen. Als sie damit fertig waren, hatten sie, ohne es zu wollen, auch eine Prophezeiung Jesu erfüllt.

Wir alle können die Erfüllung dieser Prophezeiung von Zeit zu Zeit in den Abendnachrichten auf unseren Bildschirmen sehen. Wann immer die Kamera auf die Klagemauer in Jerusalem gerichtet ist, sollten wir bewusst auf die großen Steinblöcke in ihrem Fundament achten. Das sind Steine, die noch aus dem antiken Tempel stammen. Auf Grund ihres enormen Gewichts mussten sie vom Tempelplatz einzeln dorthin transportiert werden. Die Verlagerung dieser Steine erfüllt ebenfalls eine Prophezeiung Jesu. Lassen Sie sich durch diese Berichte über die Erfüllung der Prophezeiungen Jesu ermutigen: Die Genauigkeit, mit der diese Dinge in Erfüllung gegangen sind, lässt darauf schließen, dass sich auch alles andere, das Gott für unsere Zukunft plant, exakt erfüllen wird.

Gebet für den heutigen Tag

Lieber Vater, wir beugen uns voller Demut vor dir, wenn wir sehen, wie du uns entgegenkommst, um uns zu ermutigen. Es wird in unserem Leben immer wieder Zeiten geben, in denen unser Glaube schwach ist. Deine Wiederkunft lässt schon sehr lange auf sich warten. Wenn wir aber sehen, wie dein Wort in Erfüllung gegangen ist, wird auch unser Glaube gestärkt, damit wir nicht aufhören, dir weiter zu vertrauen und zu dienen. Hilf uns, das so lange zu tun, bis uns unser Retter zu sich ruft. Ich will dir heute mein Leben und alle meine Gaben anvertrauen. Hilf mir, meinen Glauben an einen Menschen weiterzugeben, der ohne dich verloren ist. In Jesu Namen, Amen.

26 „Was sind die Zeichen deines Kommens?“

„Dann ging Jesus auf den Ölberg und setzte sich dort nieder. Nur seine Jünger waren bei ihm. Sie traten zu ihm und fragten ihn: ‚Sag uns, wann wird das geschehen, und woran können wir erkennen, dass du wiederkommst und das Ende der Welt da ist?‘

Jesus sagte zu ihnen: ‚Seid auf der Hut und lasst euch von niemand täuschen! Viele werden unter meinem Namen auftreten und von sich behaupten: Ich bin der wiedergekommene Christus! Damit werden sie viele irreführen.‘“ Matthäus 24,3–5

Nach der einleitenden Bemerkung Jesu über die völlige Zerstörung des Tempels stellten ihm seine Jünger die alles entscheidende Frage: „Wann wird das eintreffen? Und wird es irgendwelche Zeichen geben, an denen wir erkennen können, dass deine Wiederkunft und das Ende der Welt kurz bevorstehen?“

Bei allen Konferenzen zum Thema „Prophetie“, auf denen ich in den vergangenen 20 Jahren Vorträge gehalten habe, hat es immer eine äußerst populäre Frage gegeben: „Wann wird Christus wiederkommen und welche Zeichen werden seiner Wiederkunft vorausgehen?“ Ich betone dann immer, dass niemand den Tag oder die Stunde kennt (Matthäus 24,36) und dass es keine Zeichen für die Entrückung gibt. Eines können wir jedoch mit Sicherheit sagen: Alle, die angeblich die Stunde von Jesu Wiederkunft kennen, sind falsche Lehrer!

Jesus hatte seine eigene Sicht von falschen Lehrern. Als er die Fragen seiner Jünger beantwortete, wurden sie von ihm nicht zurechtgewiesen, weil sie nach den Zeichen fragten. Manche Bibellehrer verhalten sich aber so, als wäre es verboten, die Zeichen der Zeit zu betrachten, um zu prüfen, wie nahe wir der Wiederkunft Jesu sind. In Wahrheit ist es aber für jeden, der Jesus liebt und sich danach sehnt, dass er eines Tages wiederkommt, ganz natürlich, diese Fragen zu stellen.

Es ist jedoch wichtig, alle Christen gleich von Beginn an zu warnen, sich vor den teuflischen Verführungskünsten falscher Lehrer in Acht zu nehmen. Jesus warnte seine Jünger in diesen Kapiteln gleich 13-mal: „Seid auf der Hut und lasst euch von niemand täuschen! Viele werden in meinem Namen auftreten und von sich behaupten: Ich bin der wiedergekommene Christus! Damit werden sie viele irreführen" (Matthäus 24,4–5). Oder: „Denn es werden so manche mit dem Anspruch auftreten, der versprochene Retter oder ein Prophet zu sein. Sie werden sich durch große Wundertaten ausweisen und würden damit sogar die von Gott Erwählten irreführen, wenn das möglich wäre" (Matthäus 24,24).

Wir möchten niemandem Angst einjagen, aber wir sollten uns darüber im Klaren sein, dass in der Endzeit zunehmend falsche Lehrer auftreten, die erstaunlich glaubwürdig sein werden. Manche von ihnen werden sogar übernatürliche Zeichen und Wunder vollbringen, um damit vielleicht auch gefestigte Christen zu täuschen. Vergessen Sie nicht: Auch Satan hat die Macht, Wunder zu vollbringen. Er kann die Krankheiten wieder wegnehmen, die er über Menschen gebracht hat. In der Trübsalzeit wird er seine betrügerischen Praktiken so häufig einsetzen, dass sie den Wundern Jesu täuschend ähnlich sind.

Satan war schon immer ein Lügner und Betrüger, aber in der Endzeit wird er seine Täuschungsmanöver verstärken. Schon in unserer Zeit steigt die Zahl falscher Lehrer sowohl innerhalb als außerhalb der Kirche. Auch wenn die Taktiken und Methoden dieser falschen Lehrer nichts Neues sind, wird ihre Beschäftigung mit dem Okkulten, mit Dämonen, Satansanbetung und Horoskopen aber sicherlich noch zunehmen.

In solchen Zeiten müssen Christen Gottes Wort anhaltend studieren, am besten zusammen mit anderen in einer Gemeinde, in der Wort Gottes verkündigt wird. In solchen Zeiten sollten sie anhaltend beten und sich aktiv in eine Gruppe einbringen, in der die Bibel studiert wird. Der Apostel Johannes war sehr darauf bedacht, Christen darauf hinzuweisen, dass sie nicht alles glauben, sondern die Geister am Wort Gottes prüfen sollen (1. Johannes

4,1). Jeder Lehrer, der eine Lehre vertritt, die nicht von der Bibel gestützt ist, ist ein falscher Lehrer.

Wenn Sie noch jung im Glauben sind, würden wir Ihnen dringend empfehlen, um Führung zu beten, wann immer Sie von einer neuen Lehre hören oder wann immer Sie bei einer Auslegung unruhig werden. Vergessen Sie nicht, dass der Heilige Geist in uns wohnt und Friede in unser Herz legt, wenn das Wort Gottes richtig gelehrt wird. Auf ähnliche Weise wird er uns auch unruhig machen, wenn wir einer falschen Lehre begegnen.

Vor einigen Jahren, als ich noch Pfarrer in San Diego war, schrieb ich einen kurzen Aufsatz mit dem Titel: „Jesus – wer ist das?" Er wurde zum Vorläufer eines Buches, das 1998 unter dem gleichen Titel erschien. Ein junger Bauunternehmer und seine Frau, die unter den Einfluss der Zeugen Jehovas geraten waren, bekamen Zweifel an deren Lehren. Sie beteten am Frühstückstisch gemeinsam um Führung. Später an diesem Tag, als der Bauunternehmer während eines heftigen Regenschauers aus seinem Kleintransporter stieg, sah er im Rinnstein ein kleines blaues Heft schwimmen. Er fischte es aus dem Wasser, nahm es mit nach Hause und seine Frau trocknete es. Sie lasen es miteinander und nahmen Jesus Christus als ihren Herrn und Retter an. Außerdem gaben sie die wöchentlichen Treffen bei ihren falschen Lehrern auf und schlossen sich aktiv einer Gemeinde an, in der das Evangelium verkündigt wurde.

Unser himmlischer Vater liebt es, seine Kinder anzuleiten, wenn sie nach Wahrheit suchen. Darum sollten Sie niemals zögern, ihn um Rat und Hilfe zu bitten. Vergessen Sie auch den Rat der Bibel nicht: „Denk an ihn bei allem, was du tust; er wird dir den richtigen Weg zeigen" (Sprichwörter 3,6).

Gebet für den heutigen Tag

Vater im Himmel, ich danke dir für dein wunderbares Wort, das du uns gegeben hast. Ohne dieses Wort würden wir in die Irre gehen. Hilf mir, für deinen Heiligen Geist sensibel zu werden und alles an deinem Wort zu prüfen, was mir als neue Wahrheit oder neue Lehre präsentiert wird. Und hilf mir auch, mich um meine Freunde zu kümmern, damit auch sie nicht in die Irre gehen. Das bitte ich in Jesu Namen, Amen.

27 Ein falsches Zeichen

„Jesus sagte zu ihnen: ‚Seid auf der Hut und lasst euch von niemand täuschen! Viele werden unter meinem Namen auftreten und von sich behaupten: Ich bin der wiedergekommene Christus! Damit werden sie viele irreführen.

Erschreckt nicht, wenn nah und fern Kriege ausbrechen! Es muss so kommen, aber das ist noch nicht das Ende. Ein Volk wird gegen andere kämpfen, ein Staat den andern angreifen. In vielen Ländern wird es Hungersnöte und Erdbeben geben.'" Matthäus 24,4–7

Falsche Lehrer und falsche Propheten sind in der religiösen Szene heute durchaus oft anzutreffen. Sie sind meist sehr überzeugend, wenn es darum geht, selbst die „von Gott Erwählten" (Matthäus 24,24) irrezuführen. Das ist nichts Neues. Die Kirche musste sich schon immer gegen falsche Lehrer behaupten. Aber wir sollten nicht vergessen, dass Jesus in seinen Endzeitreden an 13 verschiedenen Stellen vor solchen Betrügern warnte.

Jesus hat zwar vor ihrem Auftreten gewarnt, aber diese falschen Lehrer gehören nicht zu den Zeichen, nach denen seine Jünger fragten. Das nächste Thema, das Jesus ansprach, gibt ebenfalls keinen Aufschluss darüber: Krieg: „Erschreckt nicht, wenn nah und fern Kriege ausbrechen! Es muss so kommen, aber das ist noch nicht das Ende."

Offensichtlich sind falsche Lehrer und Kriege *keine* Zeichen dafür, dass das Ende nahe ist. In den vergangenen 50 Jahren wurden viele Bücher geschrieben und noch mehr Predigten gehalten, in denen eindringlich vor falschen Lehrern und deren falschen Lehren gewarnt wurde. Diese sind, so wird gesagt, ein eindeutiges Zeichen dafür, dass wir auf das Ende zugehen. Aber aus der im Matthäus-Evangelium zitierten Stelle geht klar hervor, dass laut Jesus auch das Auftreten von falschen Lehrern *kein* Zeichen dafür ist! Es weist vielleicht ganz allgemein darauf hin, dass wir uns dem Ende nähern, aber es ist nicht das Zeichen, das uns das Ende ankündigen wird.

Jesus sagte auch, dass wir keine Angst haben sollen, wenn wir von falschen Lehrern oder Kriegen hören. Er bietet uns sogar ein Gegenmittel an: „Erschreckt nicht, habt keine Angst! Vertraut auf Gott und vertraut auch auf mich! Im Haus meines Vaters gibt es viele Wohnungen, und ich gehe jetzt hin, um dort einen Platz für euch bereitzumachen. Sonst hätte ich euch doch nicht mit der Ankündigung beunruhigt, dass ich weggehe" (Johannes 14,1–2). Dann verspricht er, wie wir bereits an anderer Stelle gesehen haben, dass er wiederkommen und uns zu sich ins Vaterhaus holen wird.

Wie können wir vermeiden, dass wir unruhig werden? Indem wir weiter auf Gottes Zusagen vertrauen und das Kommen Christi erwarten! Gleichgültig, wie viele Kriege noch auf uns zukommen, sie brauchen uns nicht zu beunruhigen. Wir sollten stattdessen über sie hinaus auf den Tag blicken, an dem Jesus seine Gemeinde entrücken wird, damit sie für immer bei ihm ist.

Als ich 16 war, trug ich täglich die Morgenzeitung aus. Eines Tages ließ eine ältere Kundin mit starkem britischen Akzent ihren Unmut an mir aus und sagte: „Junger Mann, alles, was Sie mir da in Ihrer Zeitung bringen, ist Krieg, Krieg und noch mal Krieg! Wenn Sie nicht dafür sorgen, dass diese trostlosen Nachrichten aufhören, dann werde ich Ihnen diese Zeitung nicht mehr abkaufen!"

Zwei Jahre später war ich Soldat in der amerikanischen Luftwaffe. Nach meiner Grundausbildung wurde ich nach Europa versetzt. Natürlich machte meine verwitwete Mutter sich Sorgen, aber sie war eine engagierte Christin und kannte Gottes Wort. Also vertraute sie mich ihm an und ließ zu, dass ihr Erstgeborener seinem Heimatland diente. Sie war bereit, mich in die Gefahr zu entlassen, denn ihr Glaube gab ihr die Kraft, ihre Unruhe zu überwinden.

Und diesen Dienst wird der Glaube auch Ihnen erweisen. Gott ist keinem von uns fern! Er will uns in Zeiten der Not und Schwierigkeiten trösten. Vielleicht haben Sie im Moment nicht mit falschen Lehrern oder Kriegen zu kämpfen, sondern sind mit schlimmen Lebensumständen konfrontiert. Vertrauen Sie auf Gott, blicken Sie auf ihn, lesen Sie sein Wort und erwarten Sie das Kommen Jesu Christi! Das ist ein ausgezeichnetes Mittel gegen jede Unruhe.

Gebet für den heutigen Tag

Lieber himmlischer Vater, vergib mir, dass ich zulasse, dass ich durch meine Sorgen dein Wort aus den Augen verliere. Ich weiß, dass du immer für mich da bist und dass mangelndes Vertrauen Sünde ist. Stärke meinen Glauben und hilf mir, dass ich wieder zur Ruhe komme. Das bitte ich in Jesu Namen, Amen.

28 Ein echtes Zeichen

„Ein Volk wird gegen das andere kämpfen, ein Staat wird den andern angreifen. In vielen Ländern wird es Hungersnöte und Erdbeben geben. Das alles ist erst der Anfang vom Ende – der Beginn der Geburtswehen."

Matthäus 24,7–8

Im vorigen Kapitel haben wir gesehen, dass falsche Lehrer und Kriege nicht als Zeichen zu verstehen sind. Ein kluger Mann hat einmal ausgerechnet, dass es in den vergangenen 19 Jahrhunderten 135 falsche Messiasse gegeben hat. Wenn er heute noch am Leben wäre, müsste er diese Zahl auf 150 oder mehr erhöhen.

Im College hatte ich Geschichte als Hauptfach belegt. Die Beschäftigung mit diesem Fach machte mir bewusst, dass das Studium der Geschichte vor allem ein Studium der Kriege ist. Hin und wieder beschleunigten wir im Geschichtsunterricht das Tempo und übersprangen ein oder zwei Jahrzehnte, weil es kurze Perioden des Friedens gab. Aber solche Unterbrechungen waren selten. Ein

Historiker stellte fest, dass es in der Geschichte der Menschheit etwa 15 000 Kriege gegeben hat und dass die schlimmsten und grausamsten davon im 20. Jahrhundert stattfanden. Aber an all diesen Kriegen ist zu sehen, dass der Gott der Endzeitprophetie an den Entscheidungen nicht direkt beteiligt war, die von den Nationen getroffen werden. Meist sind es die Führer eines Volkes, die solche Entscheidungen treffen.

Jesus brachte die Sicht Gottes über Kriege ein, als er auf die Frage seiner Jünger antwortete. Er machte sie darauf aufmerksam, dass es einen speziellen Weltkrieg geben wird, der ein eindeutiges Zeichen für das kommende Ende sein wird. Er verwendete dafür die Worte: „Ein Volk wird gegen das andere kämpfen, ein Staat den anderen angreifen“ (Matthäus 24,7). Hierbei handelt es sich um eine alte hebräische Redewendung, die sich auf einen Krieg zwischen zwei Völkern bezieht, in den viele Nachbarvölker hineingezogen werden.

Der erste weltweite Konflikt trat zwischen 1914 und 1918 auf. Er wurde später von Historikern als der Erste Weltkrieg bezeichnet. Es war der erste Krieg in der Geschichte der Menschheit, der jemals so genannt wurde. Dieser Krieg wurde durch einen einzelnen grausamen Akt ausgelöst: Ein serbischer Fanatiker verübte ein Attentat auf den österreichischen Thronfolger. Daraufhin erklärte Österreich Serbien den Krieg. Eine Nation nach der anderen wurde in diesen Konflikt hineingezogen, bis schließlich die ganze Welt, mit Ausnahme von sieben Völkern, Truppen entsandte, um entweder auf der einen oder anderen Seite mitzukämpfen.

Dieser weltweite Konflikt sticht in der Geschichte auch bereits deshalb hervor, weil in diesem Krieg mehr Menschen getötet wurden als in jedem vorangegangenen Krieg. Man schätzt, dass bei diesem globalen Gemetzel etwa 15 Millionen Menschen ums Leben kamen. Außer den Soldaten wurden auch Millionen von Zivilisten getötet, verkrüppelt oder vertrieben.

Aber der Erste Weltkrieg allein macht noch nicht das Zeichen aus, von dem Jesus sprach. Neben dem eigentlichen Krieg sind weitere Aspekte Teil des Zeichens. Jesus weist darauf hin, dass es im Gefolge dieses Krieges in vielen Ländern Hungersnöte und Erdbeben geben wird. Da es immer schon Hungersnöte und Erdbeben gegeben hat, ist anzunehmen, dass er noch nie da gewesene

Katastrophen im Sinn hatte. Und sie kamen! Nach dem Ersten Weltkrieg litten die Menschen weltweit Hunger. Zwischen 1914 und 1918 lagen die Felder von der Krim bis Afrika brach und wurden nicht bestellt, was Hungersnöte in bislang ungekanntem Ausmaß zur Folge hatte. Die Grippeepidemie, die diese Hungersnot begleitete, kostete in Europa und Amerika 19 Millionen Menschen das Leben. Bei dieser Epidemie verloren mehr Menschen ihr Leben als auf dem Schlachtfeld. Nicht lange nach Ende dieses Krieges traten auch die ersten multiplen Erdbeben auf, von denen in der Geschichte berichtet wird.

Diese beispiellosen Ereignisse (Weltkrieg, Hungersnöte, Seuchen und gleichzeitig auftretende Erdbeben) sind vier der von Jesus prophezeiten Bedingungen, die auf eine Erfüllung des Zeichens hindeuten könnten, von dem Jesus gesprochen hat.

Achten Sie aber sorgfältig darauf, dass Jesus nicht sagte, dass diese Dinge seine Wiederkunft einleiten werden. Er sagte nur, dass sie der Anfang vom Ende sind – der Beginn der Geburtswehen. „Anfang der Wehen" ist im Hebräischen eine allgemein übliche Redewendung, die die traumatischen Endzeitereignisse mit den Wehen einer schwangeren Frau vergleicht, die kurz vor der Geburt ihres Kindes steht.

Jede Mutter kann bestätigen, dass die erste Wehe nicht bedeutet, dass die Geburt unmittelbar bevorsteht. Aber sie weist darauf hin, dass weitere Wehen folgen werden. Wenn die Wehen in immer kürzeren Abständen auftreten, werden sie auch stärker – kurz bevor das Kind geboren wird.

Es ist ziemlich wahrscheinlich, dass Jesus mit seinen Angaben Folgendes sagen wollte: Ein spezieller Krieg wird Hungersnöte, Seuchen und Erdbeben mit sich bringen, und das bedeutet, dass weitere Wehen oder Zeichen folgen werden. Die meisten Experten sehen heute viele solcher Zeichen. Die Rückführung Israels in sein Heimatland, die Rolle Russlands auf der Weltenbühne, die zunehmende Mobilität der Menschen und die Zunahme unseres Wissens (Daniel 12,4) – alle diese Zeichen werden stärker und treten in immer kürzeren Abständen auf.

Kein Mensch kennt den Tag oder die Stunde, aber viele Christen studieren die Zeichen der Zeit und denken darüber nach, wie sie unter diesen Umständen leben wollen. Jesu Ankunft kann noch einen Tag, eine Woche oder einen Monat entfernt sein. Es kann auch noch Jahrzehnte dauern. Aber wenn eine Generation jemals berechtigten Grund zu der Annahme hatte, dass Christus vielleicht noch während ihres Lebens kommen kann, dann ist es sicherlich die unsrige. Angesichts all dieser Dinge sollten wir uns bereitmachen.

Gebet für den heutigen Tag

Lieber himmlischer Vater, viele Fachleute meinen, dass Jesus bald wiederkommen wird, vielleicht sogar noch heute. Hilf mir, so zu leben, dass du Freude an meinem Leben hast, wenn ich dir von Angesicht zu Angesicht gegenüberstehe. Sollte es in meinem Leben eine Sünde geben, die ich dir noch nicht bekannt habe, dann bitte ich deinen Heiligen Geist, mir diese Sache bewusst zu machen. Hilf mir, jeden Tag so zu leben, dass ich die Ewigkeit nicht aus den Augen verliere. Das bete ich in Jesu Namen, Amen.

29 Die Trübsalzeit

„Dann werden sie euch an die Gerichte ausliefern, euch misshandeln und töten. Die ganze Welt wird euch hassen, weil ihr euch zu mir bekennt. Wenn es so weit ist, werden viele vom Glauben abfallen und sich gegenseitig verraten und einander hassen. Zahlreiche falsche Propheten werden auftreten und viele von euch irreführen. Und weil der Ungehorsam gegen Gott überhand nimmt, wird die Liebe bei den meisten von euch erkalten. Wer aber bis zum Ende standhaft bleibt, wird gerettet."

Matthäus 24,9–13

Die Bibel räumt der kommenden Trübsalzeit inhaltlich mehr Raum ein als jeder anderen siebenjährigen Periode. Dieses wichtige

Thema wird im Alten Testament von den Propheten fast 50-mal erwähnt. Von manchen wird sie die „Zeit der Not für die Nachkommen Jakobs" genannt (Jeremia 30,7), andere sprechen vom „Tag des Gerichts" (Zefania 1,15). Im Neuen Testament wird sie von Jesus in seinen Endzeitreden und von Paulus erwähnt; sie nimmt auch im Buch der Offenbarung einen großen Raum ein (Kapitel 6–19).

Jesus hat in diesem Zusammenhang von einer Schreckensperiode gesprochen, die furchtbarer sein wird als alles, was jemals seit Beginn der Welt geschehen ist oder in Zukunft noch geschehen wird (Matthäus 24,21). Wie wir in vorangegangenen Kapiteln sahen, ist diese Zeit noch nicht gekommen. Auch die beschriebenen Ereignisse sind noch nicht eingetreten. Das alles liegt noch vor uns.

Diese sieben Jahre werden, ohne dass wir jetzt näher darauf eingehen, in zwei Zeitabschnitte von je dreieinhalb Jahren aufgeteilt. Jesus bezeichnete diese beiden Abschnitte als Trübsal- und Drangsalzeit. Im Buch der Offenbarung wird sie in zwei Abschnitte von je 42 Monaten und bei Daniel in zwei Perioden von je dreieinhalb Jahren aufgeteilt.

Alle, die daran glauben, dass Christus während der Trübsalzeit oder erst danach kommen wird, scheinen die Ereignisse dieser Zeit nicht sehr ernst zu nehmen. Im ersteren Fall werden alle Gerichte in der zweiten Hälfte dieser Zeit angesetzt. Diese zu einem späten Zeitpunkt angesetzten Leiden stimmen jedoch nicht mit den Angaben in der Offenbarung überein, die aussagen, dass die Trübsalzeit sofort mit den sieben Siegelgerichten beginnt, die ein Viertel der gesamten Menschheit auslöschen werden. Ein weiteres Drittel der Menschheit kommt dann während der nächsten sieben Posaunengerichte ums Leben. Eine solche natürliche und militärische Vernichtung scheint uns aber sehr nach Trübsalzeit auszusehen. Die gute Nachricht lautet jedoch, dass Jesus „uns vor dem bevorstehenden Gericht rettet" (1. Thessalonicher 1,10). Folglich ist daraus zu schließen, dass Christen bereits entrückt sind, wenn diese Gerichte beginnen.

Was ist der Sinn dieser Trübsalzeit? Der Prophet Daniel sagt, dass sie „ewige Gerechtigkeit" bringen wird (Daniel 9,24; Einheitsübersetzung). Das heißt, sie wird die Zeit, so wie wir sie kennen, zu einem Ende bringen und das Tausendjährige Friedensreich Gottes einleiten. Gott wird in seiner Barmherzigkeit dafür sorgen, dass diese Zeit auf sieben Jahre beschränkt ist. In dieser kurzen Zeitspanne wird jeder Mensch Gelegenheit haben, zum Glauben an Jesus zu kommen. Wir gehen davon aus, dass jeder die gleiche Entscheidung für oder gegen Gott treffen wird, die er auch in einem Leben von normaler Länge getroffen hätte.

Diese Aussage bestätigt noch einmal die überfließende Gnade und Liebe Gottes für die Menschheit. Petrus schreibt, dass Gott nicht will, „dass einige zugrunde gehen. Er möchte, dass alle Gelegenheit finden, von ihrem falschen Weg umzukehren" (2. Petrus 3,9). Gott will, dass alle gerettet werden, und ist bereit, auch zu extremen Mitteln zu greifen, um ihnen zu helfen, seine Gnade, die er in Christus zu den Menschen bringt, zu ergreifen.

Vor einigen Jahren hatten wir Kontakt zu einer jungen Frau, der wir mehrmals von unserem Glauben erzählten, während sie in unserem Haus einige Renovierungsarbeiten vornahm. Als Tochter eines liberalen Pfarrers hatte sie leider niemals die Entscheidung für Jesus getroffen. Obwohl wir ihr sagten, wie wichtig diese Sache mit Jesus ist, war sie damals noch nicht für eine Entscheidung bereit.

Zwei Jahre später wurde sie in einen schweren Autounfall verwickelt. Ein Motorradfahrer stieß mit ihrem Wagen zusammen und verunglückte dabei tödlich. Überglücklich, dass Gott ihr Leben bewahrt hatte, lud sie nun Christus in ihr Leben ein. Diese Zeit war aber für sie persönlich eine ganz private Trübsalzeit. Das Leiden ist nicht nur auf eine siebenjährige Periode während der Trübsal beschränkt. Persönliches Leiden hat – so wie bei dieser Frau – schon bei vielen dazu geführt, dass sie ihre Beziehung zu Jesus in Ordnung gebracht haben. Wir hoffen und beten, dass Sie eine solche Entscheidung schon getroffen haben. Wenn nicht oder wenn Sie sich nicht ganz sicher sind, dann tun Sie es bitte heute noch! Wenn Sie die vorangegangenen Abschnitte gelesen haben, wissen Sie, wie die Zukunft aussieht. Handeln Sie, solange Sie noch leben und in Ruhe darüber nachdenken können.

Gebet für den heutigen Tag

Lieber Gott, ich glaube daran, dass es dich gibt, dass du deinen Sohn geschickt hast, damit er stellvertretend für mich stirbt und die Strafe, die ich eigentlich verdient hätte, auf sich nimmt. Ich glaube auch, dass er von den Toten auferstanden ist und jetzt bei dir im Himmel ist. Ich glaube, dass er eines Tages wiederkommen und alle Christen in dein himmlisches Zuhause holen wird. Ich möchte dich bitten, die Führung über mein Leben zu übernehmen. Vergib mir, dass ich bislang versucht habe, mein Leben ohne dich zu führen. Das bitte ich in Jesu Namen, Amen.

30 Die weltweite Verkündigung des Evangeliums

„Aber die gute Nachricht, dass Gott schon angefangen hat, seine Herrschaft aufzurichten, wird in der ganzen Welt verkündet werden. Alle Völker sollen sie hören. Danach erst kommt das Ende."

Matthäus 24,14

Eines der aufregendsten Zeichen für die Wiederkunft Jesu verriet Jesus ebenfalls auf die Frage der Jünger: „Woran können wir erkennen, dass du wiederkommst und das Ende der Welt da ist?" (Matthäus 24,3). Der Inhalt der Prophezeiung ist sehr klar: Das Evangelium wird auf der ganzen Welt verkündet werden. Dieses Zeichen wird in der Trübsalzeit wortwörtlich in Erfüllung gehen, bevor Christus mit seiner Gemeinde wiederkommt und tausend Jahre lang herrschen wird.

In der Trübsalzeit werden die 144 000 Zeugen auf der ganzen Welt predigen. Der Heilige Geist wird wie damals zu Pfingsten ausgegossen werden (Joel 2,28–32). Sogar Engel werden den Auftrag bekommen, die Gute Nachricht zu allen Geschöpfen unter dem Himmel zu bringen. Diese weltweite Verkündigung des Evangeliums zeigt, wie sehr Gott die Menschen liebt. In diesen sieben Jahren werden wirklich alle, die auf der Erde leben, seine Botschaft hören.

Aber das Evangelium wird bereits heute weltweit verkündigt. Auch in dieser Stunde wird die Gute Nachricht in allen Sprachen über Kurzwelle ausgestrahlt. Die Wycliffe-Bibelübersetzer sind zügig dabei, die Bibel selbst in die Sprachen der primitivsten Stämme zu übersetzen. Ich kann mich noch gut daran erinnern, als ihr Motto hieß: „Nur noch 2 000 Sprachen, die auf uns warten!" Heute sind es nur noch einige hundert.

Auch der Jesus-Film von „Campus für Christus" wurde in mehr als 500 Sprachen übersetzt. Über eine halbe Milliarde Menschen haben diesen Film gesehen und sind durch ihn mit dem Erlöser in Berührung gekommen. Mittels Computer, Internet und anderen uns zur Verfügung stehenden Spitzentechnologien werden wir bald in der Lage sein, das Evangelium wirklich zu allen Menschen zu bringen.

Diese Möglichkeiten standen uns vor einer Generation noch nicht zur Verfügung. Technologisch gesehen sind wir also der Erfüllung dieser Prophetie näher als je zuvor. Jesus könnte darum seine Gemeinde jederzeit zu sich holen. Die Zeugen, die er in der Trübsalzeit als Evangelisten berufen wird, könnten das Internet benutzen und das Projekt der weltweiten Verkündigung damit leicht umsetzen.

Die Tatsache, dass dies während der Trübsalzeit in einer groß angelegten Aktion geschehen wird, entbindet uns aber nicht von der Verantwortung, uns schon jetzt darum zu bemühen, dass unsere Freunde und Verwandten Jesus kennen lernen, solange noch Zeit dazu ist. Neulich hörte ich von einem Mann, der unsere Romane gleich stapelweise kauft, um sie an seine Freunde und Verwandten zu verschenken und ihnen damit das Evangelium zu bringen. Ich bin für sein Zeugnis dankbar, denn wir Christen müssen heute unseren Glauben mehr denn je vor anderen bezeugen, und dabei sind unserer Kreativität keine Grenzen gesetzt. In der Bibel ist nirgends die Rede davon, dass es noch vor der Wiederkunft Jesu eine Erweckung geben wird. Für einen Gott, der in

Psalm 103, Vers 8 als gütig und barmherzig beschrieben wird, wäre es aber nicht untypisch, dass er uns noch kurz vor der Entrückung eine weltweite Erweckung schenkt. Auch Jesus hat von unserem Vater im Himmel gesagt: „Er will nicht, dass einer dieser kleinen, unbedeutenden Menschen verloren geht“ (Matthäus 18,14).

Gebet für den heutigen Tag

Lieber himmlischer Vater, es ist aufregend, in einer Zeit zu leben, die tatsächlich die Endzeit sein könnte. Ich will mich dir zur Verfügung stellen, um in dieser Zeit meinen Glauben auch mit anderen zu teilen. Ich stelle dir meine Lippen, meinen Verstand und alles, was ich habe, zur Verfügung, damit du durch mich sprechen kannst. Leite meine Schritte und meine Gedanken, damit ich für alle sensibel werde, zu denen du heute durch mich sprechen willst. In Jesu Namen, Amen.

31 Die Drangsalzeit

„Im Buch des Propheten Daniel ist die Rede von einem ‚entsetzlichen Scheusal' – wer das liest, überlege sich, was es bedeutet! Wenn ihr das ‚entsetzliche Scheusal' im Heiligtum stehen seht, dann sollen die Bewohner Judäas in die Berge fliehen." Matthäus 24,15–16

In seinen faszinierenden Endzeitreden nennt Jesus uns einige eindeutige Zeichen, die noch vor der Drangsalzeit eintreten werden. Das erste wird die Entweihung des Tempels sein, die Daniel bereits 600 Jahre vor Jesus vorausgesagt hat. Als die Jünger nach den Zeichen fragten, dachten sie dabei vermutlich automatisch an diese Prophezeiung Daniels über die Entweihung des Tempels. Diese ist noch nicht eingetreten, aber sie ist einer der Gründe, warum wir wissen, dass der Tempel in Jerusalem wieder aufgebaut werden muss. Er wird dann vom Antichristen zwischen der Entrückung und dem zweiten Kommen Jesu entweiht werden, wie auch von Paulus in 2. Thessalonicher 2, Vers 8 beschrieben wird.

In diesem Brief führt Paulus noch zwei weitere Merkmale der Drangsalzeit an: Der Antichrist wird ein Regime führen, in dem keine Gesetze mehr gelten, den Gott des Himmels lästern und sein eigenes Bild im Tempel aufstellen lassen. Er wird alle Menschen dazu zwingen, dieses Bild anzubeten und sich vor ihm niederzuwerfen (2. Thessalonicher 2,3–5).

Nach Aussage Jesu wird die Trübsalzeit die furchtbarste Zeit in der Geschichte der Menschheit sein. In der zweiten Hälfte dieser Zeit wird zwischen Gott und seinem Widersacher ein großer Kampf stattfinden. Es wird in diesem uralten Konflikt der schlimmste Kampf aller Zeiten sein. Wenn der Widersacher auf die Erde kommt, wird er erkennen, dass er nicht mehr viel Zeit hat. Er wird darum alle Kräfte mobilisieren, um die Menschheit zu täuschen.

Obwohl falsche Messiasse und falsche Lehrer auch schon vor Beginn der Trübsalzeit aufgetreten sind, wird es in der Drangsalzeit davon nur so wimmeln. Sie werden die Welt durch übernatürliche Zeichen und falsche Wunder täuschen, „um damit sogar die von Gott Erwählten irrezuführen, wenn das möglich wäre“ (Matthäus 24,24).

Vor kurzem wurde ein Mann von seiner Frau zu einer Tagung über Prophetie eingeladen, bei der ich einen Vortrag hielt. Er hatte unsere Romanreihe gelesen, und als er mich sah, sagte er flapsig: „LaHaye, ich werde einfach abwarten, ob diese Dinge wirklich passieren, so wie Sie sagen. Falls ich die Entrückung verpasse und tatsächlich in der Trübsalzeit landen sollte, werde ich aber ganz bestimmt Gottes Angebot zur Rettung annehmen, denn dann weiß ich, dass es damit seine Richtigkeit hat.“ Dieser Mann hat offensichtlich keine Ahnung, wie viel falsche Lehre und Täuschungen der Widersacher auf unsere Welt loslassen wird. Alles, was er in unseren Romanen gelesen oder von anderen gehört hat, wird neben den Zeichen und Wundern verblassen, die der Antichrist vollbringen wird, damit Menschen „der Lüge Glauben schenken“ (2. Thessalonicher 2,11). Wenn dieser schon die Erwählten beinahe täuschen kann, dann sicherlich auch diesen Mann und noch viele andere, die sich wie er verhalten.

Schon allein aus diesem Grund sollten wir unsere Anstrengungen verdoppeln, um alle, die Jesus nicht kennen, noch vor der Entrückung zu erreichen. Das wird sie nicht nur davor bewahren, die Trübsalzeit erleiden zu müssen, sondern es wird sie auch davor schützen, den Täuschungen des Antichristen zu erliegen. Wir sollten uns stets vor Augen halten, wie wunderbar es für uns sein wird, wenn wir von Jesus entrückt werden, und wie furchtbar es andererseits für alle nicht Geretteten sein wird, in der Trübsalzeit leben zu müssen, insbesondere in der zweiten Hälfte.

Ich möchte Ihnen darum vorschlagen, eine Liste mit allen Personen aufzustellen, von denen Sie wissen, dass sie noch nicht an Gott glauben. Beten Sie jeden Tag für diese Menschen. Sie werden staunen, wie Gott Sie oder jemand anderen führen wird, um das Evangelium zu diesen Menschen zu bringen.

Gebet für den heutigen Tag

Lieber Vater, wenn ich die Schrecken der Trübsalzeit auf uns zukommen sehe, dann werde ich traurig, wenn ich daran denke, dass ich noch Freunde und Angehörige habe, die diese Zeit erleben müssen, wenn sie die Entrückung versäumen. Rufe mir bitte alle ins Gedächtnis, vor denen ich meinen Glauben bekennen muss, bevor es zu spät ist. Hilf mir, eine Liste mit allen aufzustellen, für die ich beten sollte. Mache mich zu einem Werkzeug, mit dem du sie vor dem kommenden Gericht rettest. In Jesu Namen, Amen.

32 Wiederkunft mit Macht und Herrlichkeit

„Doch sofort nach dieser Schreckenszeit wird sich die Sonne verfinstern, und der Mond wird nicht mehr scheinen, die Sterne werden vom Himmel fallen, und die Ordnungen des Himmels werden zusammenbrechen.

Dann wird der Menschensohn für alle sichtbar am Himmel erscheinen. Dies ist das Zeichen, dass das Ende da ist. Die Völker der Erde werden jammern und klagen, wenn sie den Menschensohn auf den Wolken des Himmels mit göttlicher Macht und Herrlichkeit kommen sehen.

Dann wird die Posaune ertönen, und der Menschensohn wird seine Engel in alle Himmelsrichtungen ausschicken, damit sie von überall her die Menschen zusammenbringen, die er erwählt hat."

Matthäus 24,29–31

Jesus Christus wird wiederkommen. Christen sind jedoch nicht die Einzigen, die daran glauben, denn obwohl Umfragen zufolge 64 Prozent der Amerikaner behaupten, an die Wiederkunft Jesu zu glauben, geben nur 41 Prozent aller Amerikaner an, Christen zu sein. Das heißt, dass 23 Prozent aller Amerikaner, die an sein Kommen glauben, nicht dafür gerüstet sind.

Es gibt auch viele Moslems, die Jesus für einen Propheten „Allahs" halten und wirklich Angst davor haben, dass er wiederkommt. Als Jerusalem im Mittelalter unter ihrer Herrschaft stand, wurde das östliche Stadttor zugemauert, um Jesus an seinem Kommen zu hindern. Touristen können diese vermauerte Tür heute noch immer besuchen. Moslems scheinen aber nicht zu verstehen, dass Jesus bei seinem nächsten Kommen nicht als Prophet in Menschengestalt kommen wird. Wenn er wiederkommt, wird das mit göttlicher Macht und großer Herrlichkeit als König der Könige sein! Kein Tor der Welt könnte ihn daran hindern, dieses Versprechen zu erfüllen.

Es gibt viele Verheißungen für die Wiederkunft Jesu. Unser

heutiger Text (in Verbindung mit Offenbarung 19,11–21) lehrt, dass Jesus sofort nach jener Schreckenszeit als „König der Könige und Herr aller Herren“ kommen wird. Diese Wiederkunft Jesu wird zwischen Trübsalzeit und dem Beginn seines Tausendjährigen Reiches stattfinden. Gott hat zuvor alles getan, um die noch in dieser Welt lebenden Menschen wachzurütteln und noch möglichst viele von ihnen zu retten. Danach wird Jesus mit Macht und Herrlichkeit auf diese Erde zurückkommen und 1 000 Jahre lang regieren.

Die Verse 29 –30 schildern sechs Zeichen für sein zweites Kommen:

1. Die Sonne wird sich verfinstern.
2. Der Mond wird nicht mehr scheinen.
3. Die Sterne werden vom Himmel fallen und die Ordnungen des Himmels werden zusammenbrechen.
4. Das Zeichen des Menschensohnes wird am Himmel erscheinen. (Vielleicht wird das Kreuz zu sehen sein, denn kein anderes Zeichen könnte klarer darauf hinweisen, welche Rolle Jesus bei der Erlösung der Menschen einnimmt.)
5. Alle Völker dieser Erde werden jammern und klagen. (Zweifellos deshalb, weil sie es versäumt haben, sich für ihn zu entscheiden.)
6. Sie werden den Menschensohn mit göttlicher Macht und Herrlichkeit auf den Wolken des Himmels kommen sehen.

Für alle Gläubigen wird es eine Zeit unglaublichen Segens sein. Aber für die Mehrheit derer, die am Ende der Trübsalzeit noch am Leben sind, wird es eine Zeit der Trauer sein. Die Menschen werden darüber weinen, dass sie zurückgelassen wurden und die vielen Segnungen versäumten, die Gott ihnen eigentlich zugedacht hatte.

Dieses Ereignis am Ende unserer Zeit wird ebenfalls schrecklich sein. Es wird Millionen von Menschen geben, die auf die Lügen des Widersachers hereingefallen sind. Auf welche Lügen? Auf dieselben, die er seit jeher in Umlauf gesetzt hat: dass Jesus nicht wirklich der Sohn Gottes ist oder dass er nicht der Weg, die Wahrheit und das Leben ist, wie in Johannes 14, Vers 6 gesagt wird. In dieser Stunde werden alle wissen, dass ihr Bestes nicht genug war.

Sie werden wissen, dass sie nur durch das Blut Jesu Christi von ihren Sünden gereinigt werden können.

Vor kurzem las ich von einer Frau, die eigentlich immer dachte, dass sie Christ ist. Was hatte sie in ihrem falschen Vertrauen bestärkt? Sie war in der Sonntagsschule groß geworden. Sie war getauft und hatte immer den Gottesdienst besucht. Aber sie war nicht wiedergeboren – sie hatte sich niemals explizit für Jesus entschieden. Es war reine Gnade, dass sie schließlich diese Wahrheit erkannte. Als sie aber voll Freude zu Jesus kam, wusste sie, dass sie nicht nur gerettet, sondern auch augenblicklich bereit war für sein Kommen. Wie ist dies bei Ihnen? Ist Ihr Leben auf den richtigen Sicherheiten aufgebaut?

Gebet für den heutigen Tag

Lieber himmlischer Vater, danke für den wunderbaren Plan, den du für meine Zukunft hast! Ich erkenne, dass es in keiner anderen Religion der Welt etwas gibt, das mit dem zu vergleichen wäre, was du für mich geplant hast. Ich habe diese Zukunft wirklich nicht verdient. Aber ich danke dir, dass du Jesus in diese Welt geschickt hast, um für meine Sünden zu sterben, und dass du ihn wieder auferweckt hast. Gebrauche mein Leben, um diese gute Nachricht auch zu jenen zu bringen, die in den Lügen Satans gefangen sind. Hilf mir, ihnen vom Kommen Jesu und von der Freude auf eine wunderbare Zukunft zu erzählen, die du uns versprochen hast. Das bete ich in Jesu Namen, Amen.

33 Ereignisse bei der Wiederkunft Jesu

„Mit einem Wort des Herrn sage ich euch: Die Brüder und Schwestern, die schon gestorben sind, werden gegenüber uns, die beim Kommen des Herrn noch am Leben sind, nicht benachteiligt sein. Wenn Gottes Befehl ergeht, der oberste Engel ruft und die himmlische Posaune Gottes ertönt, wird Christus, der Herr, selbst vom Himmel kommen. Zuerst werden dann alle, die im Vertrauen auf ihn gestorben sind, aus dem Grab auferstehen. Danach werden wir, die noch am Leben sind, mit ihnen zusammen in die Luft gehoben und dem Herrn entgegengeführt werden, um ihn zu empfangen. Dann werden wir für immer mit ihm zusammen sein." 1. Thessalonicher 4,15–17

„Doch sofort nach dieser Schreckenszeit wird sich die Sonne verfinstern, und der Mond wird nicht mehr scheinen, die Sterne werden vom Himmel fallen, und die Ordnungen des Himmels werden zusammenbrechen.

Dann wird der Menschensohn für alle sichtbar am Himmel erscheinen. Dies ist das Zeichen, dass das Ende da ist. Die Völker der Erde werden jammern und klagen, wenn sie den Menschensohn auf den Wolken des Himmels mit göttlicher Macht und Herrlichkeit kommen sehen."
Matthäus 24,29–30

Im Anschluss an eine Konferenz zum Thema Prophetie wurde ich von einem Studenten angesprochen: „Ich dachte immer, dass es nur ein zweites Kommen Jesu Christi gibt. Aber bei Ihnen klingt es so, als wäre von zwei verschiedenen Ereignissen die Rede. Wie erklären Sie aber den Unterschied zwischen dem, was man ‚Entrückung' nennt, und dem, was man als ‚Wiederkunft mit Macht und Herrlichkeit' bezeichnet?"

Das ist eine Frage, die viele von uns beschäftigt. Darum wollen wir im Folgenden diese beiden Aspekte der Wiederkunft Jesu genauer untersuchen.

Eine Untersuchung dieser beiden Stellen ergibt, dass eine der beiden ein Kommen Christi im Geheimen beschreibt, bei dem er seine Gemeinde zu sich holen wird. Die andere beschreibt sein sichtbares Kommen auf diese Erde, um sein Reich auf ihr aufzurichten. Wenn Sie sich mit dem Schaubild auf der folgenden Seite auseinander setzen, werden Sie sehen, dass es mindestens 15 Ereignisse gibt, die alle das zweite Kommen Christi beschreiben.

Die einfachste Erklärung, um diese beiden Ereignisse (Entrückung im Geheimen und Kommen in aller Öffentlichkei) miteinander in Einklang zu bringen, liegt darin, sie als zwei Phasen seiner Wiederkunft zu betrachten. Als Erstes wird die Entrückung stattfinden, bei der die Gemeinde mit Jesus in den Wolken zusammengeführt wird. Danach wird er alle, die zu ihm gehören, für mindestens sieben Jahre zu sich ins Vaterhaus holen. Seine Wiederkunft in Macht und Herrlichkeit wird aber dann eintreten, wenn er „mit allen seinen Heiligen“ (1. Thessalonicher 3,13) sichtbar auf diese Erde zurückkommt, um hier seine Herrschaft aufzurichten.

Wie wir bereits gesehen haben, wird das erste Ereignis „Entrückung“ genannt, eine Bezeichnung, die im vierten Jahrhundert aufkam, als das griechische Wort mit der Bedeutung „packen, an sich reißen“ ins Lateinische übersetzt wurde. Laut Paulus' Aussage im 1. Brief an die Thessalonicher wird die Entrückung aber auf jene Menschen beschränkt sein, die daran glauben, „dass Jesus gestorben und auferstanden ist“ (1. Thessalonicher 4,14). Alle Toten, die daran geglaubt haben, werden bei der Entrückung zuerst auferweckt, und danach werden auch die Lebenden urplötzlich verwandelt, „in einem Augenblick, so schnell, wie jemand mit der Wimper zuckt“ (1. Korinther 15,52). Zusammen werden dann alle „auf Wolken in die Luft gehoben und dem Herrn entgegengeführt werden“ (1. Thessalonicher 4,17). Hier ist eindeutig von einem Kommen Christi die Rede, aber er wird nicht auf diese Erde herabkommen. Bei diesem Ereignis hält er sozusagen in der Luft inne und holt seine Gemeinde zu sich.

Aus anderen Bibelstellen, die wir untersucht haben, geht hervor, dass die Entrückung noch vor den Gerichten der Trübsalzeit geschehen wird, die über die ganze Welt kommen werden (vgl. 1. Thessalonicher 1,10; 5,9).

Gegenüberstellung von Ereignissen, die mit der Wiederkunft Jesu verbunden sind

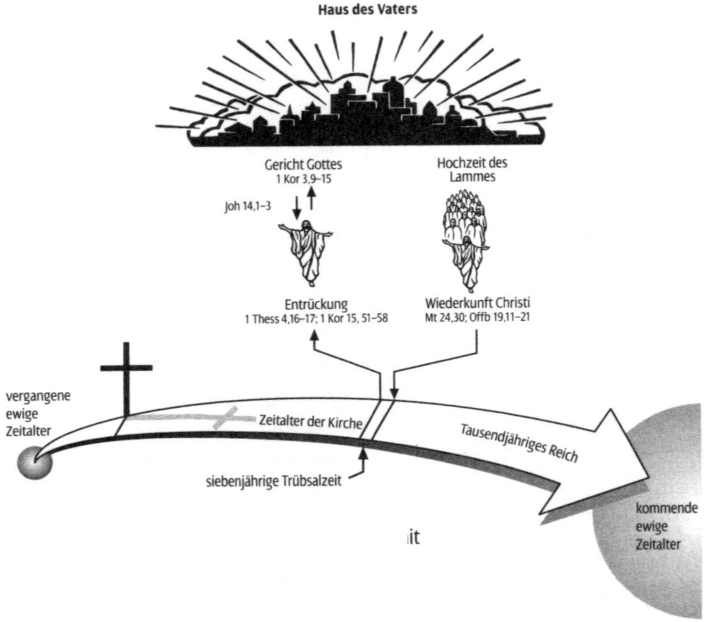

Entrückung

1. Christus kommt den Seinen in der Luft entgegen.
2. Entrückung aller Christen.
3. Christen werden ins Vaterhaus geholt.
4. Kein Gericht bei der Entrückung.
5. Die Gemeinde wird bei der Entrückung in den Himmel geholt.
6. Entrückung ist unmittelbar bevorstehend – sie könnte jeden Augenblick passieren.
7. Keine Vorzeichen für die Entrückung.
8. Betrifft nur Gläubige.
9. Eine Zeit der Freude.
10. Vor dem „Tag des Zorns" (der Trübsalzeit).
11. Satan wird nicht erwähnt.
12. Richterstuhl Christi.
13. Hochzeit des Lammes.
14. Jesus wird nur von den Seinen zu sehen sein.
15. Beginn der Trübsalzeit.

Wiederkunft in Herrlichkeit

1. Christus kommt mit den Seinen auf die Erde zurück.
2. Niemand wird entrückt.
3. Auferstandene Heilige kommen nicht ins Vaterhaus.
4. Christus richtet die Bewohner dieser Erde.
5. Christus errichtet sein Königreich auf dieser Erde.
6. Die Wiederkunft in Herrlichkeit kann frühestens in sieben Jahren eintreten.
7. Viele Anzeichen für die Wiederkunft Jesu.
8. Betrifft die ganze Menschheit.
9. Eine Zeit der Trauer.
10. Sofort nach der Trübsalzeit (Matthäus 24).
11. Satan wird für 1 000 Jahre im Abgrund gebunden.
12. Weder Zeit noch Ort für den Richterstuhl Christi.
13. Seine Braut kommt mit ihm vom Himmel herab.
14. Alle werden ihn sehen.
15. Beginn der tausendjährigen Herrschaft Christi.

Wenn man sich mit den in der Bibel beschriebenen Zeitpunkten von Entrückung und Wiederkunft in Herrlichkeit beschäftigt, erkennt man, warum sowohl von einem Kommen *vor* als auch *nach* der Trübsalzeit die Rede ist. Das erklärt auch, warum die Gemeinde während der gesamten Trübsalzeit nie in Erscheinung tritt. Diese beiden Aspekte der Wiederkunft Jesu weisen darauf hin, dass sein Kommen sowohl plötzlich und unerwartet als auch von verschiedenen erkennbaren Ereignissen begleitet sein kann. Die Entrückung braucht keinerlei Prophezeiungen, die in Erfüllung gehen müssten. Sie könnte praktisch jeden Augenblick passieren. Die Wiederkunft unterscheidet sich davon aber deutlich, denn sie wird erst eintreten, wenn die Trübsalzeit vorüber ist – also sieben Jahre später, wenn das tausendjährige Reich beginnt. Die Wiederkunft in Herrlichkeit unterscheidet sich im Wesentlichen also dadurch, dass sie frühestens sieben Jahre nach der Entrückung stattfinden wird. Außerdem werden ihr viele Zeichen vorausgehen.

Wem diese Dinge zu kompliziert erscheinen, sollte das Wichtigste dabei nicht vergessen: für das Kommen Jesu bereit zu sein.

Gebet für den heutigen Tag

Danke, lieber Vater, dass du mir diese komplizierten Wahrheiten so klar machst. Ich möchte bereit sein, wenn Jesus, unser Retter, wiederkommt. Hilf mir, so zu leben, dass ich jederzeit für sein Kommen bereit bin. Sollte es noch irgendeine Schuld in meinem Leben geben, so decke sie mir bitte auf, damit ich sie bekennen kann. Das bitte ich in Jesu Namen, Amen.

34 Unser Glaube an die Auferstehung

„Dann wird die Posaune ertönen, und der Menschensohn wird seine Engel in alle Himmelsrichtungen ausschicken, damit sie von überall her die Menschen zusammenbringen, die er erwählt hat." Matthäus 24,31

Das Wunder, das im Zentrum des christlichen Glaubens steht, ist die Auferstehung Jesu. Auf dieser Lehre beruht auch unser Glaube an ein Leben nach dem Tod. Bereits im Alten Testament wird vielfach darauf hingewiesen: Sowohl Ijob als auch Mose, David, Daniel und andere Propheten weisen auf die eine oder andere Weise darauf hin, dass es ein Leben nach dem Tod gibt.

Im Johannesevangelium wird berichtet, dass Jesus in Bethanien erst eintraf, nachdem Lazarus bereits vier Tage tot war. Er tröstete die trauernden Schwestern, indem er ihnen versicherte, dass ihr Bruder auferstehen werde. Martha erwiderte: „Ich weiß, er wird auferstehen, wenn alle Toten lebendig werden, am letzten Tag" (Johannes 11,24). Ihre Antwort deutet darauf hin, dass der Glaube an die körperliche Auferstehung unter den Juden durchaus gängig war.

Viele Christen nehmen diese Lehre als etwas Selbstverständliches hin. Sie ist eine Lehre, die im Neuen Testament und der Urgemeinde fest verankert ist. Außerdem ist sie eine der wenigen Lehren, die von fast allen Christen ohne weiteres anerkannt wird.

Unser heutiger Text berichtet davon, dass die Gemeinde Jesu in ihrer Gesamtheit auferweckt werden wird. Bei der Entrückung werden auf Jesu Befehl hin die Gläubigen aller Zeiten wieder lebendig werden (1. Thessalonicher 4,16–17). Wenn die Trübsalzeit vorüber ist, wird Jesus mit seiner Braut (der Gemeinde) in großer Macht und Herrlichkeit wiederkommen, um über die Völker dieser Erde Gericht zu halten. Danach beginnt sein Tausendjähriges Reich, bei dem auch die Heiligen des Alten Testaments zugegen sein werden. In Offenbarung 20, Verse 1 bis 3 wird beschrieben, dass der Widersacher zu diesem Zeitpunkt gefesselt und in den Abgrund geworfen wird. Und aus Offenbarung 19, Vers 20 geht hervor, dass auch das Tier und sein falscher Prophet in einen See von brennendem Schwefel geworfen werden. Alle Gläubigen, die während der Trübsalzeit ums Leben kamen, werden auferweckt, damit auch sie sich an diesem unglaublichen Tausendjährigen Reich freuen können. Bei der Auferstehung zum Jüngsten Gericht werden dann alle Menschen, die je auf dieser Erde gelebt haben – angefangen von Adam, dem ersten Menschen, bis hin zum letzten, der in der Trübsalzeit getötet wurde –, wieder am Leben sein und über ihr Leben Rechenschaft ablegen müssen.

Gebet für den heutigen Tag

Lieber himmlischer Vater, ich bewundere deinen großartigen Plan, den du für unsere Erde hast. Danke für alle, die mich zu dir geführt haben, und danke, dass du nie aufgehört hast, mir deine rettende Hand entgegenzustrecken. Dein Segen ist ein Segen, der bis in alle Ewigkeit reichen wird, denn du hast gesagt: „Ihr werdet leben, weil ich lebe" (Johannes 14,19). Ich weiß, dass Jesus mit dir im Himmel lebt, und das ist der Grund, warum auch ich mich darauf freue, einmal dort zu sein. Danke, in Jesu Namen, Amen.

35

„Lernt vom Feigenbaum!"

„Lasst euch vom Feigenbaum eine Lehre geben: Wenn der Saft in die Zweige schießt und der Baum Blätter treibt, dann wisst ihr, dass der Sommer bald da ist. So ist es auch, wenn ihr dies alles geschehen seht: Dann wisst ihr, dass das Ende unmittelbar bevorsteht. Ich versichere euch: Diese Generation wird das alles noch erleben.

Himmel und Erde werden vergehen, aber meine Worte vergehen nicht; sie bleiben gültig für immer und ewig.

Doch den Tag und die Stunde, wann das Ende da ist, kennt niemand, auch nicht die Engel im Himmel – nicht einmal der Sohn. Nur der Vater kennt sie." Matthäus 24,32–36

Betrachten Sie einen Augenblick diese letzte Prophetie, die Jesus vor seiner Verhaftung aussprach. Ausgangspunkt dieser Rede war die Frage der Jünger: „Wann wird das geschehen? Woran werden wir erkennen, dass du wiederkommst und das Ende der Welt da ist?"

In einem vorangegangenen Abschnitt haben wir gesehen, dass der Erste Weltkrieg vermutlich das erste Zeichen bzw. die erste der endzeitlichen Wehen darstellt. Die Rückführung Israels in sein Land war nur eines von vielen weiteren Zeichen. Danach wird laut Prophetie die Entrückung und die Unterzeichnung eines siebenjährigen Abkommens zwischen Israel und dem Antichristen kommen. Diesem Bündnis werden dann dreieinhalb Jahre folgen, in denen der Antichrist herrschen und den Tempel in Jerusalem entweihen wird.

Behalten Sie diese Ereignisse im Auge, während wir über die Aufforderung Jesu, vom Feigenbaum zu lernen, nachdenken. Unserer Ansicht nach ist einigen anerkannten Experten für biblische Prophetie ein Fehler unterlaufen, als sie den Feigenbaum als Symbol für Israel interpretierten. Das scheint unwahrscheinlich zu sein, weil Jesus in einer Parallelstelle sagt: „Seht euch den Feigenbaum und die anderen Bäume an!" (Lukas 21,29; Einheitsübersetzung). Er schien sagen zu wollen: „So wie man aus den schwellenden Knospen der Bäume auf das Kommen des Sommers schließen kann, wird es auch eindeutige Anzeichen dafür geben, dass meine Wiederkunft nicht mehr allzu lange auf sich warten lässt."

Er sagte auch: „Diese Generation wird das alles noch erleben" (Vers 34).

Über diesen Satz gibt es viel Streit und viele Spekulationen. Wir haben den Eindruck, Jesus wollte damit sagen, dass alle, die zur Zeit der Entweihung des Tempels auf dieser Erde leben, nicht mehr lange darauf warten müssen, bis er wiederkommt. Aus der Offenbarung und dem Buch Daniel wissen wir, dass dieser

Zeitraum nur dreieinhalb Jahre (oder 1 260 Tage) betragen wird. Darum sind diese Worte Jesu für alle, die zur Zeit der Entweihung des Tempels leben, eine Botschaft der Hoffnung. Sie werden wissen, dass sie die Blasphemien des Widersachers nur dreieinhalb Jahre lang ertragen müssen, bevor Jesus wiederkommt.

Gott lässt unsere Welt nie ohne Hoffnung. Sein Versprechen, dass er uns helfen und uns niemals im Stich lassen wird (Deuteronomium 31,8), gilt den Menschen, die vor Jesu Geburt gelebt haben im gleichen Maße wie den heutigen Christen.

Vielleicht erleben Sie gerade Prüfungen und Schwierigkeiten, die Sie fragen lassen, ob wir uns nicht schon in der Trübsalzeit befinden. Wir können Ihnen versichern, dass das nicht der Fall ist, denn Jesus hat seine Gemeinde noch nicht entrückt. Wir können uns nach wie vor auf Gottes Treue verlassen. Im Laufe der Geschichte hat es schon immer Menschen gegeben, die um Jesu willen leiden mussten. Der Widersacher war von jeher äußerst aktiv, wenn es darum ging, die Gemeinde Christi zu verfolgen. Paulus warnt uns: „Alle, die in der Bindung an Jesus Christus ein Leben führen wollen, das Gott gefällt, werden Verfolgungen erleiden" (2. Timotheus 3,12). Aber alle, die sein Kommen erwarten, dürfen auch wissen, dass er treu ist. Bitten Sie um seine Hilfe und er wird Sie hören und Ihnen seine Kraft geben.

Gebet für den heutigen Tag

Lieber himmlischer Vater, ich danke dir dafür, dass du mich nie verlässt und mich immer wieder Spuren deiner Gegenwart in meinem Leben finden lässt. Es gibt Zeiten, in denen es so wichtig für mich ist, an deine Gegenwart erinnert zu werden, damit ich mich den Schwierigkeiten des Tages stellen kann. Fülle mich mit deinem Heiligen Geist, damit Liebe, Freude, Geduld und alle anderen Früchte des Geistes in mir reifen. Schenke mir auch inmitten von Nöten und Schwierigkeiten einen Geist der Freude und Dankbarkeit, der deine Gegenwart in meinem Leben bestätigt. Darum bitte ich in Jesu Namen. Amen.

36 Jesu Botschaft an unsere Generation

„Doch den Tag und die Stunde, wann das Ende da ist, kennt niemand, auch nicht die Engel im Himmel – nicht einmal der Sohn. Nur der Vater kennt sie.

Wenn der Menschensohn kommt, wird es sein wie zur Zeit Noahs. Damals vor der großen Flut aßen die Menschen und tranken und heirateten, wie sie es gewohnt waren – bis zu dem Tag, an dem Noah in die Arche ging. Sie begriffen nicht, was ihnen drohte, bis dann die Flut hereinbrach und sie alle wegschwemmte.

So wird es auch sein, wenn der Menschensohn kommt. Von zwei Männern, die dann auf dem Feld arbeiten, wird der eine angenommen, der andere zurückgelassen. Von zwei Frauen, die zusammen Korn mahlen, wird die eine angenommen, die andere zurückgelassen. Darum seid wachsam! Denn ihr wisst nicht, an welchem Tag euer Herr kommen wird.

Macht euch doch das eine klar: Wenn ein Hausherr im Voraus wüsste, zu welcher Nachtstunde der Dieb kommt, würde er aufbleiben und den Einbruch verhindern. Darum seid jederzeit bereit; denn der Menschensohn wird zu einer Stunde kommen, wenn ihr es nicht erwartet."

Matthäus 24,36–44

Jesus hat uns die umfassendste Aussage über seine Wiederkunft gegen Ende seines irdischen Lebens gemacht, nur wenige Stunden vor seiner Verurteilung und Kreuzigung. Jesus fordert mit seinen Worten auch unsere Generation heraus: „Niemand kennt den Tag oder die Stunde, wann das Ende da sein wird. Das weiß nur der Vater!" Fast jeder von uns kennt die Warnung, dass Jesus dann wiederkommen wird, wenn die Menschen es am wenigsten erwarten. Im Gegensatz dazu ist seine Wiederkunft in Macht und Herrlichkeit aber keine so streng geheim gehaltene Sache, also die Wiederkunft sieben Jahre nach der Unterzeichnung eines Vertrags zwischen Israel und dem Antichristen.

Mit der Entrückung verhält es sich jedoch anders. Es wird keine Zeichen geben, die uns darauf vorbereiten. Es gibt auch keine Zeitangaben, auf die wir uns stützen könnten. Jesus wird zu einer Zeit kommen, die nur der Vater kennt. Diese Ungewissheit fordert uns aber heraus, permanent wachsam und bereit zu sein.

Jesus hat die Zeit vor der Sintflut als Bild für sein Kommen verwendet. Noah hatte die Menschen 120 Jahre lang – während des Baus an seiner Arche – unentwegt gewarnt und zur Umkehr aufgefordert. In dieser Zeit aber „aßen und tranken und heirateten die Menschen, wie sie es gewohnt waren" (Matthäus 24,37). Sie lebten einfach frech und fröhlich ihr bisheriges Leben weiter, trotz Noahs Warnungen vor einem unmittelbar bevorstehenden Gericht.

Auch heute noch hören die Menschen ähnliche Warnungen, dass Jesus bald wiederkommen wird. Aber auch heute lehnen sie es ab, sich retten zu lassen. Sie wiegen ihr Gewissen in falscher Sicherheit und falschem Frieden. Da seit der Himmelfahrt Jesu inzwischen 2 000 Jahre vergangen sind, glauben sie, dass sein Kommen auch in unserer Zeit nicht zu erwarten ist. Doch er wird kommen, so sicher wie in den Tagen Noahs die Sintflut kam. Wer dann nicht bereit ist – das heißt, wer seine Beziehung zu ihm dann nicht in Ordnung gebracht hat –, wird auf der Erde zurückbleiben. Aber auch Christen sollten ihr Leben überdenken und prüfen, ob sie nicht ein gleichgültiges, selbstsüchtiges Leben führen, das sie Gott nicht wirklich zur Verfügung gestellt haben.

Ein Pfarrer erzählte mir vor kurzem, dass er Pilot in der amerikanischen Luftwaffe und dies eigentlich sein Traumberuf gewesen war. Dann aber hatte er den Eindruck bekommen, dass Gott ihn in seinen Dienst berief. Zuerst hatte er sich dagegen gesträubt, bis ihm schließlich bewusst wurde, dass Jesus wiederkommt und es viele Menschen gibt, die ihm ihr Leben noch nicht unterstellt haben. Plötzlich war ihm klar, dass er unter diesen Umständen nichts anderes tun wollte, als den Willen Gottes für sein Leben zu erfüllen. Die Fliegerei ist vollkommen in Ordnung für alle, die Gott nicht dazu berufen hat, Pfarrer zu werden. Aber für alle, die er beauftragt, sein Wort zu verkündigen, könnte kein anderer Beruf jemals so erfüllend sein.

Sollte Jesus während unserer Lebenszeit nicht wiederkommen,

werden wir aber unsere Entscheidung auch von einem ganz praktischen Standpunkt aus niemals bereuen. Ich kenne viele Menschen, die Gott ihr ganzes Leben lang dienten. Sie haben mir immer wieder erzählt, dass es die beste Entscheidung ihres Lebens war, Jesus die Herrschaft über ihr Leben anzuvertrauen. Sie haben es niemals bereut.

Gebet für den heutigen Tag

Lieber himmlischer Vater, ich danke dir, dass du mit meinem Leben etwas Bestimmtes vorhast. Es kann sein, dass ich deinen Willen nicht immer verstehe, aber ich glaube daran, dass du mich liebst und nur mein Bestes willst. Aus diesem Grund möchte ich dir mein ganzes Leben anvertrauen. Nimm dich meiner persönlichen und familiären Umstände an. Sei auch Herr über alle meine Verpflichtungen. Ich möchte von nun an, bis Jesus wiederkommt, ganz unter deiner Leitung stehen. Ich gebe mich dir völlig hin. In Jesu Namen, Amen.

37 Wachsamkeit angesichts seiner Wiederkunft

„Darum seid wachsam! Denn ihr wisst nicht, an welchem Tag euer Herr kommen wird.

Macht euch doch das eine klar: Wenn ein Hausherr im Voraus wüsste, zu welcher Nachtstunde der Dieb kommt, würde er aufbleiben und den Einbruch verhindern. Darum seid jederzeit bereit; denn der Menschensohn wird zu einer Stunde kommen, wenn ihr es nicht erwartet.

Wer von euch ist nun der treue und kluge Diener, dem sein Herr den Auftrag gegeben hat, die übrige Dienerschaft zu beaufsichtigen und jedem pünktlich seine Tagesration auszuteilen? Ein solcher Diener darf sich freuen, wenn der Herr zurückkehrt und ihn bei seiner Arbeit findet.

Ich versichere euch: Der Herr wird ihm die Verantwortung für alle seine Güter übertragen. [...]

Darum seid wachsam, denn ihr wisst weder Tag noch Stunde im Voraus!

Es ist wie bei einem Mann, der verreisen wollte. Er rief vorher seine Diener zusammen und vertraute ihnen sein Vermögen an. Dem einen gab er fünf Zentner Silbergeld, dem anderen zwei Zentner und dem dritten einen, je nach ihren Fähigkeiten. Dann reiste er ab.

Der Erste, der fünf Zentner bekommen hatte, steckte sofort das ganze Geld in Geschäfte und konnte die Summe verdoppeln. [...] Denn wer viel hat, soll noch mehr bekommen, bis er mehr als genug hat."

Matthäus 24,42–47; 25,13–16.29

Jesus ließ seinen umfangreichen Ausführungen über seine Wiederkunft eine vielleicht noch längere Aufforderung folgen, ein wachsames Leben zu führen. Am Ende seiner Endzeitreden erzählte er das Gleichnis von den fünf törichten Jungfrauen, die für das Kommen des Bräutigams (also sein Kommen) nicht bereit waren, und das Gleichnis von den anvertrauten Talenten, in dem von einem Mann berichtet wird, der auf Reisen ging und seinen Dienern seine Besitztümer zur Verwaltung zurückließ.

Jesus wollte seinen Zuhörern durch diese Gleichnisse deutlich machen, wie wichtig es ist, dass sie für seine Wiederkunft bereit sind. Wie der reiche Mann wird auch Jesus von uns – wenn er uns zu sich ins Vaterhaus holt – Rechenschaft über alles fordern, was er uns anvertraut hat. Beide Gleichnisse enthalten die grundsätzliche Botschaft: Seid wachsam und bereit! Nehmen Sie sich vor Entschuldigungen wie „Ich habe keine Gaben, mit denen ich Gott dienen kann" in Acht! Jeder von uns hat zumindest eine Gabe erhalten, die er für das Reich Gottes einsetzen sollte. Und wenn wir dies tun, wird Gott uns segnen.

Dr. George W. Truett, der Pastor einer Baptistengemeinde in Dallas ist, erzählte einmal die Geschichte eines prominenten Arztes, der regelmäßig seine gläubige Frau begleitete, wenn diese den Gottesdienst seiner Gemeinde besuchte. An einem Sonntagmorgen saßen die beiden in der ersten Reihe der Empore. Als der Pastor zur Lebensübergabe einlud, sah er, dass ein zwölfjähriges geistig behindertes Mädchen auf diesen Arzt zuging und mit ihm sprach. Dr. Truett verzog sein Gesicht und stieß einen Seufzer aus, weil er dachte, dass dieses junge Mädchen, das für seine Hartnäckigkeit bekannt war, den Arzt wahrscheinlich vergraulen würde. Aber nach einer weiteren kurzen Liedstrophe ging der Mann, für den schon oft gebetet worden war, nach vorne, um Jesus in sein Leben einzuladen.

Als der Gottesdienst zu Ende war, fragte der Pastor den Arzt, was ihn zu diesem Schritt bewogen habe. Dieser entgegnete: „Es war das, was die kleine Millie zu mir sagte. Sie müssen wissen, dass sie schon immer meine Patientin war. Nach der Geburt stellte sich heraus, dass sie geistig behindert war, aber wir haben einander ins Herz geschlossen. Nach Ihrer Predigt war sie so besorgt um meine Seele, dass sie zu mir herüberkam und fragte: ‚Doktor, wirst du mit uns in den Himmel gehen?' Ich sagte: ‚Nein!' Da meinte sie traurig: ‚Dann wirst du in die Hölle gehen!' Plötzlich erkannte ich, wie Recht sie hatte. Wenn ich Jesus nicht mein Leben unterstelle, werde ich die Ewigkeit ohne ihn verbringen müssen. Ich verdanke meine Entscheidung Millies liebevoller Offenheit."

Millie wird wahrscheinlich niemals in der Lage sein, eine Sonntagsschule zu leiten, zu predigen oder ein öffentliches Zeugnis abzulegen. Aber das hindert sie nicht daran, Menschen, die sie kennt und liebt, mutig von ihrem Gott zu erzählen und sie einzuladen, auch ein Freund dieses Gottes zu werden. Millie kennt wahrscheinlich nicht die Feinheiten biblischer Prophetie, aber sie liebt ihren Retter und auch viele Menschen. Ich kann mir gut vorstellen, dass Millie und viele andere wie sie Jesus eines Tages sagen hören: „Gut gemacht, mein tüchtiger und treuer Diener! Komm, nimm teil am Freudenfest deines Herrn!"

Gebet für den heutigen Tag

Lieber Vater, ich danke dir für das Vorrecht, dir in diesem Leben dienen zu dürfen. Vergib mir, dass ich oft nur für mich selbst gelebt habe. Von heute an will ich von dir gebraucht werden. Gib mir die Chance, auch andere mit der Wahrheit der Bibel bekannt zu machen. Nimm alle Gaben, die ich habe, und gebrauche sie. Sie gehören von nun an dir. Das bete ich in Jesu Namen, Amen.

38 „Vergesst die Ärmsten der Armen nicht!“

„Wenn der Menschensohn in seiner Herrlichkeit kommt, begleitet von allen Engeln, dann wird er auf seinem Herrscherthron Platz nehmen. Alle Völker werden vor ihm versammelt werden, und er wird die Menschen in zwei Gruppen teilen, so wie ein Hirte die Schafe von den Böcken trennt. Die Schafe wird er auf seine rechte Seite stellen und die Böcke auf seine linke Seite.

Dann wird der König zu denen auf seiner rechten Seite sagen: ‚Kommt her! Euch hat mein Vater gesegnet. Nehmt Gottes neue Welt in Besitz, die er euch von allem Anfang an zugedacht hat.‘“

Matthäus 25,31–34

Corrie ten Boom, eine der dynamischsten Christinnen Hollands, beeinflusste vor allem in den 1960er Jahren mit ihrem Dienst viele Christen auf der ganzen Welt. Mit ihren Vorträgen, in denen sie berichtet, wie sie sich dem Verbot Hitlers widersetzte, den Juden Zuflucht zu gewähren, hat sie viele von uns ermutigt. An ihrem Leben zeigt sich das Kernstück von Gottes Bund mit Abraham: „Alle, die dir und deinen Nachkommen Gutes wünschen, haben auch von mir Gutes zu erwarten. Aber wenn jemand euch Böses wünscht, bringe ich Unglück über ihn. Alle Völker der Erde werden Glück und Segen erlangen, wenn sie dir und deinen Nachkommen wohlgesonnen sind“ (Genesis 12,3). Gott wird immer die segnen, die seinem Volk wohlgesonnen sind, und daran wird sich auch bis zum Ende der Trübsalzeit nichts ändern.

Wie wir bereits gesehen haben, wird Jesus Christus bei seinem Kommen die Welt richten und alle Dinge wieder zurechtrücken. Das wird sowohl auf die Gemeinde vor der Trübsalzeit als auch auf alle anderen zutreffen, die diese Zeit durchleben müssen.

Nach der Entrückung der Gemeinde werden alle Gläubigen in den Himmel kommen und sich vor dem Richterstuhl Christi verantworten müssen. In unserem heutigen Text liegt der Schwerpunkt aber auf dem Gericht, das die Völker am Ende der siebenjährigen Trübsalzeit erwartet. Auch dieses Gericht wird ein Gericht über ihr Leben sein – über all jene, die sich dem Erlass des Antichristen widersetzt und den Juden Gutes getan haben.

Jesus fasst sein Urteil über die Gerechten in den folgenden Worten zusammen: „Was ihr für einen meiner geringsten Brüder oder für eine meiner geringsten Schwestern getan habt, das habt ihr für mich getan“ (Matthäus 25,40). Fünf Verse später wird berichtet, dass die Ungerechten streng bestraft werden, weil sie ihm nicht geholfen haben (Vers 45).

Die jüdischen Propheten, insbesondere Jesaja und Jeremia, erzählen uns viel über das Reich, in dem der Messias herrschen wird. In Offenbarung 20 spricht der Apostel Johannes sechsmal von der Dauer dieses Reiches – Jesus wird dort tausend Jahre lang herrschen. In den Endzeitreden macht Jesus deutlich, dass in dieses Reich nur hineinkommen wird, wer sich für ihn entschieden und seine Gaben für das Königreich Gottes eingesetzt hat. Zu diesen Taten gehören auch alle Taten der Barmherzigkeit, die entweder den Kindern Israels oder anderen Gläubigen erwiesen wurden.

Die Trübsalzeit wird eine Zeit beispielloser Verfolgungen von Christen und Juden sein. Dieses Gleichnis will uns darauf aufmerksam machen, dass alle, die andere im Gefängnis besuchen, sich um Kranke kümmern oder Hungrigen zu essen geben, damit belohnt werden, dass sich die Türen zu diesem Reich weit für sie öffnen werden. Ja, Jesus betrachtet sogar alles, was wir für einen dieser Unglücklichen getan haben, so, als hätten wir es für ihn getan. Er macht uns klar: „Was ihr für einen meiner geringsten Brüder oder für eine meiner geringsten Schwestern getan habt, das habt ihr für mich getan“ (Matthäus 25,40).

Auch wenn sich diese Bibelstelle ausdrücklich auf das Ende der Trübsalzeit und das beginnende tausendjährige Reich bezieht, ist daraus dennoch klar zu erkennen, dass die Menschen aller Zeiten auf dieser Grundlage beurteilt werden.

Eine der Möglichkeiten, wie man anderen Barmherzigkeit erweisen kann, liegt darin, sich um die Waisen in den armen Ländern unserer Welt zu kümmern. Es gibt viele Familien, die für einen geringen monatlichen Betrag die Unterstützung eines solchen Kindes übernehmen. Unser Text bringt klar zum Ausdruck, dass sie einmal den Lohn dafür bekommen werden. Sie geben nicht, damit es von anderen gesehen wird. Sie geben auch nicht unwillig. Sie geben, weil sie Jesus lieben und gar nicht anders können, als die Liebe, die er ihnen erweist, an andere weiterzugeben. Wie sehr wird Christus diese Barmherzigkeit eines Tages segnen! Wenn wir Waisen, Obdachlose, körperlich oder geistig Behinderte – Menschen, die unsere Gesellschaft nur allzu gern vergisst – nicht vergessen, dann haben wir damit auch ihn nicht vergessen.

Gebet für den heutigen Tag

Lieber himmlischer Vater, danke für den reichen Segen, den du auf unser Volk gelegt hast. Danke, dass wir die Freiheit haben, unseren Glauben und unseren Wohlstand mit anderen teilen zu dürfen. Vergib uns unsere Neigung zur Selbstsucht. Schenke uns Großzügigkeit. Erwecke in uns das Verlangen, uns um die Hungrigen, Entmutigten und Gefangenen zu kümmern. Hilf mir zu sehen, dass ich dir diene, wenn ich mich anderen zuwende. Das bete ich in Jesu Namen, Amen.

39 Wie gehen wir mit anderen um?

„Wenn der Menschensohn in seiner Herrlichkeit kommt, begleitet von allen Engeln, dann wird er auf seinem Herrscherthron Platz nehmen. [...]

Dann werden die, die den Willen Gottes getan haben, fragen: ‚Herr, wann sahen wir dich jemals hungrig und gaben dir zu essen? Oder durstig und gaben dir zu trinken? Wann kamst du als Fremder zu uns, und wir nahmen dich auf, oder nackt, und wir gaben dir etwas anzuziehen? Wann warst du krank oder im Gefängnis, und wir besuchten dich?'

Dann wird der König antworten: ‚Ich versichere euch: Was ihr für einen meiner geringsten Brüder oder für eine meiner geringsten Schwestern getan habt, das habt ihr für mich getan.'

Dann wird der König zu denen auf seiner linken Seite sagen: ‚Geht mir aus den Augen, Gott hat euch verflucht! Fort mit euch in das ewige Feuer, das für den Teufel und seine Engel vorbereitet ist! Denn ich war hungrig, aber ihr habt mir nichts zu essen gegeben; ich war durstig, aber ihr habt mir nichts zu trinken gegeben; ich war fremd, aber ihr habt mich nicht aufgenommen; ich war nackt, aber ihr habt mir nichts anzuziehen gegeben; ich war krank und im Gefängnis, aber ihr habt euch nicht um mich gekümmert.'

Dann werden auch sie ihn fragen: ‚Herr, wann sahen wir dich jemals hungrig oder durstig, wann kamst du als Fremder, wann warst du nackt oder krank oder im Gefängnis – und wir hätten uns nicht um dich gekümmert?'

Aber er wird ihnen antworten: ‚Ich versichere euch: Was ihr an einem von meinen geringsten Brüdern oder an einer von meinen geringsten Schwestern zu tun versäumt habt, das habt ihr an mir versäumt.'

Auf diese also wartet die ewige Strafe. Die anderen aber, die den Willen Gottes getan haben, empfangen das ewige Leben."

Matthäus 25,31.37–46

Wenn die Gläubigen einmal ihrem Herrn begegnen, wenn er auf seinem Richterstuhl sitzt, dann werden sie unter anderem auch danach beurteilt werden, wie sie andere behandelt haben. Alle, die Arme, Kranke und Gefangene vernachlässigt haben, werden nach Gottes Wort und Weisheit gerichtet werden. Ich habe den Verdacht, dass manche von diesem letzten Urteil überrascht sein werden. Der große Richter wird unsere hartherzige Missachtung menschlicher Bedürfnisse anderer so beurteilen, als ob sie gegen ihn selbst gerichtet gewesen wäre. Wenn das auch auf das Gericht zutrifft, das gleich nach der Entrückung im Himmel stattfinden wird, wie sehr werden dann alle betroffen sein, die ein leichtes und angenehmes Leben hatten! Amerikaner und Westeuropäer leben zur Zeit in großer Freiheit und großem Wohlstand. Die Anzeichen des kulturellen Verfalls sind zwar wie in den Tagen Noahs zu sehen, aber es ist dennoch eine Zeit unerhörten Wohlstands.

Es ist nicht genug, wenn Christen in Zeiten des Wohlstands

ihren Zehnten geben und meinen, sie hätten damit alles Nötige getan, um Gott zu dienen. Wenn wir im Überfluss leben, müssen wir uns auch um die Bedürftigen kümmern, aufgefordert durch die Worte: „Was ihr einem meiner geringsten Brüder oder Schwestern getan habt, das habt ihr mir getan!" Wenn wir aber den Leidenden dieser Welt den Rücken zukehren und uns nicht um sie kümmern, stoßen wir damit Jesus selbst vor den Kopf. Er wird dann im Gericht zu uns sagen: „Ich versichere euch: Was ihr an einem dieser geringsten meiner Brüder versäumt habt, das habt ihr an mir versäumt!"

Ein mathematischer Satz, an den ich mich noch aus meiner Schulzeit erinnere, besagt, dass Dinge, die mit einem bestimmten Bezugsobjekt übereinstimmen, auch untereinander gleich sind. Wenn man diese Wahrheit auf geistliche Dinge zu übertragen versucht, kommt damit zum Ausdruck, dass alle, die Jesus lieben, verpflichtet sind, auch die zu lieben, die er liebt. Welche Menschen liebt er besonders? Die Armen, Kranken, Gefangenen und alle, die um seinetwillen verfolgt werden. Man macht es sich ziemlich einfach, wenn man sich dagegen verwehrt und behauptet, dieser Text beziehe sich nicht auf uns, sondern vor allem auf jene, die in der Trübsalzeit leben oder auch auf die Zeitgenossen Jesu – wir wissen im Grunde, dass Gott von seiner Gemeinde Rechenschaft fordern wird, egal, in welcher Zeit sie lebt.

Ich kann mich noch gut an den nicaraguanischen Familienvater einer sechsköpfigen Familie erinnern, der in einem Internierungslager der Vereinten Nationen in Costa Rica inhaftiert war. Er war mit seiner Familie über den Fluss nach Costa Rica geflüchtet, um den Kommunisten in seinem Heimatland zu entkommen. Das grausame kommunistische Regime, das die Macht in seinem Land übernommen hatte, war ihm auf den Fersen. Wir sind diesem mutigen Mann begegnet, weil meine Frau zusammen mit einigen anderen Mitgliedern einer amerikanischen Organisation Hilfsgüter in dieses Lager brachte. Diese mutigen Frauen versorgten Flüchtlinge mit Kleidung und Nahrung, die mit nichts anderem entkommen waren als dem, was sie bei ihrer Flucht am Leibe trugen. Auch dieser Mann erhielt für alle Mitglieder seiner Familie Kleidung. Er war so gerührt, dass er kaum sprechen konnte. Ich werde nie vergessen, wie er mit dem Bündel auf dem Arm und

Tränen in den Augen dastand. Dann hörte ich, wie er zu meiner Frau sagte: „Señora, Sie haben mir heute gezeigt, dass Gott mich nicht vergessen hat!"

Das meint Jesus, wenn er sagt: „Was ihr einem dieser geringsten meiner Brüder getan habt, das habt ihr mir getan!" Wenn wir aber unsere Gelegenheiten, anderen zu helfen, nicht wahrnehmen, wird er über uns das Urteil aussprechen: „Was ihr an einem meiner geringsten Brüder oder Schwestern versäumt habt, das habt ihr an mir versäumt."

An Sonntagen, an denen ich in keiner Gemeinde predigen muss, besuchen wir eine lebendige Gemeinde in unserer Nachbarschaft. Einmal im Monat sagt unser dortiger Pastor am Ende des Gottesdienstes: „Wenn Sie heute nach draußen gehen, wird jemand an der Tür stehen, um eine Spende für die Notleidenden unserer Gemeinde entgegenzunehmen. Alles, was Sie heute geben, wird ausschließlich dazu benutzt, um anderen zu helfen." Ich sehe das immer als eine Bitte an, die auf Jesu Endzeitreden zurückgeht. Fast alle spenden an solchen Tagen. Gottes Volk sollte es jedenfalls tun. Wir haben den Auftrag, uns um die Menschen zu kümmern, die am Rand unserer Gesellschaft stehen. Unsere Großzügigkeit wird Gottes Herz erfreuen und am Tage des Gerichts seine Anerkennung finden.

Gebet für den heutigen Tag

Lieber himmlischer Vater, bitte vergib mir meine Hartherzigkeit gegenüber anderen, die weniger haben als ich. Hilf mir, diese Menschen mit deinen Augen zu sehen und mich so um sie zu kümmern, als ob du an ihrer Stelle wärst. Du warst so gut zu mir, darum will ich deinen Segen im Namen Jesu, unseres kommenden Königs, auch mit anderen teilen. Amen.

40 Jesus ist nach wie vor der einzige Weg zum Vater

„‚Erschreckt nicht, habt keine Angst! Vertraut auf Gott, und vertraut auch auf mich!

Im Haus meines Vaters gibt es viele Wohnungen, und ich gehe jetzt hin, um dort einen Platz für euch bereitzumachen. Sonst hätte ich euch doch nicht mit der Ankündigung beunruhigt, dass ich weggehe. Und wenn ich gegangen bin und euch den Platz bereitet habe, dann werde ich zurückkommen und euch zu mir nehmen, damit auch ihr seid, wo ich bin.

Den Weg zu dem Ort, an den ich gehe, den kennt ihr ja.'

Thomas sagte zu ihm: ‚Herr, wir wissen nicht einmal, wohin du gehst! Wie sollen wir dann den Weg dorthin kennen?'

Jesus antwortete ihm: ‚Ich bin der Weg, denn ich bin die Wahrheit und das Leben. Einen anderen Weg zum Vater gibt es nicht.'"

Johannes 14,1–6

Vor einigen Jahren wurde ich in die „Phil Donahue Show" eingeladen. Eines meiner Bücher war auf der Bestseller-Liste gelandet, und Donahues Produzenten waren der Meinung, dass es ihre liberalen Zuschauer vielleicht unterhalten würde, wenn sie einen Geistlichen, der die Bibel ernst nimmt, zur Zielscheibe ihres Spottes machten. Phil Donahue stellte mich also ins Rampenlicht und feuerte die klassische Frage ab: „Glauben Sie wirklich, dass Jesus Christus der einzige Weg in den Himmel ist?" Es gab keine Möglichkeit für mich, dieser Frage auszuweichen und den feindseligen Schmähungen der 300 Zuschauer zu entgehen.

Ich entgegnete: „Jesus hat dazu eindeutig Stellung bezogen, als er sagte: ‚Ich bin der Weg, die Wahrheit und das Leben. Niemand kommt zum Vater als durch mich.'" Natürlich führte diese Antwort dazu, dass die Zuschauer in höhnisches Gelächter ausbrachen. Mr. Donahue fuhr fort: „Wollen Sie damit vielleicht sagen, dass ich in die Hölle komme, wenn ich nicht an Jesus glaube?“ Ich antwortete: „Es gibt keinen anderen Weg in den Himmel als Jesus.“ Nun wurde ich aber richtig ausgebuht.

Für den Donahue-Pöbel war ich eindeutig der große Verlierer.

Aber war ich das auch wirklich?

Über den schmalen Weg, der in den Himmel führt, wurde noch nie von einer Talk-Show-Theologie entschieden.

Es gibt viele, die sagen: „Aber ich denke ...“, um dann ihre eigenen Ansichten zum Besten zu geben, wie man in den Himmel kommt. Am Tage des Gerichts, wenn Jesus wiederkommt, wird es jedoch nur eine einzige Meinung geben, die zählt. Nämlich die seine! Und er hat seine Meinung zu diesem Thema bereits klar und deutlich geäußert. In den vergangenen 2 000 Jahren wurden viele Christen oft nur deshalb verfolgt und getötet, weil sie genau das sagten, was ich zu Phil Donahue sagte. Im Vergleich dazu bin ich eigentlich noch ganz gut weggekommen. Die Wahrheit steht aber für alle Zeiten fest: Jesus ist der einzige Weg, der in den Himmel führt!

In der ersten Hälfte des ersten Jahrhunderts hat man Gläubige nicht verfolgt, wenn sie Christus nachfolgten. Die Römer hatten nichts dagegen einzuwenden, dass Christen Jesus verehrten, solange sie nur tolerant genug waren, auch den Kaiser zu verehren. Erst als die Christen sich weigerten, Nero anzubeten, bestrafte sie der römische Kaiser mit Verfolgung und Tod.

Die Welt nimmt es uns wie Nero nicht übel, wenn wir Jesus verehren. Das ist erst der Fall, wenn wir so „intolerant“ sind, darauf zu bestehen, dass er der einzige Weg ist, der zu Gott führt. Johannes 14, Vers 6 ist eine der wichtigsten Stellen, aus der wir diese „engstirnige“ Wahrheit beziehen. Wir begegnen ihr aber auch im Zusammenhang mit dem Versprechen seiner Wiederkunft. Seine Verheißung beruht einzig und allein darauf, dass er der Weg, die Wahrheit und das Leben ist.

Es ist wirklich ein schmaler Weg, der zu Gott führt. Kann sein, dass wir ihn gerne etwas breiter hätten, aber Gott setzt seine Grenzen fest. Da nur Jesus allein die Sünden der Welt auf sich nehmen konnte, kann uns auch nur sein Blut allein den Weg zu Gott bahnen. Es hat niemals einen anderen Weg gegeben, noch wird es je einen anderen geben. Jesus ist der Weg, der einzige Weg. Suchen

Sie nach keinem anderen. Er ist sowohl unsere Freude, solange wir unterwegs sind, als auch das Ziel unserer Hoffnung. Jesus auf ewig! Jesus allein!

Gebet für den heutigen Tag

Lieber himmlischer Vater, ich danke dir dafür, dass du deinen Sohn geschickt hast, damit er für meine Sünden stirbt. Danke, dass du ihn wieder auferweckt hast. Danke für die wunderbare Botschaft, dass Jesus der einzige Weg ist, der in den Himmel und zu dir führt. Wenn ich dich noch nicht persönlich in mein Leben eingeladen habe, dann will ich das jetzt tun. Ich bitte dich von Herzen, mir meine Sünden zu vergeben und mich zu retten. Das bete ich in Jesu Namen, Amen.

41 Warten auf seine Wiederkunft

„Während er das sagte, wurde er vor ihren Augen emporgehoben. Eine Wolke nahm ihn auf, sodass sie ihn nicht mehr sehen konnten.

Als sie noch wie gebannt nach oben starrten und hinter ihm hersahen, standen plötzlich zwei weiß gekleidete Männer neben ihnen. ‚Ihr Galiläer', sagten sie, ‚warum steht ihr hier und schaut nach oben? Dieser Jesus, der von euch weg in den Himmel aufgenommen wurde, wird auf dieselbe Weise wiederkommen, wie ihr ihn habt weggehen sehen!'"

Apostelgeschichte 1,9–11

Wenn Engel reden, dann sprechen sie im Auftrag Gottes. Und das, was sie sagen, hat für alle Zeit Gültigkeit. Es ist kein Zufall, dass die erste Botschaft des Himmels an die Jünger, die Christi Himmelfahrt zusahen, die Worte waren: „Dieser Jesus, der von euch weg in den Himmel aufgenommen wurde, wird ebenso wiederkommen, wie ihr ihn habt weggehen sehen!" Sein Kommen wird wie sein Weggehen sein: physisch, sichtbar und körperlich. Es war von allen zu sehen, als er in die Wolken des Himmels aufgenommen wurde. Wenn er wiederkommt, wird das ebenso sein: Als Jesus seine Wiederkunft prophezeite, sprach er davon, dass er mit großer Macht und Herrlichkeit auf den Wolken des Himmels kommen wird (Matthäus 24,30).

Es scheint viele zu geben, die diese Worte übergehen, aber die Verheißung steht fest: Er wird so kommen, wie er weggegangen ist. Wir können uns darum ganz sicher sein, dass er noch nicht wiedergekommen ist. Im Laufe der Jahre sind viele falsche Lehrer aufgetaucht, die behaupteten, dass Jesus bereits gekommen sei. Eine dieser religiösen Sekten wollte uns sogar weismachen, dass er schon vor langer Zeit gekommen sei, wie fantastisch das auch klingen mag. Diese Leute lehren, dass Jesus im Jahre 70, also während der Herrschaft Neros und kurz vor dem Fall Jerusalems, wiedergekommen ist und damit die Offenbarung erfüllte. Aber alle falschen Lehrer irren sich an diesem Punkt. Jesus ist noch nicht gekommen, denn niemand hat ihn so kommen gesehen, wie seine Jünger ihn weggehen sahen (Apostelgeschichte 1,9–11).

Doch der Tag wird kommen, an dem er physisch und für alle sichtbar am Himmel erscheinen wird, so wie er auch physisch in den Himmel aufgefahren ist. Darüber gibt es keinen Zweifel. Bevor es jedoch so weit ist, wird er seine Gemeinde entrücken und zu sich ins Vaterhaus holen. Dort werden wir, die wir an ihn glauben, unser Urteil und unseren Lohn empfangen. Wenn dann die Trübsalzeit vorüber ist, wird der Widersacher in Ketten gelegt und in den Abgrund geworfen. Und Jesus wird genauso wiederkommen, wie er weggegangen ist – nämlich körperlich. Wir werden mit ihm gehen, wenn er in großer Macht und Herrlichkeit erscheint, und 1 000 Jahre lang mit ihm regieren.

Als ich letzten November mit meiner Frau einkaufen ging, war ich erstaunt zu sehen, dass bereits alles weihnachtlich geschmückt war. Sie sagte: „Sieht ganz aus, als ob Weihnachten schon vor der Tür stünde.“ Und ich antwortete: „Ja, aber vorher müssen wir noch das Erntedankfest feiern.“ So wie das Erntedankfest vor Weihnachten kommt, muss auch die Entrückung vor der sichtbaren Wiederkunft Jesu kommen.

Dietrich Bonhoeffer, ein lutherischer Pastor, der während des

Dritten Reiches in Deutschland lebte, wurde verhaftet, weil er eine der wenigen christlichen Stimmen war, die sich gegen die unmenschliche Politik des Führers Adolf Hitler aussprachen. Während seiner Zeit im Gefängnis schrieb dieser hoch begabte Theologe einige Bücher, die für immer ein Segen für andere sein werden. Tragischerweise wurde er genau zwei Wochen, bevor amerikanische Truppen sein Lager befreiten, hingerichtet. Eine der wenigen Annehmlichkeiten, die man ihm während der langen Monate seiner Haft gewährte, bestand darin, dass ihn seine Verlobte, die er sehr liebte, gelegentlich besuchen durfte. Bei einem dieser Besuche bat er sie darum, unangemeldet zu ihm zu kommen. Seine Vorfreude auf ihr Kommen bedeutete ihm genauso viel wie ihr tatsächliches Kommen. Er hatte dann etwas, auf das er sich freuen konnte.

Mit dem Kommen Jesu verhält es sich ähnlich. Wenn wir uns jeden Tag darauf freuen, dass er vielleicht noch heute kommen kann, wird sich das sehr motivierend auf unser Leben auswirken.

Gebet für den heutigen Tag

Lieber himmlischer Vater, ich danke dir, dass wir in der Bibel fortwährend daran erinnert werden, dass Jesus bald wiederkommt. Wir leben so sehr in dieser Welt, dass wir ständig der Versuchung ausgesetzt sind, wie die Menschen zu leben, die dich nicht kennen. Vergib uns, dass wir leben, als hätten wir noch alle Zeit der Welt vor uns. In Wahrheit könnte Jesus aber jeden Augenblick kommen. Hilf uns, nach Menschen Ausschau zu halten, die dich noch nicht als ihren Herrn und Erlöser in ihr Leben aufgenommen haben. Hilf uns, unsere Hoffnung mit diesen Menschen zu teilen. Das bete ich in Jesu Namen, Amen.

42 Warum Christen einander nicht verurteilen sollen

„Wie kommst du dazu, den Sklaven oder die Sklavin eines anderen zur Rechenschaft zu ziehen? Es geht nur ihren Herrn etwas an, ob sie stehen oder fallen. Sie werden aber stehen bleiben; denn ihr Herr hat die Macht, sie aufrecht zu halten. [...]

Warum verurteilst du dann deinen Bruder oder deine Schwester? Und du, warum verachtest du sie? Wir werden alle einmal vor Gott stehen und von ihm gerichtet werden. In den Heiligen Schriften heißt es ja: ‚So gewiss ich, der Herr, lebe: Alle werden vor mir auf die Knie fallen, alle werden Gott die Ehre geben.' So wird also jeder Einzelne von uns sich für sein eigenes Tun verantworten müssen." Römer 14,4.10–13

Wir Christen neigen leider dazu, das Verhalten anderer zu beurteilen. Die Bibel lehrt uns zwar, alle Fragen der Lehre kritisch zu betrachten. Ja, sie befiehlt uns sogar, keine Gemeinschaft mit Häretikern und falschen Lehrern zu haben. Gleichzeitig ermutigt sie uns jedoch dazu, nachsichtig gegenüber allem zu sein, was das Verhalten dieser Menschen betrifft. Paulus merkt an dieser Stelle des Römerbriefes an, dass man durchaus unterschiedlicher Meinung darüber sein kann, was die Einhaltung von Regeln an bestimmten Tagen oder den Verzehr von Tieren betrifft, die für heidnische Götzenopfer geschlachtet wurden.

Solche Unterschiede gibt es auch heute noch. Uns beschäftigt zwar nicht mehr die Frage, ob es erlaubt ist, Götzenopferfleisch zu essen oder nicht, aber es gibt andere Dinge, die uns beschäftigen. So wurde ich beispielsweise schon oft von anderen im Restaurant gefragt: „Würde es Ihnen etwas ausmachen, wenn ich zu meinem Essen Wein bestelle?"

Ich entgegne dann immer: „Nein. Das ist Ihre persönliche Entscheidung." Meine Frau und ich trinken aus verschiedenen Gründen keinen Alkohol. Ich habe aber nicht das Recht, anderen Christen meine persönliche Meinung aufzudrücken oder sie für ihre privaten Vorlieben zu verurteilen. Ich nehme die Ermahnung des Apostels Paulus in Vers 4 sehr ernst: „Wie kommst du dazu, die Sklaven eines anderen zur Rechenschaft zu ziehen? Es geht nur ihren Herrn etwas an, ob sie stehen oder fallen.“ Mit anderen Worten: Paulus denkt darüber nach, warum zwischen Brüdern Zwietracht gesät werden sollte, indem einer das Verhalten des anderen verurteilt. Schließlich wird Jesus jeden von uns individuell zur Verantwortung ziehen, wenn er wiederkommt.

Wir haben uns bereits mit dem Richterstuhl Christi beschäftigt, dem Gericht, das gleich nach der Entrückung stattfinden und nur Gläubige betreffen wird. Dieses Oberste Gericht wird alle Gehorsamen belohnen. Es wird aber auch ein Gericht sein, das alle verurteilen wird, deren Verhalten andere zur Sünde verleitete. Alle Christen müssen sich aber für ihr eigenes Verhalten vor Gott verantworten. Es gibt viele Arten von Sünden, die Jesus von diesem Richterstuhl aus verurteilen wird. Denken Sie nur an Menschen, die in Gemeinden wegen Kleinigkeiten Spaltungen und Entzweiungen verursachen, die andere vom Glauben abbringen oder einen Keil zwischen Menschen treiben. Oder denken Sie daran, was passiert, wenn Christen die Beherrschung verlieren. Ihr Zorn führt zu Hass und betrübt dann den Heiligen Geist. Auch das „Mitschleppen“ von nicht bekannten Sünden kann dazu führen, dass wir den Lohn verlieren, den wir eigentlich verdient hätten (2. Johannes 1,8).

Wenn Sie also merken, dass Sie einen anderen Menschen verachten oder wegen eines Verhaltens verurteilen, dann bemühen Sie sich bitte darum, dieser anderen Person zu vergeben, selbst wenn sie offensichtlich im Unrecht ist. Bitterkeit, die wir hegen und pflegen, kann uns selbst zerstören. Denken Sie doch einmal über die folgenden vier Gründe nach, warum wir anderen vergeben sollen:

- Groll gegenüber anderen ist eine tief verwurzelte Sünde, die nicht nur zu Zorn und Bitterkeit führt, sondern auch den Heiligen Geist betrübt (Epheser 4,29–32).
- Bitterkeit gegenüber anderen, die zu Zorn und Ärger führt, ist wie ein Krebsgeschwür, das die Beziehung zwischen Menschen

zerstört, die einander eigentlich lieben sollten. Sie zerstört das gesunde Beziehungsgeflecht zwischen den Jüngern.

- Bitterkeit, Zorn und Ärger hindern uns daran, als Christen geistlich zu wachsen.
- Diese Verhaltensweise wird dazu führen, dass wir unsere Belohnung wieder verlieren, wenn wir von Christus gerichtet werden.

Der Kernsatz unseres heutigen Textes steht in Römer 14, Vers 12 und heißt: „So wird also jeder Einzelne von uns sich für sein eigenes Tun verantworten müssen.“ Aus Römer 14, Vers 10 wissen wir, was bei diesem Gericht geschehen wird. Paulus gibt uns darum den Rat, jeden Tag so zu leben, als ob er unser letzter wäre. Dann werden wir weder etwas zu bedauern haben, noch infolge der Bitterkeit in unserem Herzen den Lohn verlieren, den wir eigentlich verdient hätten.

Alle Christen, die ihre Aufmerksamkeit mehr auf ihre eigene Beziehung zu Gott richten, haben weniger Zeit, sich über das Verhalten anderer aufzuregen. Umgekehrt richten aber erfahrungsgemäß alle, die ständig mit der Gottesbeziehung und dem Verhalten anderer beschäftigt sind, meist zu wenig Aufmerksamkeit auf ihr eigenes Verhalten. Ich sprach einmal eine Frau an, die dazu neigte, andere Menschen zu kritisieren und ihrem Zorn freien Lauf zu lassen. Sie hatte praktisch an jedem Mitglied der Gemeinde etwas auszusetzen, angefangen vom Organisten bis hin zum Hausmeister. Und, o Schreck, sie machte nicht einmal vor meinen Predigten halt! Nachdem ich ihr meine Meinung gesagt hatte, erwiderte sie: „Sie verstehen das nicht! Ich habe nämlich die Gabe der Kritik.“ Als ich verblüfft fragte, wo diese Gabe in der Bibel erwähnt würde, sagte sie: „Ich weiß es nicht genau. Aber falls sie nicht erwähnt wird, sollte sie es jedenfalls!“

Vielleicht schmunzeln Sie über einen solchen Menschen und fragen sich, wie er nur so werden konnte. Die Antwort heißt: ganz allmählich! Seien Sie also auf der Hut!

Gebet für den heutigen Tag

Lieber himmlischer Vater, ich bekenne dir, dass ich den „Splitter" im Verhalten meiner Brüder oder Schwestern manchmal zum Balken in meinem eigenen Auge werden lasse. Dann weigere ich mich oftmals, mich mit meinen eigenen Sünden zu beschäftigen. Vergib mir und hilf mir, darauf zu vertrauen, dass du das Fehlverhalten anderer eines Tages richten wirst. Hilf mir vor allem, dass ich diesen Dingen nicht erlaube, meine Beziehung zu dir kaputtzumachen. Das bete ich in seinem heiligen Namen, Amen.

43 Nur Gott allein kann die Menschen richten

„Ihr seht also, wie ihr von uns denken müsst: Wir sind Menschen, die im Dienst von Christus stehen und Gottes Geheimnisse zu verwalten haben.

Von Verwaltern wird verlangt, dass sie zuverlässig sind. Aber für mich zählt dabei nicht, wie ich von euch oder irgendeinem menschlichen Gericht beurteilt werde. Auch ich selbst maße mir kein Urteil an. Mein Gewissen ist zwar rein, aber damit bin ich noch nicht freigesprochen, denn mein Richter ist der Herr.

Urteilt also nicht vorzeitig, bevor Christus kommt, der das Verborgene ans Licht bringen und die geheimsten Gedanken enthüllen wird. Dann wird Gott das Lob austeilen, so wie jeder und jede es verdient."

1. Korinther 4,1–5

Mein Schwiegersohn, der seit vielen Jahren Pastor ist, bat mich kürzlich um Hilfe, um einen verzwickten Streit zwischen Mitgliedern seiner Gemeinde zu schlichten. Es war unschwer zu erkennen, wo das Problem seine Wurzel hatte: Der Stolz und das Ego waren in beiden Gruppen so groß, dass keiner von beiden bereit war, wie der verlorene Sohn zu sagen: „Vater, vergib mir, denn ich habe gegen dich und den Himmel gesündigt" (Lukas 15,21).

Zwietracht zwischen Christen löst sich aber ganz schnell wieder auf, wenn beide Parteien bereit sind zu sagen: „Es war meine Schuld, bitte vergib mir!" Das „Schuldspiel" wird in Gemeinden nur allzu oft leider zu einem Kampf der Partisanen, der im Untergrund geführt wird. Anstatt in uns zu gehen, neigen wir dazu, mit dem Finger auf andere zu zeigen.

Es wird aber der Tag kommen, an dem Gott, der gerechte Richter, uns zu sich bestellen wird, um diesen Dingen auf den Grund zu gehen. Auch zur Zeit des Paulus gab es Christen, die in Gemeinden kleine Splittergruppen bildeten. Die Gemeinde in Korinth war voll von solchen Partisanen. Einige von ihnen hielten sich zu Apollos, einem Evangelisten der Urgemeinde, andere zogen Paulus vor, weil er der bessere Lehrer war.

Paulus gab den Korinthern zu bedenken, dass sowohl Apollos als auch er Diener Christi waren, die Gottes Geheimnisse zu verwalten hatten. Es ging also nicht um ihre Person, sondern darum, ob sie beim Kommen des Herrn als treue Diener beurteilt würden. Wir haben in vorangegangenen Abschnitten bereits gesehen, dass Gott unsere Haltungen, Motive und Absichten richten wird. Auch Paulus weist darauf hin, dass Gott unsere verborgensten Geheimnisse ans Licht bringen und unsere versteckten Motive aufdecken wird (Vers 5).

Wenn Jesus wiederkommt, wird er nach der Entrückung alle Gläubigen richten. Das wird die eingehendste Prüfung sein, die wir je über uns ergehen lassen müssen. Er wird die geheimsten Wünsche und Gedanken der Menschenherzen offen legen (Hebräer 4,12). Vergessen Sie die ungeschriebene Seligpreisung nicht: „Selig, die flexiblen Herzens sind, denn sie werden nicht gewaltsam zurechtgebogen werden." Der Herr wird einmal alle Dinge wieder zurechtrücken, wenn er kommt!

Ein unglücklich Geschiedener erzählte mir, dass ihn seine Frau mitsamt ihren drei Kindern wegen eines anderen Mannes verlassen habe. Er sei durch die Unterhaltszahlungen für seine Kinder finanziell so stark belastet, dass er nicht einmal daran denken könne, nach einem neuen Ehepartner zu suchen. Während er mit Einsamkeit und Mutlosigkeit kämpfte, litt er sehr. Seine Frau hatte aber wieder geheiratet und ging in eine andere Gemeinde der Stadt. Sie wurde in der neuen Gemeinde liebevoll und mit offenen Armen aufgenommen und hörte nicht auf, ihm allein die Schuld an allem zu geben. Er blieb mit seinem Schmerz und dem Stigma der Scheidung allein zurück.

Wie soll man sich als Christ in einer solchen Situation verhalten? Ich wurde mit dieser Frage mehr als nur einmal konfrontiert. Eine gläubige Frau aus unserer Gemeinde sagte, sie habe sich in den Mann einer anderen verliebt. Beide Familien wurden geschieden, und dann heirateten die beiden. Die Frau brachte aus der ersten Ehe drei Kinder mit und in der neuen Ehe kamen zwei weitere Kinder dazu. Erst nach Jahren bereute sie ihr Fehlverhalten wirklich und unterstellte Gott von neuem ihr Leben. Sie fragte mich, was sie tun solle. Ich betete lange um Weisheit und gab ihr dann den Rat, zu ihrem ersten Mann zu gehen, der noch immer alleine lebte, und ihm ihr Fehlverhalten einzugestehen. Ich sagte, sie müsse ihn um Vergebung bitten und ihm mehr Rechte einräumen, wenn es beispielsweise darum ging, seine Kinder zu sehen. Ich riet ihr auch, seine Unterhaltszahlungen für die Kinder freiwillig zu reduzieren und zusammen mit ihm zu ihrem früheren Pastor zu gehen und auch dort ihre Sünde zu bekennen. Das würde dazu beitragen, den Status ihres geschiedenen Mannes in seiner Gemeinde wiederherzustellen. Ich gab ihr weiterhin den Rat, auch der ersten Frau ihres Mannes ihr falsches Verhalten zu bekennen und die Schuld am Zerbrechen der Ehe auf sich zu nehmen. Schließlich sollte sie zu ihrem neuen Pastor gehen und ihm sagen, dass sie sich ihrer neuen Gemeinde in einem falschen Licht gezeigt habe.

Obwohl sie das alles machte, konnte sie die herzzerreißenden Folgen ihrer Sünden nicht ungeschehen machen. Aber nachdem sie alle Beteiligten um Vergebung gebeten hatte, fand sie schließlich Frieden. Die Zeit wird zeigen, welchen Einfluss ihr Verhalten auf ihre Kinder haben wird. Aber ich entdecke immer wieder, dass dort, wo die Sünde groß ist, Gottes Gnade immer noch größer ist (Römer 5,20).

Unsere Gemeinden sind voll von traurigen Geschichten wie diese, aber wir haben einen Gott, der unsere zerbrochenen Herzen heilt und unsere Wunden verbindet (Psalm 147,3), wenn wir das

Richtige tun, nachdem wir das Falsche getan haben. Aber es fängt immer damit an, dass wir auf die Knie gehen und unsere Schuld bekennen. Dann wird er auch unsere Sünde von uns nehmen und unsere Schuld so weit von uns entfernen, wie der Osten vom Westen entfernt ist, sodass uns niemand mehr darum verklagen kann (Psalm 103,12). Folglich ist es immer am besten, unsere Sünden sofort zu bekennen, denn wenn Jesus kommt, wird er sie dann nicht mehr verurteilen. Auch Paulus sagt: „Gingen wir mit uns ins Gericht, würden wir nicht gerichtet" (1. Korinther 11,31; Einheitsübersetzung).

Gebet für den heutigen Tag

Lieber himmlischer Vater, ich danke dir, dass du jederzeit bereit bist, meine Sünden zu vergeben, wenn ich dich um Vergebung bitte, und die Gemeinschaft mit mir wieder aufzunehmen. Sollte es in meinem Leben noch etwas Verborgenes oder irgendeine dunkle Absicht geben (1. Korinther 4,5), dann decke sie auf, damit ich diese Dinge bekennen und wirklich bereuen kann. Und wenn ich durch mein Fehlverhalten andere verletzt oder ihnen Schaden zugefügt habe, dann gib mir bitte den Mut, diese Dinge einzugestehen und den Schaden wieder gutzumachen, soweit es in meiner Macht steht. Amen.

44 Das Mahl des Herrn

„In der Nacht, als Jesus, der Herr, ausgeliefert wurde, nahm er Brot, sprach darüber das Dankgebet, brach es in Stücke und sagte: ‚Das ist mein Leib, der für euch geopfert wird. Tut das immer wieder, damit unter euch gegenwärtig ist, was ich für euch getan habe!'

Ebenso nahm er nach dem Essen den Becher und sagte: ‚Dieser Becher ist Gottes neuer Bund, der durch mein Blut in Kraft gesetzt wird.

Tut das, sooft ihr von ihm trinkt, damit unter euch gegenwärtig ist, was ich für euch getan habe!'

Jedes Mal also, wenn ihr dieses Brot esst und von diesem Becher trinkt, verkündet ihr damit die Rettung, die durch den Tod des Herrn geschehen ist, bis er wiederkommt.

Wer daher auf unwürdige Weise das Brot des Herrn isst und von seinem Becher trinkt, macht sich am Leib und am Blut des Herrn schuldig. Darum sollt ihr euch prüfen, bevor ihr das Brot esst und von dem Becher trinkt. Denn wenn ihr esst und trinkt ohne Rücksicht darauf, dass ihr es mit dem Leib des Herrn zu tun habt, zieht ihr euch durch euer Essen und Trinken Gottes Strafgericht zu. Das ist ja auch der Grund, weshalb viele von euch krank und schwach sind, und nicht wenige sind sogar gestorben.

Wenn wir uns selbst prüfen würden, würden wir nicht auf diese Weise bestraft." 1. Korinther 11,23–31

Das Abendmahl ist für das Volk Gottes ein besonderes Ereignis. Es ist immer etwas Außergewöhnliches, sich an den Tod unseres Herrn zu erinnern. Christen fühlen sich dabei stärker miteinander verbunden als zu anderen Zeiten. Wenn wir das Brot in den Mund nehmen, wird uns bewusst, dass Jesus bereit war, für uns den Tod zu schmecken und sein Leben für uns hinzugeben. Wenn wir den Becher an unsere Lippen setzen, erinnern wir uns daran, dass er bereit war, sein Blut für unsere Sünden zu vergießen. Dieses Mahl erinnert uns daran, dass wir alles, was wir in diesem und in dem kommenden Leben haben, alleine ihm verdanken. Unterschiede zwischen Christen scheinen in solchen Augenblicken keine Bedeutung zu haben. Hier werden wir daran erinnert, dass wir alle in seiner Schuld stehen.

Wenn wir daran denken, dass sich Jesus für uns geopfert hat, um uns zu retten, dann denken wir dabei auch an den „Neuen Bund“. Gott ist mit diesem Bund eine neue Beziehung zu uns eingegangen, die nicht mehr verlangt, dass für unsere Schuld stellvertretend das Blut von Tieren geopfert wird. Jesus hat den Preis für unsere Rettung mit seinem Blut ein für alle Mal bezahlt. Jedes Mal, wenn wir am Abendmahl teilnehmen, bezeugen wir damit auch seinen Neuen Bund mit uns. Wir haben seinen Namen angerufen, um gerettet zu werden, und sind im Glauben eine enge

Vertrauensbeziehung zu ihm eingegangen. Jesus nennt dieses Bekehrungserlebnis „Wiedergeburt“ (Johannes 3,3).

Wir können als Menschen nur einmal körperlich geboren werden. Wir können auch spirituell nur einmal wiedergeboren werden. Aber wenn wir am Mahl des Herrn teilnehmen, denken wir daran, dass wir erlöst sind, und bezeugen vor anderen unsere Rettung.

Paulus zitiert Jesus, wenn er sagt, dass wir damit jedes Mal den Tod des Herrn verkünden, bis er wiederkommt. Es ist von entscheidender Bedeutung, dass wir jedes Mal, wenn wir am Abendmahl teilnehmen, damit auch bezeugen, dass wir an zwei bedeutungsvolle Ereignisse der Bibel glauben – an das erste und zweite Kommen Jesu auf diese Erde. Christen haben die historische Tatsache akzeptiert, dass Jesus auf diese Erde gekommen ist. Aber bei diesem Mahl bezeugen wir auch, dass wir daran glauben, dass er eines Tages wiederkommen wird. Wir haben es hier in gewisser Weise mit einer Übergangsregelung zu tun. Denn im Himmel wird es nicht mehr nötig sein, das Mahl des Herrn zu feiern, bis er kommt. Dann wird er nämlich schon da sein.

Paulus kommt auf den eigentlichen Kern der Sache zu sprechen, wenn er warnend sagt, dass wir uns prüfen sollen, bevor wir von diesem Brot essen und von diesem Wein trinken. Er warnt uns auch davor, dass wir uns schuldig machen und uns das Gericht zuziehen, wenn wir es auf unwürdige Weise empfangen. Aus diesem Grund gebe ich meiner Gemeinde immer einige Minuten Zeit, um sich zu prüfen, wenn ich dieses Mahl leite. Ich möchte den Menschen die Gelegenheit geben, alles zu bekennen, was ihnen bewusst wird, um nicht unwürdig an diesem Mahl teilzunehmen und Gottes Gericht auf sich zu ziehen. Gott hat in seiner wunderbaren Gnade diesen besonderen Gottesdienst für seine Gemeinde eingerichtet, bei dem jeder Gelegenheit haben soll, sein Herz zu prüfen. Wenn wir dabei eine Sünde in unserem Leben entdecken, können wir sie bekennen und wieder Gemeinschaft mit ihm haben.

Nach einem solchen Abendmahlsgottesdienst bat mich einmal ein Mann um ein Gespräch unter vier Augen. Das Erste, was er sagte, war: „Ich habe heute nicht am Abendmahl teilgenommen, weil ich den Eindruck habe, dass ich gar kein Christ bin. Ich habe zwar schon oft daran teilgenommen, weil ich in einem christlichen Elternhaus aufgewachsen bin, aber ich denke, dass ich nicht errettet bin." Wir knieten uns beide hin und er bekannte seine Sünden. Dann dankte er dafür, dass Christus für ihn gestorben ist, und schloss mit den Worten: „Herr Jesus, komm in mein Herz, damit ich wirklich Gemeinschaft mit dir haben und an deinem Mahl teilnehmen kann."

Als wir wieder standen, sah ich, dass sich die Abendmahlsgeräte noch an ihrem Platz befanden, und lud ihn ein: „Was hindert uns daran, Ihrer Bitte sofort nachzukommen?" Ich teilte ihm also das Abendmahl aus, obwohl wir beide ganz allein in der Kirche waren, und dieser Mann bezeugte zum ersten Mal in seinem Leben den Tod des Herrn, „bis er wiederkommt".

Gebet für den heutigen Tag

Lieber himmlischer Vater, ich danke dir, dass du deinen einzigen Sohn geschickt hast, damit er am Kreuz für meine Sünden und für die Sünden der ganzen Welt stirbt. Bitte vergib mir alles Böse, das ich getan habe und das dazu führte, dass ich deine Liebe und Gnade verachtet habe. Wenn ich einen anderen Menschen verletzt habe oder gegen ihn schuldig geworden bin, will ich das jetzt bekennen und auch ihn um Vergebung bitten. Ich möchte, dass nichts zwischen uns steht, wenn wir an den Tisch des Herrn treten. Das bete ich in deinem Namen, Amen.

45 Auferweckung der Christen bei seinem Kommen

„Ich habe an euch weitergegeben, was ich selbst als Überlieferung empfangen habe, nämlich als Erstes und Grundlegendes:

Christus ist für unsere Sünden gestorben, wie es in den Heiligen Schriften vorausgesagt war, und wurde begraben.

Er ist am dritten Tag vom Tod auferweckt worden, wie es in den Heiligen Schriften vorausgesagt war, und hat sich Petrus gezeigt, danach dem ganzen Kreis der Zwölf.

Später sahen ihn fünfhundert Brüder auf einmal; einige sind inzwischen gestorben, aber die meisten leben noch.

Dann erschien er Jakobus und schließlich allen Aposteln.

Ganz zuletzt ist er auch mir erschienen, der ‚Fehlgeburt'. [...]

Alle Menschen gehören zu Adam, darum müssen sie sterben; aber durch die Verbindung mit Christus wird ihnen das neue Leben geschenkt werden.

Doch das alles geschieht zu seiner Zeit und in seiner vorbestimmten Ordnung: Als Erster wurde Christus vom Tod auferweckt. Wenn er wiederkommt, werden die auferweckt, die zu ihm gehören. Dann ist das Ende da: Christus übergibt die Herrschaft Gott, dem Vater, nachdem er alles vernichtet hat, was sich gegen Gott erhebt und was Macht und Herrschaft beansprucht.

Denn Christus muss so lange herrschen, bis er alle Feinde unter seinen Füßen hat. Als letzten Feind vernichtet er den Tod."

1. Korinther 15,3-8.22–26

Eine der Besonderheiten der jüdisch-christlichen Lehre ist die Erwartung der Auferstehung aller Toten. Unter den Juden ist diese Lehre schon lange Tradition. Sie ist auch im Neuen Testament und in der frühen Kirchengeschichte Bestandteil der Lehre. Das ist einer der Gründe, warum die Urgemeinde den heidnischen Brauch der Leichenverbrennung nicht übernommen hat. Man wollte, dass die Körper der Toten möglichst unversehrt bleiben, während sie auf ihre Auferstehung warten.

Doch wer von uns könnte je das Versprechen Jesu vergessen: „Ihr werdet leben, weil ich lebe" (Johannes 14,19)? Weil Jesus vom Tod auferweckt wurde, werden auch wir eines Tages wieder auferstehen. Unsere heutige Bibelstelle ist eine der klarsten Auslegungen des Evangeliums durch Paulus. In den Versen 3 bis 8 erinnert er uns daran, dass Christus für unsere Sünden gestorben ist, dass er begraben wurde und am dritten Tag wieder auferstanden ist. Es wurde von vielen Zeugen gesehen, dass er am Leben war.

In den folgenden 1 700 Jahren gab es nur wenige, die daran zu zweifeln wagten, dass Jesus tatsächlich von den Toten wieder auferstanden ist. Dies wurde allgemein als eine Tatsache akzeptiert. Alle großen Gelehrten wussten, dass es ohne dieses Wunder den christlichen Glauben nicht geben würde. Aber Mitte des 18. Jahrhunderts stellte David Hume, ein schottischer Philosoph, die Lehre auf, dass es weder Gott noch etwas Übernatürliches gibt. Wenn es jedoch nichts Übernatürliches gibt, dann hat Jesus auch keine Wunder vollbracht und dann ist er auch nicht von den Toten auferstanden. Auch spätere Philosophen, die sich der Lehre Humes anschlossen, versuchten, den christlichen Glauben zu zerstören.

Diese Philosophen hatten an einem Punkt Recht: Es ist unmöglich, die Existenz des christlichen Glaubens ohne die körperliche Auferstehung Jesu zu erklären. Wenn er nicht auferstanden wäre, gäbe es auch keine Christenheit! Außerdem wären alle zwölf Apostel umsonst für ihren Glauben gestorben. Wenn es aber keinen auferstandenen Christus gibt, wer war es dann, der Saulus von Tarsus vom schlimmsten Verfolger der Kirche zu ihrem größten Missionar machte? Die Welt hat auf solche Fragen im Grunde keine überzeugende Antwort, es sei denn, sie akzeptiert die Tatsache, dass es einen übernatürlichen Gott gibt, der seinen Sohn von den Toten auferweckte.

Paulus drückte diesen Sachverhalt folgendermaßen aus: Wenn es keine Auferstehung gibt, dann sind wir in der Tat die bedauernswertesten aller Menschen (1. Korinther 15,19).

Die Geschichte der christlichen Gemeinde, für die Jesus gestorben ist, wird bei der Wiederkunft Jesu ihren Höhepunkt erleben. Wenn Christus wiederkommt, werden alle, die zu ihm gehören, wieder auferweckt werden (Vers 23). Wann wird das sein? Ganz am Ende, wenn Jesus sein Reich dem Vater übergibt, nachdem er alle Feinde vernichtet hat.

Aus prophetischer Sicht befindet sich alles im Himmel und auf der Erde in einer Art Warteschleife, bis Jesus wiederkommt. Auch wenn an dieser Stelle nicht zwischen dem Kommen zur Gemeinde und dem Kommen zur Errichtung seines Königreiches unterschieden wird, macht uns Paulus hier darauf aufmerksam, dass Jesus bei seiner Wiederkunft über das allgegenwärtige Schreckgespenst des Todes triumphieren wird. Ist das nicht ermutigend? Auch unsere eigene Auferstehung liegt in sicheren Händen. Der Schöpfer des Universums, von dem alles Leben kommt, ist auch der Wächter über unser Schicksal.

Es gibt eine Sache, die alle Gläubigen gemeinsam haben: Alle Menschen, die irgendwann einmal im Laufe der Menschheitsgeschichte zum Glauben an Jesus Christus kamen, werden ewiges Leben haben. Aller Glaube an die Auferstehung allgemein beruht aber allein auf dem persönlichen Glauben an Jesus, gleichgültig, ob wir nun glauben, dass wir *vor* Beginn der Trübsalzeit oder *erst an ihrem Ende, zu Beginn* des Tausendjährigen Reiches oder *erst an seinem Ende* auferweckt werden.

Die Einzigartigkeit des christlichen Glaubens liegt darin, dass wir sicher sein können, dass wir von den Toten auferstehen werden. Diese Zusage hat uns Jesus selbst gemacht, ohne dessen Auferstehung es den christlichen Glauben gar nicht geben würde. Seine Auferweckung von den Toten ist ein authentischer Beweis dafür, dass auch wir auferstehen werden.

Gebet für den heutigen Tag

Lieber Vater, ich danke dir für deinen ausgeklügelten Plan, deinen Sohn auf diese Welt zu schicken, um mich von der Sünde freizukaufen und zu erlösen. Ich danke dir, dass du Jesus wieder auferweckt hast. Das gibt mir die Zuversicht, dass du auch uns auferwecken wirst, wenn Christus wiederkommt. Danke für alle, die mich zum Glauben geführt haben. Wenn ich dir mein Leben bislang noch nicht anvertraut habe, dann will ich das jetzt im Namen Jesu tun. Bitte vergib mir meine Sünden und rette mich. Ich möchte dazugehören, wenn Jesus kommt, um die Seinen zu sich zu holen (1. Korinther 15,23). Das bete ich in seinem Namen, Amen.

46 Das Geheimnis der Entrückung

„Brüder und Schwestern, das ist ganz sicher: Menschen aus Fleisch und Blut können nicht in Gottes neue Welt gelangen. Ein vergänglicher Körper kann nicht unsterblich werden.

Ich sage euch jetzt ein Geheimnis: Wir werden nicht alle sterben, wir werden aber alle verwandelt werden. Das geschieht in einem Augenblick, so schnell, wie jemand mit der Wimper zuckt, sobald die Posaune das Ende ankündigt.

Die Posaune gibt das Signal, dann werden die Verstorbenen zu unvergänglichem Leben erweckt, und wir, die dann noch am Leben sind, bekommen den neuen Körper. Unser vergänglicher Körper, der dem Tod verfallen ist, muss in einen unvergänglichen Körper verwandelt werden, über den der Tod keine Macht hat.

Wenn das geschieht, wenn das Vergängliche mit Unvergänglichkeit überkleidet wird und das Sterbliche mit Unsterblichkeit, dann wird das Prophetenwort wahr:

‚Der Tod ist vernichtet!
Der Sieg ist vollkommen!
Tod, wo ist dein Sieg?
Tod, wo ist deine Macht?'

Die Macht des Todes kommt von der Sünde. Die Sünde aber hat ihre Kraft aus dem Gesetz. Dank sei Gott, der uns durch Jesus Christus, unseren Herrn, den Sieg schenkt!

Darum, meine lieben Brüder und Schwestern, werdet fest und unerschütterlich in eurem Glauben und tut stets euer Bestes für die Sache des Herrn. Ihr wisst, dass der Herr euren Einsatz belohnen wird."

1. Korinther 15,50–58

Auf dem Kalender Gottes wird die Entrückung seiner Gemeinde das nächste größere Ereignis sein. Wir sind Einzelheiten dieser Entrückung bereits in 1. Thessalonicher 4, Verse 13 bis 18 begegnet. Wenn sie stattfindet, werden alle Toten, die zum Leib Christi gehörten, auferweckt werden und mit den noch lebenden Heiligen in den Wolken zusammentreffen. Auf dieses aufregende und besondere Ereignis wird die Trübsalzeit und die Wiederkunft in Herrlichkeit folgen, wenn Jesus sein Reich auf dieser Erde errichtet.

Der obige Text ist eine zweite, überaus klare Bibelstelle, die uns von diesem „Geheimnis“ der Entrückung berichtet. Wenn die Bibel von einem Geheimnis spricht, dann bedeutet dies nicht, dass wir etwas nicht verstehen können. Es heißt lediglich, dass dieses Geheimnis nur im Kontext der Bibel verstanden werden kann. Gott möchte die Menschen nicht verwirren; auch die Entrückung wird in der Bibel vollständig erklärt.

Paulus' Aussage über die Entrückung fügt sich in seine Darstellung der Auferstehung ein, denn sie bezieht sich auf die Auferstehung der gesamten Gemeinde, die in einem einzigen Augenblick stattfinden wird. Zum Zeitpunkt der Entrückung werden die meisten Christen bereits tot und in ihren Gräbern sein. Das meint Paulus, wenn er sagt, dass sie schlafen. Ihre Seele und ihr Geist sind jedoch bei Gott; im Grab befinden sich nur die vergänglichen Elemente ihres Körpers. Die Leichen von Petrus und Paulus liegen nun beispielsweise schon über 1 900 Jahre in ihren Gräbern, aber eines Tages wird die Gemeinde die letzte Trompete hören. Dann werden die Toten zu unvergänglichem Leben erweckt und auch wir werden verwandelt werden. Die Leichen der toten Apostel werden so wie die von Millionen anderen Gläubigen innerhalb eines Sekundenbruchteils in unsterbliche Körper verwandelt. Dann werden sich ihre Seele und ihr himmlischer Geist wieder mit ihrem irdischen Körper vereinigen, wenn sie aus ihren Gräbern auferstehen.

Wenn Paulus in Vers 51 von „wir“ spricht, meint er damit alle Christen, die zu jener Zeit leben und den Befehl Christi und die letzte Posaune hören werden. Auch wir, die wir dann noch am Leben sind (vgl. 1. Thessalonicher 4,17), werden einen neuen, unvergänglichen Körper bekommen, der für den Himmel tauglich ist.

Bill Bright weist darauf hin, dass die Hälfte aller Menschen, die je auf dieser Erde gelebt haben, heute am Leben ist. Wenn das stimmt, dann ist davon auszugehen, dass bislang insgesamt etwa zwölf Milliarden Menschen auf dieser Erde gelebt haben. Einige Religionswissenschaftler schätzen, dass es zur Zeit etwas mehr als eine halbe Milliarde wiedergeborener Christen gibt, die für die Wiederkunft Jesu bereit sind. Das sind knapp zehn Prozent aller lebenden Menschen. Wenn diese Zahlen stimmen, dann ist daraus auch zu schließen, dass es statistisch gesehen eine weitere halbe Milliarde Christen gibt, die die Wiederkunft Jesu in ihren Gräbern erwarten. Es ist darum anzunehmen, dass mindestens eine Milliarde Menschen von der Entrückung betroffen sein werden.

Eines ist jedenfalls sicher: Wenn wir entrückt werden, wird die Welt unser Fehlen bemerken. Wir können nur hoffen, dass sich dann viele von ihnen in diesem Moment noch für Jesus entscheiden, weil sie endlich erkennen, dass er Gott ist. Da sie die Entrückung versäumt haben, müssen sie die schrecklichen Tage der Trübsalzeit über sich ergehen lassen. Aber das ist immer noch besser als die Alternative: lebendig in einen See aus brennendem Schwefel geworfen zu werden.

Die Entrückung der Christen ist jedoch nicht das erste Ereignis, bei dem plötzlich jemand „nicht mehr da" ist. Henoch, ein Prophet, der nach Aussage des Buches Judas vor der Sintflut lebte, führte ein so gottgefälliges Leben, dass er schon damals die Wiederkunft Jesu prophezeite. In Genesis 5, Vers 24 wird berichtet, dass Henoch, nachdem er 300 Jahre mit Gott gelebt hatte, „plötzlich nicht mehr da war, denn Gott hatte ihn von der Erde weggenommen". Henoch bekam einen unvergänglichen Körper und wurde in den Himmel entrückt.

Ein weiteres Beispiel für eine solche individuelle Entrückung wird in 2. Könige 2, Vers 11, geschildert, wo der gottesfürchtige Prophet Elija von einem gewaltigen Sturm in den Himmel „entführt" wird. Das sind die zwei einzigen Menschen, von denen in der Bibel berichtet wird, die nicht starben, sondern entrückt wurden. Darum ist die Entrückung der Gemeinde zwar ein Geheimnis, aber in Henoch und Elija gibt es bereits zwei Beispiele dafür.

Paulus schließt dieses Thema mit den Worten ab: „Darum, meine lieben Brüder und Schwestern, werdet fest und unerschütterlich in eurem Glauben und tut stets euer Bestes für die Sache des Herrn. Ihr wisst, dass der Herr euren Einsatz belohnen wird.“

Die Entrückung wird plötzlich und unerwartet geschehen. Darum wird es dann kurz zuvor keine Gelegenheit mehr geben, um sich darauf vorzubereiten. Aus diesem Grund möchte ich Ihnen zwei Fragen stellen: Gibt es Dinge in Ihrem Leben, bei denen Sie nicht von Jesus überrascht werden wollen, wenn er wiederkommt? Gibt es Dinge, bei denen Sie gerne überrascht werden würden, wenn er kommt?

Gebet für den heutigen Tag

Lieber himmlischer Vater, danke, dass du das vermeintliche Geheimnis der Entrückung in deinem Wort doch so gut erklärst. Ich danke dir dafür, dass du mir Menschen über den Weg geschickt hast, die mir gezeigt haben, wie sehr ich dich brauche. Mache auch mich für die Bedürfnisse der Menschen sensibel, mit denen ich zu tun habe, und hilf mir, meinen Glauben mit ihnen zu teilen, damit auch sie die Ewigkeit mit dir verbringen. Gebrauche meine Lippen, damit ich jederzeit deine Gnade bezeugen kann, während ich auf dein Kommen warte. Das bitte ich in Jesu Namen, Amen.

47

Verliert nicht den Mut – Jesus kommt wieder!

„Gott hat sich über mich erbarmt und mir diesen Dienst übertragen. Darum verliere ich nicht den Mut. Ich meide alle dunklen Machenschaften. Ich handle nicht hinterhältig und verdrehe nicht das Wort Gottes. Vielmehr verkündige ich offen die unverfälschte Wahrheit der Guten Nachricht in Verantwortung vor Gott. Das ist meine ‚Empfehlung‘, und das werden alle erkennen, die ihr Gewissen prüfen. [...]

Gott hat Jesus, den Herrn, vom Tod auferweckt, und ich weiß, dass er mich genauso auferwecken und zusammen mit euch vor seinen Thron stellen wird.

Ich tue das alles für euch! Die Botschaft von Gottes Gnade soll immer mehr Menschen erreichen und der Dank dafür soll überströmen zur Ehre Gottes.

Darum verliere ich nicht den Mut. Die Lebenskräfte, die ich von Natur aus habe, werden aufgerieben; aber das Leben, das Gott mir schenkt, erneuert sich jeden Tag. Die Leiden, die ich jetzt ertragen muss, wiegen nicht schwer und gehen vorüber. Sie werden mir eine Herrlichkeit bringen, die alle Vorstellungen übersteigt und kein Ende hat. Ich baue nicht auf das Sichtbare, sondern auf das, was jetzt noch niemand sehen kann. Denn was wir jetzt sehen, besteht nur eine gewisse Zeit. Das Unsichtbare aber bleibt ewig bestehen." 2. Korinther 4,1–2.14–18

Entmutigung ist eine der beliebtesten Waffen, die der Widersacher benutzt, um Christen eine Niederlage zuzufügen. Wenn wir dem Widersacher erlauben, unsere Augen von Jesus und seinem Kommen abzuwenden, dann kann er uns unter Umständen von Gott wegführen. Er weiß, dass Entmutigung Selbstmitleid die Türen öffnet, das uns wiederum in tiefe Depressionen stürzen und unser Zeugnis für Christus zunichte machen kann.

Paulus fordert uns in beiden Bibelstellen auf, nicht zu resignieren oder den Mut zu verlieren. Des Weiteren sagt er, dass die Leiden dieser Welt nicht schwerwiegend sind, sondern vorübergehen werden. Er gibt uns den Rat, aus unseren Sorgen und Nöten keine „Elefanten" zu machen. Sie dürfen unser Denken nicht völlig beherrschen, weil sie uns sonst mutlos machen.

Ist Ihnen schon einmal aufgefallen, dass Nachrichten, die wir uns im Fernsehen anschauen oder in der Zeitung lesen, eine merkwürdig negative Auswirkung auf unser Leben haben können? Eines der schlimmsten Dinge, die wir tun können, liegt vermutlich darin, uns die Nachrichten anzusehen, kurz bevor wir schlafen gehen. Die Spätnachrichten sind erfahrungsgemäß eine endlose Aufzählung von Überfällen, Morden, Vergewaltigungen und anderen Verbrechen. Das zwingt die Zuschauer dazu, mit Gedanken der Hoffnungslosigkeit, des Unheils und der Verzweiflung in die Nacht zu gehen.

Wie viel besser wäre es, wenn wir mit Gottes Wort zu Bett gingen? Wir könnten auch versuchen, uns vorzustellen, wie unser „Leben" nach der Entrückung aussehen wird, wenn wir bei Gott sind. Die tägliche Freude an Christus und an seiner Herrlichkeit wird all unsere Vorstellungen übersteigen (2. Korinther 4,17). Wenn wir allabendlich daran denken, dass Jesus uns zu sich holen wird, wird die Vorfreude auf die Entrückung und die Auferstehung zu einem festen Bestandteil unseres Lebens werden.

Al und Sue Graham sind Wycliffe-Missionare, die 40 Jahre im Dschungel Brasiliens verbrachten, um die Bibel in die Sprache von Stämmen zu übersetzen, die sie ursprünglich gar nicht haben wollten und ihnen den Zutritt zu ihrem Dorf verweigerten. Heute sind jedoch Tausende von diesen Menschen zum Glauben gekommen und erwarten mit uns zusammen die Wiederkunft Jesu. Erst in der Ewigkeit wird sichtbar werden, wie viele von ihnen Jesus als ihren Herrn und Retter angenommen haben, weil die Grahams bereit waren, ihr bequemes Leben in Amerika gegen die Strapazen eines Lebens im Busch zu tauschen.

Waren die Grahams jemals entmutigt? Natürlich. Haben sie jemals ihre Angehörigen oder ihre Kinder vermisst, die sie in ein Internat geben mussten? Sicher. Aber sie haben täglich ihre Hoffnung auf einen Gott gesetzt, der wiederkommen wird, um seine Gemeinde zu sich zu holen.

Jim Elliot war einer der fünf Missionare, die ihr Leben dafür gaben, dass die Aucas, ein Indianerstamm in Ecuador, zum Glauben an Jesus fanden. Von ihm stammt der Ausspruch: „Der ist kein Narr, der gibt, was er nicht behalten kann, um zu bekommen, was er nicht verlieren kann." Wenn Jesus wiederkommt, wird er uns für das, auf was wir für ihn verzichtet haben, mehr als entschädigen. Er wird alle belohnen, die ihr Leben dafür gegeben haben, um das Evangelium zu anderen zu bringen, und dieser Lohn wird ewigen Bestand haben.

Meine Familie und ich waren schon immer riesige Football-Fans. Eine Zeit lang hatte ich sogar das Privileg, die Bibelstunde für die *San Diego Chargers* halten zu dürfen. In einem ihrer Spiele gegen *Kansas City* waren sie während des gesamten Spiels im Rückstand. John Hadel war offensiver Rückraumspieler und Lance Allworth war sein Fänger. Es war ein Spiel, in dem viele Punkte erzielt wurden, aber gegen Ende des Spiels lagen die *San Diego Chargers* noch immer drei Punkte zurück. Beim letzten Spielzug warf John einen langen Pass in die Endzone, und Lance sprang 1,40 Meter hoch in die Luft, um den Ball zu fangen. Dieser Spielzug führte dazu, dass die *Chargers* in den letzten beiden Sekunden das Spiel doch noch gewannen.

Ich habe dieses Football-Spiel schon oft mit der Wiederkunft Jesu verglichen. Historisch betrachtet scheinen die Christen in den zwei Jahrtausenden, die seit Christi Himmelfahrt vergangen sind, die meiste Zeit über zu den Besiegten zu gehören. Gläubige wurden verfolgt, verlacht, abgelehnt, getötet und sogar gekreuzigt. Es sah manchmal ganz danach aus, als würden sie nie wieder aufholen und das Spiel gewinnen. Aber wir müssen nicht den Mut verlieren, während wir auf Jesus warten, denn er wird eines Tages wiederkommen, und wir werden siegen!

Gebet für den heutigen Tag

Lieber himmlischer Vater, danke für die Hoffnung auf Jesu Wiederkunft. Sie will uns immer daran erinnern, dass eines Tages alle Dinge angesichts deiner Gnade und Herrlichkeit verblassen werden. Ich freue mich auf diesen Tag. Hilf mir, wenn mich meine Probleme und Sorgen zu entmutigen drohen. Das bete ich in Jesu Namen, Amen.

48 Zuversicht auf die Entrückung

„Wir werden auch an dieses Ziel gelangen, denn Gott selbst hat in uns die Voraussetzungen dafür geschaffen: Er hat uns ja schon als Anzahlung auf das ewige Leben seinen Geist gegeben.

Deshalb bin ich in jeder Lage zuversichtlich. Ich weiß zwar: Solange ich in diesem Körper bin, bin ich vom Herrn getrennt. Wir leben ja noch in der Zeit des Glaubens und noch nicht in der Zeit des Schauens. Ich bin aber voll Zuversicht und würde am liebsten sogleich von meinem Körper getrennt und beim Herrn zu Hause sein.

Weil ich mich danach sehne, setze ich aber auch alles daran, zu tun, was ihm gefällt, ob ich nun in diesem Körper lebe oder zu Hause bin beim Herrn." 2. Korinther 5,5–9

Ich versuche nun schon seit mehreren Jahren, meine Pastorenkollegen davon zu überzeugen, dass es in der Bibel neben der Botschaft von Gottes Rettungsangebot in Jesus keine andere Lehre gibt, die Menschen mehr motivieren könnte als die Wiederkunft Jesu. Sie macht uns aufgeschlossen dafür, selbst in einer unheiligen Zeit ein heiliges Leben zu führen. Die Vorfreude auf das Kommen Jesu und die Erkenntnis, dass die Menschen ohne ihn verloren sind, wird auch unseren missionarischen Eifer und unsere Hingabe verstärken.

Paulus zeigte auch einen ganz praktischen Nutzen auf, als er betonte, dass das Leben in der Ewigkeit mit Gott definitiv besser sein wird als unser gegenwärtiges. Er spricht zweimal von dieser Zuversicht, die auf unserem Glauben beruht: In 2. Korinther 5, Vers 4 zählt er auf, welche Verfolgungen er um des Evangeliums willen über sich ergehen lassen musste, und schreibt: „Weil wir das wissen, stöhnen wir und sehnen uns danach, mit dieser himmlischen Behausung umkleidet zu werden" (2. Korinther 5,2). Was machte Paulus so sicher, dass er eines Tages einen neuen Auferstehungsleib haben wird? Die Antwort lautet: Gott hat uns seinen Heiligen Geist gewissermaßen als Anzahlung auf das ewige Leben ins Herz gegeben (vgl. 1. Korinther 1,22). Paulus wusste, dass er Christ ist, weil der Heilige Geist mit seiner Kraft in ihm wohnte und sein Leben und seine Motive verwandelte. Aber sein Körper litt auch unter allem, was er ertragen musste. Dieser Schmerz erinnerte ihn daran, dass wir von Gott getrennt sind, solange wir noch in diesem Körper leben (2. Korinther 5,6). Zwei Verse später stellte Paulus dann fest: „Ich würde am liebsten sogleich von meinem Körper getrennt und beim Herrn zu Hause sein" (Vers 8). Unser alter Körper – oder in Ihrem Falle vielleicht Ihr junger Körper – wird in einen auferstandenen Körper verwandelt, wenn Jesus wiederkommt.

Diese Zuversicht wurde für mich sehr real, als ich mich auf einer Missionsreise in Indien befand. Man hatte mich eingeladen, in einer Leprakolonie in Katarah zu sprechen. Ich werde nie den blinden alten Mann vergessen, der zu mir sagte: „Lepra ist das Beste, das mir passiert ist, denn dadurch bin ich blind geworden. Meine Blindheit hat mich nach Katarah gebracht, wo ich Jesus kennen lernte. Nun weiß ich, dass die erste Person, die ich je wieder sehen werde, mein Erlöser sein wird, wenn er wiederkommt."

Inzwischen „schläft" auch dieser alte Mann. Sein Körper liegt in der alten Erde Indiens und wartet auf den Tag, an dem er vom Himmel her diesen wunderbaren Befehl hören wird. Dann wird er einen völlig neuen und unvergänglichen Körper mit hundertprozentigem Sehvermögen bekommen, der für immer mit Jesus zusammen sein wird (1. Thessalonicher 4,17).

Haben auch Sie diese Sicherheit? Wenn ja, dann hat Paulus noch eine letzte Herausforderung an Sie: „Tu, was ihm gefällt!"

Gebet für den heutigen Tag

Lieber Vater, danke für die Zuversicht, die ich als Christ haben darf, dass mein vergänglicher Körper eines Tages in einen unvergänglichen und vollkommenen Körper verwandelt werden wird. Hilf mir, jeden Tag so zu leben, dass ich mich danach sehne, dir zu gefallen. Vergib mir all die vielen Jahre, in denen ich versucht habe, mein Leben aus eigener Kraft zu leben. Hilf mir, jedem neuen Tag so zu begegnen, als könnte er noch im Himmel enden. Das bete ich in Jesu Namen, Amen.

49 Gedrängt von der Liebe und vom kommenden Gericht

„Denn wir alle müssen vor Christus erscheinen, wenn er Gericht hält. Dann wird jeder Mensch bekommen, was er verdient, je nachdem, ob er in seinem irdischen Leben Gutes getan hat oder Schlechtes.

Im Bewusstsein, dass ich dem Herrn Rechenschaft schuldig bin, suche ich Menschen zu gewinnen. Vor Gott habe ich nichts zu verbergen. Ich hoffe, dass auch ihr zu dieser Einsicht kommt, wenn ihr euer Gewissen befragt. [...]

Denn die Liebe, die Christus uns erwiesen hat, bestimmt mein ganzes Handeln. Ich halte mir stets vor Augen: Einer ist für alle in den Tod gegangen, also sind alle gestorben. Weil er für sie gestorben ist, gehört ihr Leben nicht mehr ihnen selbst, sondern dem, der für sie gestorben und zum Leben erweckt worden ist. [...]

Uns Aposteln hat Christus den Auftrag und die Vollmacht gegeben, diese Botschaft überall bekannt zu machen. Ja, Gott selbst ist es, der durch uns die Menschen ruft. So bitten wir im Auftrag von Christus: ‚Bleibt nicht Gottes Feinde! Nehmt die Versöhnung an, die Gott euch anbietet!'

Gott hat Christus, der ohne Sünde war, an unserer Stelle verurteilt, damit wir durch ihn vor Gott als gerecht bestehen können."

2. Korinther 5,10–11.14–15.20–21

Der Apostel Paulus war sicherlich der engagierteste Christ des ersten Jahrhunderts. Abgesehen davon, dass er der erste missionarische Gemeindegründer war, hat er auch persönlich die meisten Menschen zu Jesus geführt. Er hat uns 13 Briefe hinterlassen, die dazu beigetragen haben, diese Welt zu verändern.

Was motivierte ihn dazu? Das waren eigentlich viele Dinge, aber die drei, die ihn am stärksten motivierten, sind in den oben angegebenen Bibelabschnitten zu finden. Wir wollen sie im Folgenden der Reihe nach betrachten.

Das Erste, das Paulus antrieb, war der *Richterstuhl Christi*. Jeder von uns wird sich vor diesem Gericht verantworten müssen, wenn Jesus seine Gemeinde zu sich entrückt hat: „Denn wir alle müssen vor Christus erscheinen, wenn er Gericht hält" (2. Korinther 5,10). Unser Erscheinen vor diesem himmlischen Gerichtshof hat aber nichts mit unserer Errettung selbst zu tun. Diese ist für alle Erlösten eine bereits beschlossene Sache. Dennoch werden einmal alle Christen, die zwischen Pfingsten und der Entrückung lebten bzw. leben, vor ihm erscheinen. Der Grund dafür sind die Dinge, die wir seit unserer Entscheidung für ihn getan haben. Der griechische Text, der unserer Übersetzung zugrunde liegt, deutet aber an, dass es kein Gericht über unsere Sünden sein wird. Es wird eine Beurteilung unserer Taten sein. Wir werden uns für die guten oder selbstsüchtigen Motive verantworten müssen, die unserem Handeln zugrunde lagen. Jesus wird alles belohnen, was wir aus reinem Herzen getan haben. Nein, der ist wahrlich kein Narr, der sein Leben und alles, was er hat, in das Werk Christi investiert, das ewigen Bestand hat.

Die zweite Motivation für den Apostel Paulus war die Liebe Christi: „Denn die Liebe, die Christus uns erwiesen hat, bestimmt mein ganzes Handeln" (2. Korinther 5,14). Sie drängt uns und fordert uns heraus. Wem könnte beim Lesen von Paulus' Schilderung in Apostelgeschichte 13–28 entgehen, dass er den auferstandenen Jesus, der ihm auf dem Weg nach Damaskus begegnete, wirklich über alles liebt? Denken Sie nur daran, wie er in Lystra gesteinigt wurde, bis man ihn für tot hielt. Auch danach trieb ihn die Liebe Christi noch immer an, sodass er sich in die nächste Stadt aufmachte, um auch dort von dieser Liebe zu erzählen.

Drittens wurde er von der Furcht Gottes motiviert. Diese Motivation kommt in Vers 11 klar zum Ausdruck: „Im Bewusstsein, dass ich dem Herrn Rechenschaft schuldig bin, suche ich Menschen zu gewinnen" (2. Korinther 5,11). In unserer heutigen Zeit, die es Christen in dieser Hinsicht oft allzu leicht macht, haben wir manchmal den Respekt vor der Majestät Gottes verloren. Wir stellen die Liebe Gottes und seine Gnade zu sehr in den Mittelpunkt unserer Botschaft und erwecken damit den Eindruck, dass Gott nichts als ein seniler und harmloser alter Großvater ist, der über unsere Fleischlichkeit und Gleichgültigkeit großzügig hinwegsieht. Aber das stimmt nicht! Die gleiche Bibel, die uns von der Liebe Gottes berichtet, die sich in Jesus gezeigt hat, lehrt uns auch, dass Gott Sünder für ihre Bosheit und Rebellion, für ihre Gleichgültigkeit und Nachlässigkeit richten wird.

Paulus hatte Respekt und Ehrfurcht vor Gott. Diese Ehrfurcht führte dazu, dass er sich darum sorgte, er könnte seiner Verantwortung nicht gerecht werden und seinen himmlischen Vater enttäuschen. Aus diesem Grund schrieb er: „Im Bewusstsein, dass ich dem Herrn Rechenschaft schuldig bin, suche ich Menschen zu gewinnen." Er wusste, dass Jesus bei seiner Wiederkunft am Ende der Zeit alle richten wird, die ihn abgelehnt haben. Wir haben Verständnis dafür, dass er Menschen richten wird, die sich offen gegen ihn auflehnen und Gott lästern, aber wir neigen oft dazu, das Gericht über jene zu übersehen, die ihn einfach nur ignorieren – also jene, die manchmal zur Kirche gehen und den Anschein erwecken, als würden sie Gott Respekt erweisen, dennoch aber so leben, als bräuchten sie seine Erlösung und Leitung nicht. So wie der Mann, der einmal empört zu mir sagte: „Ich habe wirklich niemals etwas getan, das es rechtfertigen würde, mich in die Hölle zu schicken." In den Augen der meisten war er ein netter Mensch, ein guter Ehemann und ein anständiger Bürger. Seine Sünde bestand darin, dass er meinte, Gottes Rettungsangebot nicht nötig zu haben. Er brachte damit zum Ausdruck: „Für mich war Jesu Tod am Kreuz umsonst."

Diese Gottesfurcht drängte Paulus also dazu, Menschen für Gott zu gewinnen. Und das ist ein Auftrag, den wir mit ihm teilen. Paulus schrieb dazu: „Ja, Gott selbst ist es, der durch uns die Menschen ruft. So bitten wir im Auftrag von Christus: Bleibt nicht Gottes Feinde! Nehmt die Versöhnung an, die Gott euch anbietet!" (2. Korinther 5,20).

Jedes Mal, wenn wir unseren Glauben vor anderen bekennen, laden wir dadurch die Menschen ein, sich mit Gott zu versöhnen. Die einzige Möglichkeit, das zu tun, liegt darin, das eigene Leben dem zu unterstellen, der niemals gesündigt hat und unsere Sünden auf sich genommen hat, damit wir vor Gott wieder bestehen können. Als „Botschafter Jesu" kennen wir die Furcht vor dem Herrn, die uns in der Liebe Christi drängt, denn wir wissen, dass wir uns eines Tages vor seinem Richterstuhl verantworten müssen. All das motiviert uns dazu, unseren Glauben vor anderen zu bekennen. Es kann uns zwar wie jedem Botschafter ergehen, der nicht seine eigene Botschaft überbringt und vielleicht abgelehnt wird. Dennoch haben wir nach wie vor die Verantwortung, anderen diese Botschaft zu bringen, ohne Rücksicht darauf, ob sie angenommen oder abgelehnt wird.

Ich wünschte, ich könnte sagen, dass es stets leicht ist, anderen Menschen vom eigenen Glauben zu erzählen. Aber das stimmt nicht. Vor kurzem versuchte ich mit einem Mann, der im Flugzeug neben mir saß, über meinen Glauben ins Gespräch zu kommen. Dieser Mann verbrachte dann die nächsten 30 Minuten damit, sich über meinen Glauben lustig zu machen. Seine Arroganz und seine laute Stimme demütigten mich. Aber ich nahm seinen Spott nicht persönlich. Er war im Grunde nicht böse auf mich. Er hasste Gott, dessen Botschafter ich bin.

Gebet für den heutigen Tag

Lieber Vater, ich möchte dir gerne so leidenschaftlich wie Paulus dienen und überall dein Botschafter sein, wo ich nur kann. Treibe mich wie Paulus dazu an, der Welt nicht zu verschweigen, dass Jesus bald wiederkommt. Ich wünsche mir mehr als alles andere, viele mit mir mitzunehmen, wenn ich in dein Reich komme. Hilf mir, für dieses Königreich Frucht zu bringen. Das bitte ich in Jesu Namen, Amen.

50

Wenn alle vor Jesus auf die Knie fallen

„Darum hat Gott ihn auch erhöht und ihm den Rang und Namen verliehen, der ihn hoch über alle stellt. Vor Jesus müssen alle auf die Knie fallen – alle, die im Himmel sind, auf der Erde und unter der Erde; alle müssen feierlich bekennen: ‚Jesus Christus ist der Herr!' Und so wird Gott, der Vater, geehrt." Philipper 2,9–11

Viele Bibelstellen, die sich mit der Erfüllung von Prophetien befassen, laden uns zu einem heiligen Leben in einer unheiligen Zeit ein. An dieser Stelle begegnen wir einem Lobpreis Jesu, der zu den erhabensten der Bibel gehört.

Wir sollten nicht vergessen, dass Jesaja, wann immer er vom Kommen Jesu spricht, Christus als den leidenden Gottesknecht beschreibt. Die Textstellen über die Wiederkunft Jesu stellen uns aber einen Christus vor Augen, der in großer Macht und Herrlichkeit wiederkommt. Auch das Buch der Offenbarung zeigt uns Jesus immer in Macht und Herrlichkeit, dem in alle Ewigkeit Gehorsam und Ehre gebührt.

Wie die meisten Christen habe auch ich die Bibel immer wieder gelesen, vor allem das Johannesevangelium. Aber in den Berichten über das erste Kommen Jesu wird dieser uns immer als der leidende Erlöser gezeigt, der auf seine göttlichen Privilegien verzichtete. Dort, in Gottes Gegenwart, war er einmal Herrscher über alle Engelscharen. Er gab diesen Thron jedoch auf und nahm Menschengestalt an. In dieser Erniedrigung ist er für alle Menschen in den Tod gegangen (Hebräer 2,9) und hat sogar den Verbrechertod am Kreuz auf sich genommen (Philipper 2,8).

Paulus weist auf die Demut Jesu hin, um Christen überall auf der Welt zu ermutigen, nicht höher von sich selbst zu denken, als ihnen zusteht. Aber der Grund, warum ich die Offenbarung so sehr liebe, liegt darin, dass sie uns Jesus immer so zeigt, wie er jetzt ist und für immer sein wird – als der, dem Ehre und Anbetung gebührt.

Paulus macht das in unserem heutigen Text klar, wenn er lehrt, dass einmal alle im Himmel, auf der Erde und unter der Erde ihre Knie vor Jesus beugen und bekennen müssen, dass er der Herr ist – zur Ehre Gottes, des Vaters.

Dieses Ereignis wird nicht für alle zur selben Zeit stattfinden, denn während Christen bereits vor dem Richterstuhl Jesu auf die Knie fallen werden (Römer 14,10), wird diese Zeit für alle, die nicht an Gott geglaubt haben, erst am Ende des Tausendjährigen Reiches kommen, dann, wenn sie vor Gottes großem weißen Thron stehen und gerichtet werden (Offenbarung 20,1–11).

Vielleicht fragen Sie sich, warum Gott die gesamte Menschheit auf die Knie zwingt und dieses Bekenntnis von ihr verlangt. Am Tag des Jüngsten Gerichts wird Jesus von allen Menschen als der erkannt werden, der er ist – Gottes Sohn, der für die Sünde der Menschheit starb –, auch wenn ihm viele während ihres irdischen Lebens diese Anerkennung verweigert haben. Leider wird ihr Bekenntnis dann aber zu spät kommen. Sie werden in einen See aus Feuer geworfen, den man „den zweiten, den endgültigen Tod" nennt (Offenbarung 20,14). Alle Atheisten und Skeptiker und alle Gotteslästerer werden letztendlich ihren Irrtum zugeben müssen. Aber es sind nicht nur die unverhohlenen Atheisten und Spötter, die von Jesus gerichtet werden. Alle, die Jesus nicht angebetet haben, wird das gleiche Schicksal treffen.

Während meines zweijährigen Dienstes in der amerikanischen Luftwaffe stieß mich der gotteslästerliche Gebrauch des Namens Jesu sehr ab. Ich kann noch heute nicht widerstehen, jeden zu korrigieren, der in diesem Namen flucht. Vor kurzem hörte ich, dass jemand im Flugzeug fluchte. Ich sagte: „Wissen Sie nicht, dass die Bibel lehrt, dass Sie einmal Ihre Knie im Namen Jesu beugen und ihn vor Gott als Herrn bekennen müssen?"

„Wo steht das?", wollte er wissen.

Ich zeigte ihm die Stelle.

„Ach, das mit dem Fluchen ist nur so eine Gewohnheit", meinte er. „Das hat nichts zu bedeuten." Das ist natürlich nicht die Wahrheit. Zumindest erweist er Jesus, dem Herrn, keinen Respekt. Diese fehlende Achtung wird ihn am Tag des Gerichts in große Schwierigkeiten bringen, denn dort wird er über jedes „unnütze" Wort, das je aus seinem Mund kam, Rechenschaft ablegen müssen (Matthäus 12,36). „Denn wovon das Herz voll ist, davon redet der Mund", sagt Jesus (Matthäus 12,34).

Wenn ich über das Evangelium predige, versuche ich aufzuzeigen, dass am Tag des Gerichts einmal alle Menschen vor Jesus auf die Knie fallen werden, wenn er auf dem großen weißen Thron Gottes sitzt (Johannes 5,22). Eines Tages werden alle bekennen müssen, dass Jesus der Herr ist (Philipper 2,1). Das ist die unausweichliche Wahrheit der Bibel! Es ist entschieden besser, diese Wahrheit schon jetzt zu bekennen, denn wenn wir es nicht tun, wird es Auswirkungen auf unser Leben in der Ewigkeit haben.

Gebet für den heutigen Tag

Lieber himmlischer Vater, ich will gerne vor dir bekennen, dass Jesus, dein Sohn, mein Herr und Retter ist. Vergib mir, wenn ich seinen Namen missbrauche. Ich liebe und achte ihn mehr als alles andere. Ich kann wie Thomas sagen, dass du mein Herr und mein Gott bist (Johannes 20,28). Hilf mir, meinen Glauben auch vor anderen zu bekennen, damit auch sie ihre Knie vor ihm beugen und ihn schon hier und jetzt mit ihrem Mund als Herrn bekennen und es nicht erst in der Ewigkeit tun müssen. Das bitte ich in Jesu Namen, Amen.

51 Seid standhaft in eurem himmlischen Bürgerrecht

„Wir dagegen haben schon jetzt Bürgerrecht im Himmel, bei Gott. Von dort her erwarten wir auch unseren Retter, Jesus Christus, den Herrn. Er wird unseren schwachen, vergänglichen Körper verwandeln, sodass er genauso herrlich und unvergänglich wird wie der Körper, den er selber

seit seiner Auferstehung hat. Denn er hat die Macht, alles seiner Herrschaft zu unterwerfen.

Also, meine geliebten Brüder und Schwestern, nach denen ich mich sehne, meine Freude und mein Siegeskranz: Steht fest in der Kraft, die der Herr euch schenkt, meine Lieben!"

Philipper 3,20–4,1

Jeder, der nach einer Auslandsreise wieder in die USA zurückkommt, wird es schätzen, Amerikaner zu sein. In der langen Schlange vor dem Schalter für Ausländer stehen alle, die keinen amerikanischen Ausweis besitzen. Die kürzere Schlange, bei der es auch schneller vorangeht, steht am Schalter „Nur für amerikanische Staatsbürger". Wir brauchen nur unseren blaugrauen Reisepass vorzuzeigen, auf dem sich das amerikanische Wappen befindet, um in der Heimat willkommen geheißen zu werden.

Wir Christen sind Bürger des Himmels. Der Status unserer Wiedergeburt befähigt uns wie ein Reisepass, als Bürger dieses Reiches „im Herrn fest zu stehen". Unser himmlisches Bürgerrecht berechtigt uns dazu, ins Vaterhaus einzutreten.

Die kommende Auferstehung unseres Körpers ist eine letzte Ehre, die den Bürgern dieses Königreichs bei dem Betreten ihres himmlischen Heimatlandes verliehen wird. Sie hat zwar noch nicht stattgefunden, wird uns aber von Jesus zugesagt. Durch sie öffnen sich für uns die Türen zu allen Verheißungen Gottes: zur Entrückung, zur Auferstehung, zum Richterstuhl Christi, zum siebenjährigen Besuch im Vaterhaus, zur Hochzeit und zum Hochzeitsmahl des Lammes, zur Wiederkunft Jesu in Herrlichkeit, zur Herrschaft mit ihm in den folgenden 1 000 Jahren und schließlich zur Ewigkeit im Himmel.

Vor einigen Jahren ging ich mit meinem 16-jährigen Enkel auf den Gebetsberg am Lake Hume. Ich habe noch immer ein Foto von ihm, auf dem im Hintergrund die wunderschönen Berge und Täler zu sehen sind. Wir beteten dort oben miteinander, nur wir zwei. Dann fragte ich ihn, wie er sich seine Zukunft vorstelle.

„Ich weiß nicht", sagte er, „aber ich hoffe, sie wird aufregend sein."

Keiner von uns beiden konnte zu diesem Zeitpunkt wissen, dass die aufregende Zukunft, die er sich erhoffte, auch einen schrecklichen Motorradunfall mit einschließen würde. Diese Motorradfahrt endete damit, dass er bei Tempo 100 einen Salto durch die Luft machte. Als er wieder auf dem Boden aufkam, waren drei Wirbel in seinem Rückgrat gebrochen. Zum Glück hatte Gott dafür gesorgt, dass eine erfahrene Krankenschwester zur Stelle war, die keinem erlaubte, ihn zu bewegen, bis er ins Krankenhaus geflogen werden konnte. Dort musste er vier Monate lang in einem Streckverband liegen, bis seine Wirbel wieder geheilt waren. Er ist heute zu 98 Prozent wiederhergestellt, was ein wirkliches Wunder ist. Dafür danken wir Gott sehr!

Keiner von uns weiß, was uns auf dieser Erde noch erwarten wird. Aber in dem Augenblick, in dem Christus vom Himmel ruft und uns zu sich ins Vaterhaus befiehlt, werden wir uns auf eine überaus aufregende Reise begeben. Paulus zitiert Jesaja, wenn er über unsere endgültige Bestimmung spricht: „Was kein Auge jemals gesehen und kein Ohr gehört hat, das hält Gott für die bereit, die ihn lieben“ (1. Korinther 2,9).

Die Zukunft, die Bürger des Himmels erwartet, übersteigt unser Vorstellungsvermögen. Es ist darum kein Wunder, dass Paulus die Christen aller Zeiten auffordert, „im Herrn fest zu stehen“. Wir sollen allen Versuchungen, Schwierigkeiten und Rückschlägen, die uns begegnen, in der Kraft widerstehen, die Gott uns schenkt. Wir sollen Gottes Wort lieben und es studieren, damit wir die richtige Perspektive gewinnen. Es gibt heute leider viel zu wenige Gemeinden, in denen die prophetischen Wahrheiten gelehrt werden, die Gottes einmaligen Plan für seine Kinder enthüllen. Das regelmäßige Lesen in der Bibel wird aber die Hoffnung und das Warten auf Gottes Zukunft in uns wach halten.

Solche Gedanken werden dazu beitragen, dass wir vor Gott bestehen können, ohne Entschuldigungen und Ausflüchte suchen zu müssen. Eines Tages werden wir dann sehen, wie sich Gottes unglaubliche Verheißungen erfüllen. Die aufregendsten und herrlichsten Tage unseres Lebens liegen noch vor uns. Studieren Sie das Wort Gottes und freuen Sie sich darauf! Denken Sie über seine Herrlichkeit nach! Und schließen Sie jedes Gebet mit den Worten: „Ja, Herr Jesus, komme bald!“

Gebet für den heutigen Tag

Lieber himmlischer Vater, danke, dass du mich all das Gute sehen lässt, das du für meine Zukunft geplant hast. Ich gebe offen zu, dass ich diese Segnungen nicht verdiene, aber ich danke dir dafür, dass sie ein Teil deines großen Erlösungsgeschenkes sind. Hilf mir, dass ich einmal ohne Entschuldigungen, Kompromisse oder Murren vor Jesu Angesicht stehen kann. Fülle mich mit deinem Heiligen Geist, damit ich meinen Glauben vor allen bekennen kann, die Bürger des Himmels werden sollen. Das bete ich in Jesu Namen, Amen.

52 Der Sieg seiner Wiederkunft

„Durch einen Menschen kam der Tod. So kommt auch durch einen Menschen die Auferstehung vom Tod. Alle Menschen gehören zu Adam, darum müssen sie sterben; aber durch die Verbindung mit Christus wird ihnen das neue Leben geschenkt werden.

Doch das alles geschieht zu seiner Zeit und in seiner vorbestimmten Ordnung: Als Erster wurde Christus vom Tod auferweckt. Wenn er wiederkommt, werden die auferweckt, die zu ihm gehören. Dann ist das Ende da: Christus übergibt die Herrschaft Gott, dem Vater, nachdem er alles vernichtet hat, was sich gegen Gott erhebt und was Macht und Herrschaft beansprucht.

Denn Christus muss so lange herrschen, bis er alle Feinde unter seinen Füßen hat. Als letzten Feind vernichtet er den Tod. [...]

Wie kannst du nur so fragen! Wenn du einen Samen ausgesät hast, muss er zuerst sterben, damit die Pflanze leben kann. Du säst nicht die ausgewachsene Pflanze, sondern nur den Samen, ein Weizenkorn oder irgendein anderes Korn. Gott gibt aber jedem Samen, wenn er keimt, den Pflanzenkörper, den er für ihn bestimmt hat. Jede Samenart erhält ihre besondere Gestalt. Auch die Lebewesen haben ja nicht alle ein und die-

selbe Gestalt. Menschen haben eine andere Gestalt als Tiere, Vögel eine andere als Fische.

Außer den Körpern auf der Erde gibt es auch noch solche am Himmel. Die Himmelskörper haben eine andere Schönheit als die Körper auf der Erde, und unter ihnen leuchtet die Sonne anders als der Mond, der Mond wieder anders als die Sterne. Auch die einzelnen Sterne unterscheiden sich voneinander durch ihren Glanz.

So könnt ihr euch auch ein Bild von der Auferstehung der Toten machen. Was in die Erde gelegt wird, ist vergänglich; aber was zum neuen Leben erweckt wird, ist unvergänglich. Was in die Erde gelegt wird, ist armselig; aber was zum neuen Leben erweckt wird, ist voll Herrlichkeit. Was in die Erde gelegt wird, ist hinfällig; aber was zum neuen Leben erweckt wird, ist voll Kraft. Was in die Erde gelegt wird, war von natürlichem Leben beseelt; aber was zu neuem Leben erwacht, wird ganz vom Geist Gottes beseelt sein.

Wenn es einen natürlichen Körper gibt, muss es auch einen vom Geist beseelten Körper geben. [...]

Wenn das geschieht, wenn das Vergängliche mit Unvergänglichkeit überkleidet wird und das Sterbliche mit Unsterblichkeit, dann wird das Prophetenwort wahr:

‚Der Tod ist vernichtet!
Der Sieg ist vollkommen!
Tod, wo ist dein Sieg?
Tod, wo ist deine Macht?'

Die Macht des Todes kommt von der Sünde. Die Sünde aber hat ihre Kraft aus dem Gesetz. Dank sei Gott, der uns durch Jesus Christus, unseren Herrn, den Sieg schenkt!

Darum, meine lieben Brüder und Schwestern, werdet fest und unerschütterlich in eurem Glauben und tut stets euer Bestes für die Sache des Herrn. Ihr wisst, dass der Herr euren Einsatz belohnen wird."

1. Korinther 15,21–26.36–44.54–58

Ein Skeptiker fragte mich einmal: „Wie ist es möglich, dass ein Christ, der als Matrose im Meer beigesetzt wird, eines Tages wieder auferweckt werden kann?" Ohne meine Antwort abzuwarten, fuhr er spöttisch fort: „Nehmen wir einmal an, dass sein Leichnam von

Fischen gefressen wird, die dann ihrerseits Fischern ins Netz gehen. Dann werden sie in eine Konservenfabrik gebracht und in Dosen konserviert, damit sie von anderen Menschen verzehrt und auf natürlichem Wege wieder ausgeschieden werden. Wie soll Gott den Körper dieses Matrosen je wieder auferwecken?"

Sein Gottesbild war, wie bei den meisten Skeptikern, einfach zu klein! Auch wenn Gottes Wege unergründlich sind (Römer 11,33), haben wir dennoch gewisse Vorstellungen davon, wie eine solche Auferstehung vor sich gehen kann. Denken Sie nur an die zahllosen Märtyrer, deren Körper verbrannt wurden und sich anscheinend in Rauch auflösten. Die Auferstehung wird selbst die mit einschließen, deren Körper schon vor vielen Jahrhunderten gestorben und völlig verwest sind. Sie wird auch die betreffen, deren Körper beerdigt wurden oder sich durch radikale Formen der Verwesung aufgelöst haben.

Gott ist durchaus in der Lage, sich um solche Dinge zu kümmern. Aber alle, die stets eine wissenschaftliche Erklärung brauchen, sollten daran denken, dass Materie von uns weder erschaffen noch vernichtet werden kann. Auch wenn ein Körper zu Staub oder Asche zerfällt, werden die Elemente, aus denen diese Person besteht, nie aus dem Universum verschwinden. Für einen Gott, der das ganze Universum ins Dasein gerufen hat, ist es ein Leichtes, die Elemente aller, die je auf dieser Erde gelebt haben, wieder zusammenzurufen und ihnen bei der Auferstehung eine neue Form zu geben. Millionen von Christen sind inzwischen gestorben, und nur ein unendlicher, allmächtiger Gott kann alle ihre Elemente im Auge behalten und am Tage ihrer Auferstehung wieder zusammenfügen. Wenn er in der Lage war, unsere Welt mit all ihren komplexen Details durch ein einziges Wort ins Dasein zu rufen, dann kann er uns sicherlich auch wieder zum Leben erwecken und eine neue und bessere Gestalt schenken.

Auch Paulus weist darauf hin, dass unsere vergänglichen Körper plötzlich verwandelt werden – innerhalb eines Augenblicks – und dass alle Toten zu unvergänglichem Leben auferweckt werden (1. Korinther 15,51–52). Am Tage der Auferstehung werden unsere verwesten Körper einschließlich all ihrer Elemente in einem Sekundenbruchteil verwandelt werden, wo immer sie auf der Erde zerstreut sind.

Auch wenn uns Menschen der Gedanke an den Tod immer beunruhigen wird, bezeichnet Paulus ihn an dieser Stelle als einen „Stachel", der keine Macht hat. Es tut uns eine Zeit lang weh, wenn wir unsere Lieben zu Grabe tragen, doch wenn sie Christen sind, wird unser Abschied nicht endgültig sein. Sterben ist ein vorübergehender Abschied, der wieder aufgehoben wird, wenn der Tod, unser letzter Feind, vernichtet wird. Und wann wird das geschehen? Dann, wenn Christus wiederkommt!

Bevor Jesus wiederkommt, um sein Reich auf dieser Erde aufzurichten, wird er seine Gemeinde zu sich holen. Da sie in den vergangenen 2 000 Jahren immer weiter gewachsen ist, liegen die Körper von vielen Millionen in ihren Gräbern, während Seele und Geist schon bei Gott sind. Aber das wird sich am Tage der Auferstehung innerhalb eines Augenblicks ändern, wenn ihre frühere Persönlichkeit in einem neuen, unvergänglichen Körper wiederhergestellt wird, der dem Auferstehungsleib Christi ähnlich sein wird. Paulus ruft uns unseren Sieg in Erinnerung, wenn er sagt: „Dann werden wir immer beim Herrn sein" (1. Thessalonicher 4,17).

Vor dem Hintergrund dieses Bibelverses wird uns noch deutlicher, was Jesus am Kreuz alles für uns bewirkt hat: Er hat die Schuld für unsere Sünden bezahlt und das Gericht auf sich genommen, damit wir ewiges Leben haben können. Dieses Bewusstsein sollte unser Leben bestimmen: „Darum, meine lieben Brüder und Schwestern, werdet fest und unerschütterlich in eurem Glauben und tut stets euer Bestes für die Sache des Herrn. Ihr wisst, dass der Herr euren Einsatz belohnen wird" (1. Korinther 15,58).

Es war ein bitterkalter Wintermorgen in unserer ersten Pfarrei in Minneapolis, als ein Schreiner in der Turnhalle eine Sperrholzplatte befestigte. Er und ich waren die beiden Einzigen, die sich in der Gemeinde aufhielten, und ich konnte ihn von meinem warmen Büro aus hämmern hören. Als ich zu ihm ging, um ein wenig mit ihm zu plaudern, sah ich, dass er bei seiner Arbeit dicke Handschuhe trug. Als ich ihn fragte, warum er diese Arbeit an einem so kalten Tag mache, entgegnete er: „Pastor, ich habe nicht die Gabe, eine Sonntagsschule zu leiten, aber ich kann den Raum fertig machen, in dem es ein anderer tun wird. Ich arbeite hier, weil ich etwas tue, das Ewigkeitswert hat." Das ist nun beinahe 50 Jahre her. Dieser Handwerker ist inzwischen viele Jahre tot, aber seine Werke werden ihm in den Himmel folgen. Vergangenes Jahr, als ich diese Gemeinde wieder besuchte, hielt ich mich in genau diesem Raum auf. Es gibt heute etwa 70 Jungen und Mädchen, die dort von Jesus hören. Ich weiß, dass die Mühe meines Schreinerfreundes nicht vergeblich war.

Gebet für den heutigen Tag

Lieber himmlischer Vater, ich danke dir, dass du mich gerettet hast und mir die Chance gibst, mein Leben in etwas zu investieren, das für die Ewigkeit Bestand hat. Hilf mir, alle Gelegenheiten zu nutzen, anderen von deiner Liebe zu erzählen. Ich möchte ein sinnerfülltes Leben führen, vor allem angesichts der Tatsache, dass Jesus bald wiederkommt. Das bete ich in seinem Namen, Amen.

53 Falsche Lehrer und Propheten

„Der Geist Gottes sagt durch den Mund von Propheten klar und deutlich voraus, dass in den letzten Tagen dieser Welt manche den Glauben preisgeben werden. Sie werden sich Leuten anschließen, die sie mit ihren Eingebungen betrügen, und werden den Lehren dunkler Mächte folgen.

Diese Leute sind scheinheilige Lügner, die ein schuldbeladenes Gewissen haben. Sie lehren, dass Christen nicht heiraten dürfen, und verbieten ihnen, bestimmte Speisen zu essen – während doch Gott diese Speisen geschaffen hat. Wer Christus angenommen und die Wahrheit erkannt hat, darf sie essen, nachdem er das Dankgebet darüber gesprochen hat.

Denn alles, was Gott geschaffen hat, ist gut. Wir brauchen nichts davon abzulehnen, sondern dürfen alles essen, nachdem wir Gott dafür gedankt haben. Es wird durch das Wort Gottes und durch das Gebet rein.

Wenn du den Brüdern und Schwestern diese Anweisungen gibst, bist du ein guter Diener von Jesus Christus. Als solcher nährst du dich vom Wort Gottes und von der wahren Lehre, die du dir zur Richtschnur genommen hast. Gottlose und kindische Spekulationen über die Anfänge der Welt dagegen musst du ablehnen.

Übe dich darin, Gott zu gehorchen! Sich in körperlichen Entbehrungen zu üben, bringt wenig Nutzen. Aber sich im Gehorsam gegen Gott zu üben, ist für alles gut; denn es bringt Gottes Segen für dieses und für das zukünftige Leben.

Dies ist ein wahres Wort und verdient volles Vertrauen."

1. Timotheus 4,1–9

Hin und wieder gelingt es meiner Frau, mich zum Einkaufen mitzunehmen. Bei einer dieser Gelegenheiten lief mir ein gut aussehender junger Mann über den Weg, der mir eine religiöse Zeitschrift verkaufen wollte. Das Erste, das mir an ihm auffiel, war sein glasiger Blick, der fast an Hypnose erinnerte. Dann bemerkte ich ein Namensschild, das ihn als Mitglied einer Sekte auswies. Ich kannte diese Sekte gut genug, um zu wissen, dass ihr Gründer den Anspruch erhob, der Messias zu sein. Darum sagte ich zu dem jungen Mann: „Ihr Gründer kann unmöglich der Messias sein, denn Jesus Christus ist der einzige Messias." Als er zu protestieren versuchte, zitierte ich die Bibel: „Jesus sagte: Ich bin der Weg, die Wahrheit und das Leben. Niemand kommt zum Vater außer durch mich" (Johannes 14,6; Einheitsübersetzung). An diesem Punkt griff meine Frau ins Gespräch ein und fügte hinzu: „Ihr Gründer ist nicht für Ihre Sünden gestorben. Er kann Sie gar nicht retten. Das kann nur Jesus allein." Die Augen des jungen Mannes füllten sich plötzlich mit Tränen. Er gab zu, dass er christlich erzogen worden sei, und erkannte bald, dass er auf eine üble Täuschung hereingefallen war.

Das Neue Testament warnt uns davor, dass in den letzten Tagen solche Täuschungen zunehmen werden. Die Kirche hat schon immer falsche Lehrer, falsche Propheten und Betrüger angezogen, die von sich behaupteten, der Messias zu sein. Es scheint aber, dass sich immer mehr Menschen solchen Betrügern anschließen und den Lehren dunkler Mächte folgen. Wer sich mit der Welt der Geister umgibt, ignoriert aber die wirkliche Welt. Die Theosophie bezog ihre Lehre durch direkte Kanäle aus dieser Geisterwelt. Alice Bailey, die die meisten ihrer Lehren aufgeschrieben hat, gab zu, dass sie ein Medium für Geister war, die mit unserer Welt in Verbindung treten wollten. Auch Brigham Young und viele andere behaupten, ihre Inspirationen aus solchen Quellen zu beziehen. Jesus sagte: „Aber wenn der Helfer kommt, der Geist der Wahrheit, wird er euch anleiten, in der vollen Wahrheit zu leben" (Johannes 16,13). Es ist heute unbedingt erforderlich, alle Lehrer am Wort Gottes zu prüfen, vor allem jene, die den Anspruch erheben, der Welt neue Wahrheiten zu verkünden. Wenn uns der Heilige Geist zu etwas inspiriert, werden seine Anweisungen immer mit der Bibel übereinstimmen, die er ebenfalls inspirierte. Gott will uns nicht verwirren; er wird nichts sagen, das im Widerspruch zu seinem Wort steht.

Dr. Harry Ironside, einer meiner Helden im Kampf um die Wahrheit, pflegte zu sagen: „Bei jeder neuen Wahrheit ist Vorsicht geboten, denn es ist ziemlich wahrscheinlich, dass sie nicht wahr ist!" Unsere Botschaft verändert sich nicht. Sie ist eine Botschaft, die „den Heiligen ein für alle Mal anvertraut worden ist" (Judas 3).

Eine Dame stürmte eines Sonntags mit den Worten aus der Kirche: „Sie predigen ja eine Botschaft, die 400 Jahre alt ist! Mich werden Sie so schnell nicht wiedersehen!" Ich antwortete: „Meine Liebe, meine Botschaft ist sogar noch älter, sie ist bereits über 1 900 Jahre alt. Es ist die gleiche Botschaft, die Jesus schon Petrus und Paulus gelehrt hat." Das schien sie aber nicht sonderlich zu beeindrucken. Solche Menschen lassen sich dafür umso leichter täuschen, weil sie ihr Ohr gerne den Lehren von Dämonen und Betrügern leihen.

Zu der Zeit, als Paulus lehrte, verbaten falsche Lehrer ihren Anhängern beispielsweise oft zu heiraten. Anstelle der gottgewollten Ordnung der Ehe befürworteten sie freien Sex oder Polygamie. Sekten fördern oft auf ähnliche Weise sexuelle Freizügigkeit. Sie neigen andererseits zu Gesetzlichkeit und verbieten bestimmte Speisen, als ob die Nahrung, die sie ihrem Körper zuführen, wichtiger wäre als das, womit sie ihre ewige Seele füttern.

Der Apostel Paulus fordert uns auf, für geistliche Fitness zu sorgen. Das ist etwas, dem wir in unserem Studium der endzeitlichen Texte schon öfter begegnet sind. Wohin man in der Bibel auch blickt, wir werden angesichts der Wiederkunft Jesu überall aufgefordert, ihm ähnlicher zu werden. Wenn es in Ihrem Leben Dinge gibt, die Gott missfallen, dann sollten Sie sofort darauf verzichten und damit beginnen, Ihr Leben in Übereinstimmung mit seinen Geboten zu führen. Schrauben Sie Ihre moralischen Maßstäbe nicht herunter. Leben Sie in der Wahrheit, dass Jesus wiederkommt und dass das schon bald passieren kann.

Gebet für den heutigen Tag

Lieber himmlischer Vater, ich danke dir für deinen wunderbaren Plan für mein Leben. Ich möchte ein Leben führen, das dir gefällt. Hilf mir, mich nach dem Himmel auszustrecken, dort, wo Christus auf seinem Thron sitzt. Hilf mir zu erkennen, dass ich alle Entscheidungen, die ich hier in diesem Leben treffe, im kommenden Leben verantworten muss. Hilf mir, zwischen Wahrheit und Lüge zu unterscheiden, damit ich nicht den Täuschungen falscher Lehren erliege, die immer mehr zuzunehmen scheinen. Das bete ich in Jesu Namen, Amen.

54 In neun Bereichen des Lebens siegreich

„Gewiss bringt es großen Gewinn, Gott zu dienen, wenn jemand nur sein Herz nicht an irdischen Besitz hängt. Was haben wir in die Welt mitgebracht? Nichts! Was können wir aus der Welt mitnehmen? Nichts! Wenn wir also Nahrung und Kleidung haben, soll uns das genügen.

Wer unbedingt reich werden möchte, gerät in Versuchung. Er verfängt sich in unsinnigen und schädlichen Wünschen, die ihn zugrunde richten und ins ewige Verderben stürzen. Denn Geldgier ist die Wurzel alles Bösen. Manche sind ihr so verfallen, dass sie dem Herrn untreu wurden und sich selbst die schlimmsten Qualen bereiteten.

Du aber gehörst Gott, deshalb fliehe vor alldem! Jage dagegen der Gerechtigkeit nach, der Gottesfurcht, dem Glauben, der Liebe, der Geduld und der Freundlichkeit! Kämpfe den guten Kampf des Glaubens, damit du das ewige Leben gewinnst, zu dem Gott dich berufen hat. Zu diesem Kampf hast du dich in besonderer Weise verpflichtet, als du vor vielen Zeugen das gute Bekenntnis abgelegt hast. Ich befehle dir vor Gott, von dem alles Leben kommt, und vor Jesus Christus, der vor Pontius Pilatus für das gute Bekenntnis eingetreten ist: Erfülle den Auftrag, der dir gegeben ist, so zuverlässig, dass dich kein Tadel trifft, und bleibe darin treu, bis Jesus Christus, unser Herr, kommt.

Wann das geschieht, das bestimmt Gott selbst, der in sich vollkommene und alleinige Herrscher, der König der Könige und Herr aller Herren. Er allein ist unsterblich. Er lebt in unzugänglichem Licht; kein Mensch hat ihn je gesehen, und keiner kann ihn jemals sehen. Ihm gehört Ehre und ewige Macht! Amen." 1. Timotheus 6,6–16

Vor kurzem kamen an einem einzigen Nachmittag fünf Menschen mit ihren Problemen zur Seelsorge und blieben jeweils eine Stunde lang. Ich hatte tiefes Mitgefühl mit ihren unterschiedlichen Problemen, und auch mich beschäftigte die Last, die sie zu tragen hatten, sehr. Der erste Ratsuchende, der an diesem Nachmittag zu mir kam, stand in der Gefahr, sein Leben durch Feindseligkeit und Aggressionen zu zerstören. Ein anderer litt unter Depressionen. Ein weiterer hatte sich in Verhaltensweisen verstrickt, die sein Leben aus dem Gleichgewicht brachten. Der Nächste litt unter Panikattacken. Sie hatten nur eines gemeinsam – sie glaubten alle, dass sie hoffnungslose Fälle seien. Welch ein Glück, dass Gott allen seinen Kindern helfen möchte!

Auch wenn es mich reizen würde, die prophetische Bedeutung dieser Bibelstelle zu beleuchten, möchte ich lieber die großartigen praktischen Anweisungen untersuchen, die sie enthält. Dieser Text beschäftigt sich mit den Früchten des Geistes und beschreibt, wie bedrängte und hoffnungslose Menschen in neun Lebensbereichen siegreich sein können:

1. *Gott sagt, dass wir uns mit dem zufrieden geben sollen, was wir haben* (Verse 6–10). Die übermäßige Liebe zum Geld führt unweigerlich zur Gier, die unser Leben und unser Zeugnis für Gott

zerstört, sodass wir uns auf das Kommen des Herrn nicht mehr vorbereiten.

2. *Der Heilige Geist möchte, dass wir uns um Gerechtigkeit bemühen* (Vers 11). Das bedeutet einfach, dass wir danach streben sollen, ein „ordentliches" Leben zu führen: Wir sollen gute Staatsbürger sein, unsere Steuern zahlen, nicht lügen und ein unbescholtenes Leben führen.
3. *Wir sollen ein Leben führen, das Gott gefällt.* Das ist die nächsthöhere geistliche Reifestufe. Wir sollen Gott in allen Dingen gehorchen, unsere Gedanken rein halten und uns um geistliches Wachstum bemühen.
4. *Wir sollen dem Glauben nachjagen.* In jedem Leben gibt es Zeiten der Prüfung, aber diese sollen uns nicht schaden, sondern uns in eine tiefere Abhängigkeit zu Gott führen. Es gibt Zeiten, in denen er diese Nöte zulässt, damit unser Durchhaltevermögen gestärkt wird. Im Jakobusbrief heißt es: „Meine Brüder und Schwestern, nehmt es als Grund zur Freude, wenn ihr in vielfältiger Weise auf die Probe gestellt werdet" (Jakobus 1,2). Jammern und Klagen hingegen machen alles nur noch schlimmer.
5. *Wir sollen der Liebe nachjagen.* Es gibt Menschen, die damit keine Mühe haben, aber die meisten von uns werden daran arbeiten müssen. Wir alle wünschen uns, geliebt zu werden. Und obwohl wir gerne bereit sind, die Liebenswerten zu lieben, möchte Gott, dass wir lernen, auch jene zu lieben, die nicht so liebenswert sind. Zum Glück müssen wir uns nicht aus eigener Kraft darum bemühen, sondern können Gott – die Quelle der Liebe – um Hilfe bitten, wenn wir Mühe haben, schwierige Menschen zu lieben. Petrus gibt uns den weisen Rat: „Vor allem lasst nicht nach in der Liebe zueinander! Denn die Liebe macht viele Sünden wieder gut" (1. Petrus 4,8). Wenn wir einen Menschen wirklich lieben, dann werden wir auch aufhören, immer nur seine Fehler zu sehen.
6. *Gott möchte, dass seine Kinder Geduld lernen.* Einige von uns haben diese Aufforderung nötiger als andere. Eine meiner Lieblingsbibelstellen lautet: „Ihr braucht Kraft zum Durchhalten, damit ihr weiterhin tut, was Gott von euch will, und so auch bekommt, was er versprochen hat" (Hebräer 10,36). Ich

bewundere alle, die von Natur aus geduldig sind, wahrscheinlich weil ich mich um diese Tugend stärker als um andere bemühen muss. Meine Großmutter pflegte zu sagen, dass Geduld gleich nach der Gottesfurcht kommt. Das könnte gut sein, da Gott auch ihre Quelle ist.

7. *Gott möchte, dass seine Kinder sich darum bemühen, freundlich zu sein.* Freundlichkeit ist eine Folge von Sanftmütigkeit. Ist Ihnen schon einmal aufgefallen, wie unbekümmert stolze Menschen über andere hinweggehen? Freundliche Menschen sind anders. Bemühen Sie sich deshalb um Freundlichkeit, und bitten Sie Gott, Ihnen ein demütiges Herz zu schenken.
8. *Gott fordert uns auf, den guten Kampf des Glaubens zu kämpfen.* Wir sollten die Bibel gut genug kennen, um unseren Glauben verteidigen zu können. Das ist in Zeiten, in denen falsche Lehrer immer häufiger auftauchen, unverzichtbar. Wir sollten mehr denn je um Klarheit der Lehre in unserer saft- und kraftlosen, seichten Kultur beten.
9. *Wir sollen am ewigen Leben festhalten, zu dem Gott uns berufen hat.* Das Erstaunliche beim Lesen der Bibel ist, dass man ihren Urheber umso mehr liebt und ihm umso mehr vertraut, je besser man sein Buch kennt. Und je mehr wir ihrem Urheber vertrauen, desto mehr werden wir auch in der Lage sein, am ewigen Leben festzuhalten.

Neulich sagte eine Dame im Flugzeug zu mir: „Ja, ich habe mich einmal für Jesus entschieden, aber ich weiß nicht, ob das heute noch Gültigkeit hat." Auf mein Nachfragen hin gab sie zu, dass sie nur selten zur Kirche geht, nie in der Bibel liest und nur dann betet, wenn sie in Schwierigkeiten ist. Es gibt viele Menschen, die behaupten, Jesus zu lieben, den sie einmal angenommen haben, aber er ist für sie nicht real. Wenn wir nicht regelmäßig in der Bibel lesen, werden wir Gott nie wirklich kennen lernen und nicht die Gewissheit haben, dass wir die Ewigkeit mit ihm verbringen werden.

Was Paulus Timotheus hier empfiehlt, deckt sich im Grunde mit einer anderen Stelle im Galaterbrief (Galater 5,15–24). Christen sollten unter der Leitung des Heiligen Geistes diese neun Geistesfrüchte in ihrem Leben entfalten. Ich habe im Laufe meiner langjährigen Seelsorgepraxis gelernt, dass diese Geistesfrüchte allen unseren menschlichen Schwachheiten wirklich mehr als gewachsen sind. Worin auch immer Ihre schlimmste Sünde besteht, lassen Sie sich vom Heiligen Geist leiten, wenn Sie in der Bibel lesen und Gottes Wort studieren. Vertrauen Sie sich ihm ganz an.

Gebet für den heutigen Tag

Lieber himmlischer Vater, danke, dass du mich aufforderst, mich intensiver und beständiger mit deinem Wort zu beschäftigen. Ich habe schon oft versucht, darin treu zu sein, aber dieses Mal ist es mir wirklich ernst. Hilf mir, meiner Seele häufiger geistliche Nahrung zuzuführen. Ich will bereit sein, wenn Jesus wiederkommt, und ich weiß, dass das regelmäßige Lesen in deinem Wort wesentlich dazu beiträgt. Das bete ich in Jesu Namen, Amen.

55 Unser Barmherzigkeitsquotient wird aufgedeckt werden

„Deshalb hatte er gerade mit mir Erbarmen und wollte an mir als Erstem seine ganze Geduld zeigen. Er wollte mit mir ein Beispiel aufstellen, was für Menschen künftig durch den Glauben – das Vertauen auf ihn – zum ewigen Leben kommen können. Gott, der ewige König, der unsterbliche, unsichtbare und einzige Gott, sei dafür in alle Ewigkeit geehrt und gepriesen! Amen.

Mein Sohn Timotheus, ich lege dir den Auftrag, mit dem ich dich zurückließ, erneut ans Herz. Er entspricht den prophetischen Worten, die über dich ergangen waren. Erinnere dich an sie und schöpfe aus ihnen Kraft für den guten Kampf, den du zu kämpfen hast."

1. Timotheus 1,16–18

Eine der Seligpreisungen fordert uns heraus: „Freuen dürfen sich alle, die barmherzig sind – Gott wird auch mit ihnen barmherzig sein" (Matthäus 5,7). Jesus wird ein Königreich aufrichten, in dem es keine Armee, keine Nation oder militärische Macht gibt. Anstatt seine Nachfolger zu den Waffen zu rufen, sagt er, dass alle sich freuen dürfen, die barmherzig sind, Frieden stiften, ein reines Herz haben und um der Gerechtigkeit willen verfolgt werden. Das scheint uns kaum der geeignete Weg zu sein, um ein Königreich zu gründen, das sich über die ganze Erde erstrecken wird. Es ist dennoch ein Rezept, das zum Sieg führt.

Wenn Jesus kommt, wird er seine Nachfolger nach ihrem Verhalten beurteilen. Er wird von diesen Männern und Frauen nicht nur erwarten, dass sie an ihn glaubten, sondern auch Charakterstärke und Integrität aufwiesen und ein Leben in der Abhängigkeit von Gott führten. Er wird auch erwarten, dass sie barmherzig waren.

Der griechische Geschäftsmann Onesiphorus, der vielleicht auch römischer Bürger war, war ein engagierter Christ. Manche gehen davon aus, dass er während einer von Paulus' Missionsreisen zum Glauben an Jesus gekommen war. Am Leben dieses Mannes fällt besonders auf, dass er Paulus Barmherzigkeit erwiesen hat. Zuerst in Ephesus, wo er ihm 18 Monate lang diente, als Paulus dort Pastor war. „Sobald er hier in Rom ankam", schreibt Paulus, „hat er nach mir gesucht, bis er mich fand" (2. Timotheus 1,17).

Es war nicht leicht, Paulus zu finden, denn obwohl er römischer Bürger war, musste er endlos lange darauf warten, dass sein Fall am römischen Gerichtshof aufgerollt wurde. Die Regierung kümmerte sich wenig um das leibliche Wohl der Gefangenen. Folglich waren Gefangene wie Paulus auf die Barmherzigkeit anderer angewiesen, die ihm warme Kleidung und andere Dinge brachten, die er brauchte. Onesiphorus half ihm offensichtlich. Die Folge davon war, dass Paulus Gott darum bat, Onesiphorus und seiner Familie am Tage des Gerichts die gleiche Barmherzigkeit zu erweisen.

Jesus hat versprochen, dass er nichts von dem vergessen wird, was wir in seinem Namen getan haben, wenn er auf seinem Richterstuhl sitzt. „Wer einen Propheten aufnimmt, weil er ein Prophet ist, wird auch wie ein Prophet belohnt. Wer einen Gerechten aufnimmt, weil er ein Gerechter ist, wird auch wie ein Gerechter belohnt" (Matthäus 10,41). Er wird eines Tages den Propheten und den Gerechten ihren Lohn geben, und alle, die solchen Menschen Barmherzigkeit erwiesen haben, werden an diesem Lohn teilhaben.

Wir haben einen Gott, der nur darauf wartet, uns belohnen zu dürfen. Er möchte, dass wir uns im Himmel riesige Schätze ansammeln, indem wir unsere Talente und Gaben zu seiner Ehre einsetzen. Das werden manchmal große Taten sein, die von vielen gesehen werden. In den meisten Fällen werden es aber einfache Taten der Barmherzigkeit sein, die größtenteils unbemerkt blieben. Wenn wir barmherzig sind, weil wir Gott lieben, wird er sich eines Tages daran erinnern und auch zu uns barmherzig sein.

Nach Abschluss des Gymnasiums ging ich ans *Moody Bible Institute*, um dort ein Semester lang unter Dr. Wilbur M. Smith zu studieren. Seine Lehre sollte mein Bibelverständnis für die nächsten 50 Jahre prägen. Ich dachte, dass meine Ersparnisse für das ganze Semester reichen würden, aber kurz vor dem Schlussexamen musste ich feststellen, dass mir das Geld ausgegangen war. Doch in meiner Post befand sich ein Brief mit einem Scheck über 50 Dollar. Er stammte vom Leiter unserer Sonntagsschule, der auf einem beiliegenden Zettel schrieb: „Gott hat mich gebeten, dir diesen Betrag zu schicken." Es war das erste Mal, dass mir etwas Derartiges passierte. Dieser Akt der Barmherzigkeit hat nicht nur meinem finanziellen Mangel abgeholfen, sondern auch dazu geführt, dass ich – wie Paulus – Gott bat, dass er diesem Mann und seiner Familie ihre Barmherzigkeit mir gegenüber reichlich vergelten würde.

Gebet für den heutigen Tag

Lieber himmlischer Vater, ich staune darüber, wie sehr deine Barmherzigkeit davon abhängt, ob auch wir im Namen Jesu anderen Barmherzigkeit erweisen. Ich muss bekennen, dass ich mich um die Bedürfnisse anderer oft nicht genug gekümmert habe. Hilf mir, für alle sensibler zu werden, die du mir über den Weg schickst, und mache mich bereit, mich ihnen barmherzig zuzuwenden und ihrem Mangel abzuhelfen. In Jesu Namen, Amen.

56 Unsere Gesellschaft vor der Wiederkunft Jesu

„Das musst du wissen: In der letzten Zeit vor dem Ende der Welt stehen uns schlimme Zustände bevor. Die Menschen werden selbstsüchtig, geldgierig, prahlerisch und eingebildet sein. Sie werden Gott lästern, ihren Eltern nicht gehorchen und vor nichts mehr Ehrfurcht haben. Sie sind undankbar, lieblos und unversöhnlich, verleumderisch, unbeherrscht und gewalttätig, sie hassen das Gute, sind untreu und unzuverlässig und aufgeblasen vor Überheblichkeit. Sie kümmern sich nicht um das, was Gott Freude macht, sondern suchen nur das, was ihre eigene Lust vermehrt. Sie geben sich zwar den Anschein der Frömmigkeit, aber von der wahren Lehre, von der Kraft, aus der echte Frömmigkeit lebt, wollen sie nichts wissen. Halte dich von diesen Menschen fern!"

2\. Timotheus 3,1–5

Immer, wenn wir denken, dass es nicht mehr schlimmer kommen kann, kommt es noch schlimmer. Die moralischen Maßstäbe unserer Kultur scheinen auf den tiefstmöglichen Stand gesunken zu sein. Ich erinnere mich noch gut daran, als in der Presse zum ersten Mal öffentlich über das letzte Tabu, nämlich Pädophilie, diskutiert wurde. Der Verfasser dieses Artikels vertrat die Meinung, dass Kindesmissbrauch in unserem Land eines Tages legal sein wird. Ich hielt diesen Gedanken für absolut verrückt. Aus jüngsten Pressemeldungen geht nun hervor, dass eine nationale Psychologenvereinigung einen Bericht in Umlauf setzte, nach dem Pädophilie für Kinder vermutlich bei weitem nicht so schlimm sei, wie man ursprünglich angenommen habe. Einige so genannte „Experten“ sprechen sich darin für ein Gesetz aus, das Kindesmissbrauch straffrei machen soll.

Normale Menschen sind völlig schockiert, wenn solche Vorschläge von „Autoritäten“ und „Experten“ auf diesem Gebiet kommen. Solche Ideen stammen meist von Menschen, deren Denken völlig säkularisiert ist, vorzugsweise von den Gebildeten unserer Zeit.

Es gab einmal ein Zeit, in der Ehebruch als Schande angesehen wurde. Heute wird allgemein angenommen, dass dies eine gültige Praxis ist. Gewaltverbrechen, die ständig über unsere Bildschirme flimmern, nehmen in vielen Städten immer mehr zu, auch unter Jugendlichen. Es gibt Zwölfjährige, die Waffen stehlen und damit zur Schule gehen, um ihre Mitschüler zu erschießen. Aber die amerikanische Gesellschaft weigert sich anzuerkennen, dass unsere Gesellschaft moralisch krank ist. Unser Land wurde einmal auf biblischen und christlichen Grundgesetzen gegründet. Die Größe Amerikas in den ersten 250 Jahren seines Bestehens ist meines Erachtens allein dieser Grundlage zuzuschreiben.

Aber daran hat sich vieles geändert. Um 1980 herum lautete die säkulare Parole: „Wir wollen uns vom Glauben keine moralischen Werte überstülpen lassen!“ Beten und Bibellesen in der Schule wurden für ungesetzlich erklärt. Abtreibung wurde im Namen der Wissenschaft legalisiert. Das hohe Ideal christlicher Liebe ist in freie Liebe und Entspannungssex entartet.

Das alles ist für Gott aber keine Überraschung. Unser Text spricht davon, dass diese schlimmen Zustände ein Zeichen dafür sind, dass das Ende der Welt näher kommt. Ein säkularer Reporter prägte für das, was in der Bibel als „Ende der Welt“ bezeichnet wird (Matthäus 13,40), den Ausdruck „Ende der Geschichte“. Beachten Sie die Liste der 18 negativen Eigenschaften, die Menschen in diesen letzten Tagen kennzeichnen werden: Sie werden „selbstsüchtig sein, habgierig, prahlerisch, überheblich, bösartig, ungehorsam gegen die Eltern, undankbar, ohne Ehrfurcht, lieblos, unversöhnlich, verleumderisch, unbeherrscht, rücksichtslos, roh, heimtückisch, verwegen, hochmütig, mehr dem Vergnügen als Gott zugewandt“ (2. Timotheus 3,2–4; Einheitsübersetzung).

Schreiben Sie diese 18 Merkmale für die letzten Tage auf die linke Seite eines Blattes Papier. Notieren Sie dann rechts daneben, welche davon in unserer Zeit erkennbar sind. Dieser elementare Vergleich wird Ihnen bestätigen, dass wir vom Ende der Welt sicherlich nicht mehr allzu weit entfernt sind.

Welche Ratschläge hat Paulus für Menschen, die in jener Zeit leben? Er sagte: „Halte dich von diesen Menschen fern!“ (2. Timotheus 3,5). Mit anderen Worten: „Verbringe deine Zeit nicht mit solchen Menschen, sonst wirst du genauso wie sie.“ Von Charlie Jones stammt der klassische Ausspruch: „Alles, was wir heute sind, ist eine Folge der Bücher, die wir in den vergangenen zehn Jahren gelesen haben, und der Menschen, mit denen wir uns umgeben haben.“ Dieser Satz von Jones stimmt auch mit einem anderen klassischen Ausspruch überein: „Wir sind heute das Ergebnis davon, wozu man uns gemacht hat.“ Die Bibel spricht ganz eindeutig darüber, dass unsere Welt im (moralischen) Chaos versinken wird, wenn wir uns den letzten Tagen nähern. Dann wird auch die Entrückung der Gemeinde kommen.

Gebet für den heutigen Tag

Lieber himmlischer Vater, hilf mir, ein Leben zu führen, das dir gefällt und für die Menschen in meiner Umgebung motivierend ist. Schenke mir bitte Freunde, die mir immer wieder sagen, wenn ich in meinem Leben den falschen Weg einschlage. Hilf mir, enge Beziehungen mit allen aufzugeben, die mich daran hindern, mich auf den großen Tag vorzubereiten, an dem Jesus seine Gemeinde zu sich holen wird. Das bitte ich in Jesu Namen, Amen.

57

Alle, die sein Kommen sehnsüchtig erwarten

„Ich ermahne dich nachdrücklich vor Gott und vor Jesus Christus, der alle Menschen richten wird, die Lebenden und die Toten! Ich beschwöre dich, so gewiss Christus erscheinen und seine Herrschaft aufrichten wird: Verkünde den Menschen die Botschaft Gottes, gleichgültig, ob es ihnen passt oder nicht! Rede ihnen ins Gewissen, weise sie zurecht und ermutige sie! Werde nicht müde, ihnen den rechten Weg zu zeigen!

Denn es wird eine Zeit kommen, da werden sie die gesunde Lehre unerträglich finden und sich Lehrer nach ihrem Geschmack aussuchen, die sagen, was ihnen die Ohren kitzelt. Sie werden nicht mehr auf die Wahrheit hören, sondern sich fruchtlosen Spekulationen zuwenden. Du aber musst in jeder Hinsicht ein klares Urteil behalten. Mach dir nichts daraus, wenn du dafür leiden musst. Erfülle deinen Auftrag als Verkünder der Guten Nachricht; tu deinen Dienst mit ganzer Hingabe.

Für mich ist nun die Zeit gekommen, dass mein Blut wie ein Trankopfer ausgegossen wird und ich aus diesem Leben scheide. Ich habe den guten Kampf des Glaubens gekämpft. Ich bin am Ziel des Wettlaufs, zu dem ich angetreten bin. Ich habe den Glauben unversehrt bewahrt und weitergegeben. Nun wartet auf mich der Siegeskranz, mit dem der Herr, der gerechte Richter, mich an seinem Gerichtstag belohnen wird – und nicht nur mich, sondern alle, die sehnlich darauf gewartet haben, dass er kommt." 2. Timotheus 4,1–8

Paulus hatte viele Freunde – Lukas, Barnabas, Titus, Onesimus, Silas und Johannes Markus. Aber unter allen, die Paulus zu Christus führte und zum Dienst ermutigte, hatte Timotheus augenscheinlich seine größte Zuneigung gewonnen. Die engagiertesten Diener Jesu Christi scheinen sich immer bestimmte Jünger auszuwählen, denen sie die Botschaft des Evangeliums anvertrauen. Es genügt ihnen meist nicht, solche Menschen nur zu Jesus zu führen. Sie wünschen sich, dass diese Nachfolger zu Menschen werden, an die sie die gute Nachricht wie eine brennende Fackel weitergeben können.

Paulus schärfte seinem jungen Freund unter anderem besonders ein, wie wichtig es ist, dass wir unser Leben aus der Perspektive der Wiederkunft Jesu betrachten. Diese Botschaft an Timotheus, den er seinen „lieben Sohn“ im Glauben nennt (1. Timotheus 1,2), ist nur ein Beispiel dafür. Paulus schrieb diesen Brief im Gefängnis, kurz bevor er wegen seines Glaubens enthauptet wurde. Darin ermahnte er seinen „Sohn“ eindringlich zum treuen Dienst „vor Gott und vor Jesus Christus, der alle Menschen richten wird, die Lebenden und Toten“. Er beschwor ihn dazu, „so gewiss Christus erscheinen und seine Herrschaft aufrichten wird“.

Paulus nahm sowohl auf die Wiederkunft Jesu als auch auf die damit verbundenen Gerichte Bezug. Christus wird „alle Lebenden“ richten, wenn er kommt. Das heißt, dass einmal alle Christen vor dem Richterstuhl Jesu erscheinen müssen. Dort werden sie entweder für ihren treuen Dienst belohnt, oder sie werden einen Teil dieses Lohnes verlieren, weil sie es versäumt haben, während ihres irdischen Lebens auch anderen zu dienen.

Die zweite von Paulus erwähnte Gruppe sind „die Toten“. Damit sind meines Erachtens alle gemeint, die keine lebensrettende Beziehung zu Gott eingegangen sind. Paulus beschrieb sie an anderer Stelle als Menschen, die tot sind, auch wenn sie noch leben (1. Timotheus 5,6). Sie sind tot, auch wenn sie physisch am Leben sind, weil sie den Erlöser nicht in ihr Leben aufgenommen haben.

Paulus wollte am Ende seines Lebens Timotheus und alle, die Christus nachfolgen, nochmals herausfordern. Er wusste, dass er bald sterben würde, und wollte darum Timotheus auffordern, Jesus auch dann zu dienen, wenn er nicht mehr da war. Im Einzelnen gibt Paulus damit allen, die sich wünschen, für das Kommen Christi bereit zu sein, fünf Aufgaben:

1. *Predige das Wort Gottes!* Timotheus sollte weder menschliche Weisheiten noch irgendwelche weltlichen Theorien predigen. Er sollte alle zurechtweisen, die sich nicht auf dem rechten Weg befanden, und alle anderen ermutigen, ihr Leben an Jesus aus-

zurichten, damit ihr Interesse an der „guten Lehre“ nicht verloren ging.

2. *Bewahre dir ein klares, nüchternes Urteil!* Denn „euer Feind, der Teufel, schleicht um die Herde wie ein hungriger Löwe. Er wartet nur darauf, dass er jemand von euch verschlingen kann“ (1. Petrus 5,8). Eine Herde braucht Hirten, die treu über sie wachen und sie vor allen Fallen und Irrtümern warnen.
3. *Fürchte dich nicht vor den Leiden, die über dich kommen werden!* Diese Leiden werden manchmal von Seiten der Nichtchristen und manchmal von eigensinnigen Gemeindegliedern auf uns zukommen.
4. *Verkünde das Evangelium und bemühe dich, andere zu Christus zu führen!* Das sollte das Ziel aller Gläubigen sein.
5. *Erfülle den Auftrag, den Gott dir gegeben hat!* Auch das betrifft jeden von uns. Setzen Sie alle Ihre Gaben und Talente ein, so lange Sie leben! Wenn Sie ein Sänger sind, dann hören Sie nicht auf, zur Ehre Gottes zu singen! Wenn Sie ein Lehrer sind, dann lehren Sie weiter! Wenn Sie die Gabe der Barmherzigkeit haben, dann sollten Sie weiterhin barmherzig sein! Aber Paulus macht auch deutlich: Was immer ihr tut, „tut alles zur Ehre Gottes“ (1. Korinther 10,31).

Jesus wird wiederkommen, und Paulus wollte, dass Timotheus in der Lage war, Rechenschaft darüber abzulegen, wie er seine Talente hier in diesem Leben gebraucht hatte. Auch wir sind zu Dienern Gottes geworden, als wir ihm unser Leben anvertraut haben. Davor haben wir nur uns selbst gedient. Jetzt aber, da wir Christen sind, werden wir von Paulus aufgefordert, allein Christus zu dienen, bis er kommt und uns zu sich holt.

Ich stehe nun schon seit über 52 Jahren im Dienste der Verkündigung. Und 37 Jahre davon diente ich in drei unterschiedlichen Gemeinden als Pastor. Ich reise heute noch immer herum und halte in Gemeinden oder auf Tagungen jährlich etwa 40 Vorträge zum Thema Prophetie. Ich werde immer das Herz eines Hirten haben. Auch jetzt, wenn ich an meine wachsende Leserschar denke, fühle ich mich ihnen wie Gliedern meiner Gemeinde verbunden. Ich wünsche mir sehr, dass jeder meiner Leser Gott einmal zu sich sagen hört, nachdem dieser seine Werke geprüft hat: „Sehr gut, du bist ein tüchtiger und treuer Diener. Du hast dich in kleinen Dingen als zuverlässig erwiesen, darum werde ich dir auch Größeres anvertrauen. Komm zum Freudenfest deines Herrn!" (Matthäus 25,23).

Gebet für den heutigen Tag

Lieber himmlischer Vater, ich empfinde es als ein großes Vorrecht, dir als dein Kind dienen zu dürfen. Vergib mir, wenn ich es meinen Sorgen und Problemen erlaube, mich so sehr in Besitz zu nehmen, dass sie meine Kräfte aufzehren und meinen Dienst beeinträchtigen. Ich freue mich schon darauf, wenn du wiederkommst, und will meine Augen nicht nur auf irdische, sondern auch auf himmlische Dinge gerichtet halten. Hilf mir, damit ich heute vor lauter Geschäftigkeit nicht übersehe, dass es um mich herum Menschen gibt, die den kommenden Retter genauso brauchen wie ich. Das bete ich in seinem Namen, Amen.

58 Die Krone der Gerechtigkeit

„Nun wartet auf mich der Siegeskranz, mit dem der Herr, der gerechte Richter, mich an seinem Gerichtstag belohnen wird – und nicht nur mich, sondern alle, die sehnlich darauf gewartet haben, dass er kommt."

2. Timotheus 4,8

Ich denke, dass dieser Text eine der kostbarsten Zusagen der Bibel enthält. Jeder Gläubige wird beim Kommen Christi einen Siegeskranz erhalten (in anderen Bibelübersetzungen ist von einer Krone die Rede). Der Apostel Paulus beeinflusste vermutlich die Christenheit mehr als jeder andere Mensch der Geschichte. Er setzte sich stärker für Gottes Reich ein als jeder andere, und er bleibt auch das beste Vorbild dafür, wie man als Christ leben soll.

Die Auferstehung Jesu ist der äußerste Beweis dafür, dass es Gott gibt. Auf dieses Wunder der Auferstehung ist auch die große Veränderung im Leben des Paulus zurückzuführen, nachdem er Christus auf dem Weg nach Damaskus begegnet war. Der Auferstandene stellte sein Leben völlig auf den Kopf, sodass aus dem schlimmsten Verfolger der Urgemeinde ihr größter Förderer wurde. Skeptiker, die nicht an die Auferstehung Christi glauben, können diese Veränderung, die mit Paulus vor sich ging, weder verstehen noch erklären.

Auch die Wiederkunft Jesu wird ähnlich wie die Auferstehung unglaubliche Auswirkungen auf alle Gläubigen haben. Während wir uns darauf vorbereiten, sollten wir uns darum bemühen, geistlich zu wachsen und ihm immer ähnlicher zu werden. Der Wunsch, bei seinem Kommen ganz rein zu sein, ist vielleicht einer der Gründe, warum Gott plant, dass dieses Kommen wie „ein Dieb in der Nacht" (1. Thessalonicher 5,2) sein wird.

Vor kurzem berichtete ein Redner auf einer Tagung über Prophetie von einer Begegnung mit Dr. John Walvoord, dem ehemaligen Rektor und emeritierten Professor für systematische Theologie am Theologischen Seminar in Dallas. Nachdem dieser 69 Jahre lang über Prophetie gelehrt hatte und im Alter von 89 an einer gebrochenen Hüfte (und anderen körperlichen Beschwerden) litt, war Dr. Walvoord immer noch ein eifriger Redner, hatte aber einen Freund gebeten, notfalls für ihn einzuspringen. Auf diese Weise konnte er seine Vortragstätigkeit auch weiterhin planen. Er ist nach meiner Ansicht ein sicherer Anwärter auf die Krone der Gerechtigkeit, denn es ist nicht zu übersehen, dass er sehnsüchtig auf das Kommen Jesu wartet und alles dafür tut, dass die Menschen vorbereitet sind.

Worin wird dieser Siegeskranz bzw. die Krone der Gerechtigkeit bestehen? Mit dieser Auszeichnung sind die Insignien der Gläubigen gemeint, die „tausend Jahre lang mit Christus herrschen" werden (Offenbarung 20,6). Kronen sind ein Symbol für Herrschaft und Leitung. Sie werden von Königen getragen, nicht von Dienern. Die Krone der Gerechtigkeit ist also das, womit ein Christ belohnt wird, wenn er sich auf das Kommen Jesu freut und seine ganze Kraft für das Voranbringen des Evangeliums einsetzt. Er wird diese Krone 1 000 Jahre lang tragen und sie wird sein Leben in alle Ewigkeit auszeichnen.

Dr. M. R. DeHaan sagte einmal: „Zu Christus zu kommen kostet uns nichts, aber Christus zu dienen wird uns alles kosten." Aber jedes Opfer, das wir bringen, weil dieses Ereignis – die Wiederkunft Jesu – für uns das wichtigste Ereignis überhaupt ist, wird vergessen sein, sobald wir diese Krone der Gerechtigkeit bekommen, die ewig Bestand haben wird.

Gebet für den heutigen Tag

Lieber Vater, ich bin so reich damit beschenkt, dass du deinen Sohn gesandt hast, um für meine Sünden zu sterben. Du forderst mich nun heraus, mein Leben in Abhängigkeit von dir zu leben und dir in Treue zu dienen. Du hast versprochen, dass ich eines Tages eine Krone bekommen werde, wenn ich mich täglich von der Liebe zu Jesus und zu seinem Kommen motivieren lasse. Brenne darum die Verheißung der Wiederkunft Jesu tief in mein Herz ein, damit ich mich für die richtigen Dinge entscheide und meine Kraft in Dinge investiere, die ewig Bestand haben werden! Das bete ich in Jesu Namen, Amen.

59 Schätze im Himmel sammeln

„Denn die rettende Gnade Gottes ist offenbar geworden und sie gilt allen Menschen. Sie bringt uns dazu, dass wir dem Ungehorsam gegen Gott den Abschied geben, den Begierden, die uns umstricken, und besonnen, gerecht und fromm in dieser Welt leben, als Menschen, die auf die beseligende Erfüllung ihrer Hoffnung warten und darauf, dass unser großer Gott und Retter Jesus Christus in seiner Herrlichkeit erscheint. Er hat sein Leben für uns gegeben, um uns von aller Schuld zu befreien und

sich so ein reines Volk zu schaffen, das nur ihm gehört und alles daransetzt, das Gute zu tun." Titus 2,11–14

Paulus forderte Titus und die Gemeindeglieder in Kreta auf, nach der „seligen Hoffnung" (der Entrückung) und seinem glorreichen Erscheinen (in großer Macht und Herrlichkeit) Ausschau zu halten. Das sollte sie motivieren, als Menschen zu leben, die von der Macht der Sünde befreit sind. Christen, die von der Wiederkunft Jesu zu Recht begeistert sind, werden immer ein starkes Interesse daran haben, Jesus auch schon hier in diesem Leben zu dienen.

Im Gespräch mit Menschen, die eine unserer Tagungen über Prophetie besuchten, stellte ich fest, dass die meisten von ihnen Gott in irgendeiner Form dienten. Sie unterrichteten in Sonntagsschulen, leiteten Bibelgruppen oder Hauskreise, führten Menschen zu Jesus, waren Diakone usw. Diesen Tagungsteilnehmern steht nicht mehr Zeit zur Verfügung als anderen Menschen. Aber die Liebe zu Jesus und die Vorfreude auf seine Wiederkunft erweckten eine Leidenschaft bei ihnen, anderen ebenfalls mehr darüber zu erzählen. Sie kennen den Lohn, der sie erwartet. Sie haben verstanden, dass jetzt die Zeit ist, um sich Schätze im Himmel zu sammeln (Matthäus 6,20), und dass ihr Lebensstil auch Auswirkungen auf die Ewigkeit haben wird.

In meiner Kindheit bewohnten wir zwei Zimmer eines Einfamilienhauses zur Miete. Die Hauswirtin kümmerte sich um meinen kleinen Bruder, während meine verwitwete Mutter in der Fabrik arbeitete. Diese Frau und ihr Mann waren Christen, die jeden Sonntag zur Kirche gingen. Sonst gab es jedoch kaum Hinweise darauf, dass sie gläubig waren. Eines Abends zeigte uns dieser Mann seine „Schatzkiste", in der er alles aufbewahrte, was er im Laufe seines Lebens gefunden hatte. Es gab da alte Münzen, Schmuckstücke, Ringe und Schlösser mit einem kleinen Schlüssel. Ich dachte schon damals, als ich noch zur Highschool ging, dass all diese Schätze wertlos seien. Es war auffallend, wie lebhaft dieser Mann wurde, wenn er seine Schätze hervorholte. Meine Mutter kommentierte später seine Begeisterung: „In der Hoffnung, irgendwelchen Kram auf dem Boden zu finden, hat er vermutlich ganz vergessen, nach oben in die Bäume zu blicken oder irgendetwas sonst von Gottes wunderbarer Schöpfung wahrzunehmen."

Dieser Mann ist völlig anders als Mr. Jolliffe, ein Fabrikarbeiter, den ich früher einmal kannte. Mr. Jolliffe, der die Pfadfindergruppe unserer Gemeinde leitete, liebte Jesus, und sein Schatz war, dass er wusste, dass Jesus wiederkommen wird. Nachdem mein eigener Vater gestorben war, wurde er für mich zum Ersatzvater. Durch ihn lernte ich, wie man mit anderen Jungen zurechtkommt und wie man in den Wäldern überlebt. Er war vor allem ein Mann, zu dem ich aufblicken und dessen Vorbild ich folgen konnte, als ich älter wurde. Er hat mein Leben von der sechsten bis zur zwölften Klasse beeinflusst. Er schien sich nie viel aus Gartenarbeit zu machen und hatte nur wenig Interesse daran, an seinem alten Auto herumzubasteln. Aber er kümmerte sich gerne um Jugendliche. Einige von ihnen sind später als Missionare und Pfarrer in die ganze Welt hinausgegangen.

Der erste Mensch, dem ich nach meiner Rückkehr aus dem Sommerlager erzählte, dass ich mein Leben Jesus anvertraut hatte, war Mr. Jolliffe. Seine Augen füllten sich mit Tränen und ich kann seine herzliche Umarmung heute noch spüren. Ich wusste damals im Alter von 15, dass ich die richtige Entscheidung getroffen hatte, weil sie von Mr. Jolliffe bestätigt wurde. Ich werde eines Tages mit großer Begeisterung zusehen, wenn dieser Mann vor dem Richterstuhl Christi steht und seinen Lohn in Empfang nimmt. Ich hoffe, dass ich vielleicht sogar als Zeuge aufgerufen werde, um zu seinen Gunsten auszusagen. Er war ein Mensch, der immer alles daransetzte, das Gute zu tun.

Gebet für den heutigen Tag

Lieber Vater, danke, dass du mir die Augen dafür geöffnet hast, dass einmal ein Tag kommen wird, an dem diese Welt und alles, was in ihr ist, zu Ende ist. Hilf mir, mich immer daran zu erinnern, wie kurz dieses Leben im Vergleich zur Ewigkeit ist und dass ich das Kommen Christi nie aus den Augen verlieren darf, wenn ich in meinem Leben Entscheidungen treffen muss. In Jesu Namen, Amen.

60 Der Blick in die Zukunft

„Ich beschwöre dich bei Gott und bei Christus Jesus, dem kommenden Richter der Lebenden und der Toten, bei seinem Erscheinen und bei seinem Reich." 2. Timotheus 4,1; Einheitsübersetzung

In den letzten Jahren haben eine Reihe von Wissenschaftlern und Schriftstellern begonnen, einen interessanten Begriff zu verwenden, der oftmals vor dem Hintergrund unserer weltpolitischen Lage ihre eigene Weltuntergangsstimmung zum Ausdruck bringt. Sie sprechen vom „Ende der Geschichte". Wir sind, wie manche annehmen, die gebildetste und kultivierteste Generation der Geschichte. Gemessen an den Kriegen und deren Opfer sind wir aber vermutlich auch die grausamste und unzivilisierteste Generation, die es je gegeben hat. Man schätzt, dass allein im vergangenen Jahrhundert etwa 180 Millionen Menschen von ihren Zeitgenossen getötet wurden.

Nur wenige Historiker werden leugnen, dass sich unsere Welt auf direktem Weg zu ihrer Vernichtung befindet. Bakteriologische Kriegsführung und die Existenz von atomaren Waffen machen unsere Welt zu einem schrecklichen Ort. Wenn man bedenkt, dass solche Waffen auch Terroristen in die Hände fallen könnten, ist es schwer, zuversichtlich in die Zukunft zu blicken.

Aber Christen haben das Glück, dass sie wissen, was die Zukunft bringen wird. Wir haben – so Petrus – zuverlässige prophetische Voraussagen, nach denen wir uns richten können (2. Petrus 1,19). Diese zuverlässigen Worte malen uns ein optimistisches Bild vor Augen. Wir haben allen Grund, zuversichtlich zu sein. Diese Welt wird sich nicht selbst vernichten. Es ist durchaus möglich, dass infolge der kontinuierlichen menschlichen Bosheiten und Unmenschlichkeit schwierige Zeiten auf uns zukommen. Doch selbst wenn wir in einer schrecklichen Zeit leben, wird es niemanden geben, der diese Erde vernichtet. Gott hat uns durch seine Propheten mitgeteilt, dass er große Pläne für diese Welt und die Menschen hat, die auf ihr leben. Auch nach der Entrückung der Gemeinde wird es noch viele Menschen geben, die weiterhin auf dieser Erde leben werden, weil sie Jesus nicht als ihren persönlichen Retter angenommen haben. Die meisten dieser Zurückgelassenen werden dann in der siebenjährigen Trübsalzeit dem Antichristen folgen. Doch es wird auch eine „große Schar aus allen Nationen und Stämmen, Völkern und Sprachen" geben, so groß, dass niemand sie zählen kann (Offenbarung 7,9), die auf die Predigt der 144 000 jüdischen Zeugen hören wird, durch die Gott sein Evangelium verkündet.

Es steht darum außer Zweifel, dass sich die Menschheit nicht selbst auslöschen wird, so schlimm es auch um sie stehen mag, denn in der Trübsalzeit wird es noch Milliarden von Menschen auf dieser Erde geben. Aber das ist noch nicht alles. Nach der Trübsalzeit wird Jesus wiederkommen, um die Völker dieser Erde zu richten und seine Herrschaft hier auf dieser Erde aufzurichten. Die jüdischen Propheten sprechen oft von diesem zukünftigen Reich, in dem der Messias herrschen wird, und auch Jesus hat davon berichtet, als er auf der Erde war. In Offenbarung 20 wird ganz besonders darauf eingegangen. Johannes schreibt dort sechsmal, dass Jesu Königreich tausend Jahre lang dauern wird.

Ob Sie es glauben oder nicht: Unsere Zukunft ist äußerst viel versprechend! Was auch immer die Unheilspropheten unserer Welt vorhersagen, Gott sagt, dass er einen wunderbaren Plan für sie hat. Und das alles wird damit beginnen, dass Jesus auf diese Erde zurückkommt und sein Königreich auf ihr errichtet.

Die Frage, um die es im Grunde geht, lautet: Sind Sie bereit? Haben Sie Gottes Rettungsangebot angenommen? Wenn ja, dann wird Jesus Sie bei der Entrückung zu sich holen und Sie dürfen sieben Jahre lang die Pracht und Herrlichkeit des Vaterhauses genießen. Danach werden Sie mit ihm auf diese Erde zurückkommen, wenn er in göttlicher Macht und Herrlichkeit am Himmel erscheint. Und Sie werden tausend Jahre lang mit ihm herrschen (Offenbarung 20,6). Könnte es etwas Besseres geben?

Wenn Sie jedoch noch nicht Christ sind, dann ist jetzt ein guter Zeitpunkt, um Ihre Entscheidung zu überdenken und Gottes ausgestreckte Hand zu ergreifen. Er hat den Preis für Ihre Rettung schon bezahlt. Sie ist für Sie völlig umsonst. Sie brauchen sie nur anzunehmen. Aber lassen Sie sich nicht zu viel Zeit dafür! Nehmen Sie dieses Geschenk an! Sie müssen dann nicht zurückbleiben, wenn Jesus seine Gemeinde zu sich holt.

Gebet für den heutigen Tag

Lieber himmlischer Vater, ich danke dir für den wunderbaren Plan, den du für meine Zukunft und die Zukunft aller hast, die „sein Kommen und seine Herrschaft" lieben. Danke für den flüchtigen Blick, den wir schon jetzt in diese Zukunft werfen dürfen. Ich fühle mich sehr gesegnet, dass ich dein Kind sein darf, und ich will mich dir zur Verfügung stellen. Herr, gebrauche mich heute, das bitte ich in Jesu Namen, Amen.

61 Gefäße für sein Königreich

„Ich beschwöre dich bei Gott und bei Christus Jesus, dem kommenden Richter der Lebenden und der Toten, bei seinem Erscheinen und bei seinem Reich." 2. Timotheus 4,1; Einheitsübersetzung

Heute ist der zweite von mehreren Tagen, an denen wir über diese eine Bibelstelle nachdenken werden. Haben Sie noch Zweifel daran, wie wichtig sie ist? Paulus schrieb diese Worte am Ende seines Lebens nieder, um seinem jungen „Lehrling" ein Vermächtnis zu hinterlassen. Er appellierte an Timotheus, niemals aus den Augen zu verlieren, dass uns Jesus am Ende dafür richten wird – wenn er kommt, um seine Herrschaft aufzurichten –, wie wir gelebt haben.

Nachdem Paulus seinem Herrn und Retter sein ganzes Leben lang gedient hatte, wusste er, dass sein Tod kurz bevorstand. Er sagte: „Ich habe den guten Kampf des Glaubens gekämpft. Ich bin am Ziel des Wettlaufs, zu dem ich angetreten bin. Ich habe den Glauben unversehrt bewahrt“ (2. Timotheus 4,7). Und er wusste, dass ihn ein Siegeskranz erwartet.

Paulus lädt mit diesen Worten Timotheus und uns alle, die seinen Brief lesen, ein, unseren Dienst auszuweiten, damit wir beim Kommen Jesu den vollen Segen in Empfang nehmen können. Jesus will uns nicht nur retten, er will uns auch in diesem wie im kommenden Leben segnen. Christen entscheiden sich manchmal dafür, ein selbstbezogenes Leben zu führen. Aber wir können uns auch dafür entscheiden, unser Leben in die Ewigkeit zu investieren. Diese Art zu leben wird Jesus mit Segen überschütten, wenn er kommt, um diese Erde zu richten.

Nach unserer Entscheidung für Christus werden wir von ihm gewissermaßen zu Haushaltern über unser Leben gemacht. Jesus möchte, dass wir ihm unser Leben zur Verfügung stellen, anstatt nur für uns selbst zu leben. Wir alle haben unterschiedliche Gaben, Fähigkeiten und Möglichkeiten. Paulus vergleicht unser Leben mit Gefäßen in einem großen Haus (2. Timotheus 2,20). Es gibt dort viele unterschiedliche Gefäße. Manche sind aus Gold oder Silber, andere aus Holz oder Ton, aber alle dienen zur Ehre Gottes, wenn sie ihm zur Verfügung gestellt werden.

Wir müssen nicht nervös werden, wenn wir den Eindruck haben, nur hölzerne Gefäße zu sein. Wir brauchen nicht mehr zu sein, als das, was er von uns zu sein verlangt. Es ist schon oft passiert, dass Gott sehr begabte Gefäße fallen gelassen hat, um ganz gewöhnlichen Gefäßen aus Holz oder Ton in seiner Gemeinde den Vorzug zu geben, weil diese bereit waren, ihm mit ganzem Herzen zu dienen. Aber Gott wird nie ein schmutziges Gefäß verwenden. Christen sollten lernen, demütig und in der Heiligung zu leben, um rein zu sein. Wenn sie ihr Leben so führen, dass Gott es gebrauchen und segnen kann, werden sie auch in der Lage sein, mit seiner Hilfe Dinge zu tun, die weit über ihre natürlichen Fähigkeiten hinausgehen.

Es stimmt, dass es in diesem Leben gewisse Ungerechtigkeiten zu geben scheint, wo unwürdige oder „aufgeblasene“ Christen mehr Ehre bekommen, als sie verdienen, während andere manchmal übersehen werden. Aber das letzte Kapitel ist noch nicht geschrieben. Wir brauchen nur darauf zu warten, dass Jesus wiederkommt und seine Herrschaft aufrichtet! Alle, die ihm in diesem Leben in Demut dienten, werden bei seinem Kommen belohnt werden. Manche, die heute zu den unbedeutendsten Dienern Jesu zählen, werden bei diesem Gericht erhöht werden, während andere, die sich heute selbst erhöhen, übergangen werden.

Lernen Sie, Ihr Leben in eine Sache zu investieren, die von Bedeutung ist. Sicher haben Sie in Ihrem Privatleben einige Erfahrungen mit Investitionen. Das Ziel besteht darin, sein Geld in ein Haus oder Aktien zu investieren, die dann zehn Jahre später doppelt so viel Wert hat. Gott wünscht sich, dass wir unser Leben dafür einsetzen, sein unsichtbares Königreich voranzubringen. Wenn wir uns Tag für Tag von ihm leiten lassen, wird er unser Leben gebrauchen und es segnen. Wir werden dann viel mehr erreichen, als wir je aus eigener Kraft erreicht hätten.

Gebet für den heutigen Tag

Lieber himmlischer Vater, danke, dass ich dir in diesem Leben dienen darf. Ich danke dir auch dafür, dass wir von Jesus eingeladen werden, ihm täglich treu zu dienen, denn er wird eines Tages wiederkommen und seine Diener belohnen. Er wird uns nicht für unsere Gaben oder unsere Effektivität belohnen, sondern für unsere Hingabe und unseren Gehorsam. Sollte es in meinem Leben etwas geben, das mich daran hindert, von deinem Heiligen Geist erfüllt und gebraucht zu werden, so decke es bitte auf, damit ich zu einem Gefäß werde, das du gebrauchen kannst. Das bete ich in Jesu Namen, Amen.

62 Dinge mit Ewigkeitswert

„Ich beschwöre dich bei Gott und bei Christus Jesus, dem kommenden Richter der Lebenden und der Toten, bei seinem Erscheinen und bei seinem Reich." 2. Timotheus 4,1; Einheitsübersetzung

Der Heilige Geist inspirierte unserer Ansicht nach den Apostel Paulus aus einem ganz besonderen Grund, das Erscheinen Christi und sein Reich in einem Atemzug zu nennen: Gott wünscht sich, dass wir so leben, dass wir uns das Privileg verdienen, ihm auch im kommenden Reich dienen zu dürfen. Wir haben in diesem Buch schon mehrere Male versucht, Sie daran zu erinnern, dass wir „tausend Jahre mit Christus herrschen" werden (Offenbarung 20,6). Aber das wird letztendlich direkt davon abhängen, wie wir ihm in diesem Leben hier auf Erden gedient haben.

Jesus sagte, dass er allen, die sich in kleinen Dingen als zuverlässig erweisen, einmal Größeres anvertrauen wird (Matthäus 25,21). Das heißt, wer Gott hier in Treue dient, wird eines Tages damit belohnt werden, dass er in seinem Tausendjährigen Reich einen Ehrenplatz einnimmt. Ich habe keine Bibelstelle gefunden, die besagt, dass wir Jesus auch im Himmel *dienen* werden, aber wer hätte dagegen etwas einzuwenden? Jesus dienen zu dürfen ist in jeder Welt ein Privileg.

Ich persönlich finde, dass das Leben immer dann am meisten Spaß macht, wenn man Gott dient. Meine Frau und ich sind sehr sportbegeistert und wir sehen uns gerne den „Super Bowl" beim Football an. Aber keiner von uns kann sich lange an den Punktestand der einzelnen Spiele erinnern oder daran, wer gewonnen hat. Es hat zwar Spaß gemacht, aber wenn die Zeit vergeht, verblassen diese Dinge wieder.

Im Gegensatz dazu freuen wir uns am meisten darüber, wenn wir unsere Kinder betrachten, die versuchen, Jesus nachzufolgen.

Oder wenn wir erleben, dass Menschen, die wir zum Glauben geführt haben, nun ihrerseits auch andere dazu einladen, ihr Leben Jesus anzuvertrauen. Sporttrophäen verlieren mit der Zeit ihren Glanz und werden eines Tages auf dem Müll landen. Aber alles, was wir im Namen Gottes getan haben, wird ewig Bestand haben.

Dr. Henry Brandt war einer der ersten christlichen Psychologen, die den Versuch unternahmen, alle Theorien humanistischer Psychologie am Wort Gottes zu prüfen. Er war der erste Psychologe, der Pfarrern empfahl, ihre schwierigen Fälle nicht an säkulare Psychologen oder Psychiater weiterzuleiten. Er trat dafür ein, unser Verhalten und unsere Einstellungen an Prinzipien anzugleichen, die im Wort Gottes zu finden sind. Wenn man Christen an atheistische Psychologen überweist, bringt man damit zum Ausdruck, dass Gott diesen Problemen nicht gewachsen ist. Dr. Brandt hat die Bibel lange studiert. In seinen Vorlesungen bietet er für die größten Probleme immer biblische Lösungen an.

Nachdem er lange als angesehener christlicher Berater gearbeitet hatte, erkrankte Dr. Brandt im Alter von 80 Jahren an Parkinson. Manchmal zittern seine Hände unkontrolliert beim Sprechen. Er hakt sie dann einfach in seinen Gürtel ein und spricht weiter. Als ich an seinem 84. Geburtstag anrief, um ihm zu gratulieren, stellte sich heraus, dass er gerade einen Monat in Afrika verbrachte, um den Pastoren vor Ort zu dienen. Er hat die ewigen Werte nicht aus seinen Augen verloren und erwartet Jesus und sein kommendes Reich.

Vielleicht fragen Sie sich, warum nicht mehr Christen Dr. Brandts Perspektive teilen. Dafür gibt es mehrere Gründe. Einer von ihnen ist sicher, dass viele von den Sorgen und Täuschungen dieser Welt gefangen genommen sind. Andere werden von der Sünde beherrscht, „die uns so leicht umgarnt“ (Hebräer 12,1).

Vor kurzem forderte der Pastor unsere Gemeinde auf, die nächste Phase unseres Gemeindeausbaus großzügig zu unterstützen und dafür in den kommenden drei Jahren 16 Millionen Dollar aufzubringen. Er sagte dabei unter anderem folgenden Satz: „Wenn man sie verkaufen würde, könnte man mit den Autos, die auf unserem Gemeindeparkplatz stehen, die nötigen 16 Millionen problemlos aufbringen.“ Am darauf folgenden Sonntag berichtete er, im Laufe der Woche sei ein Mann in sein Büro gekommen, habe den Schlüssel zu seinem Ferrari und die Fahrzeugpapiere auf den Schreibtisch gelegt und gesagt: „Dieses Auto bedeutet alles für mich. Das heißt, es bedeutet einfach zu viel für mich, darum will ich es Gott schenken. Bitte verkaufen Sie es und verwenden Sie das Geld für das neue Gebäude."

Alles, was zwischen uns und Gott steht und uns daran hindert, ihm unser ganzes Herz zu öffnen, ist die Sache nicht wert! Das erste Gebot ist auch der Schlüssel zu unserem Dienst. Jesus sagte: „Liebe den Herrn, deinen Gott, von ganzem Herzen, mit ganzem Willen und mit deinem ganzen Verstand!" (Matthäus 22,37). Keine irdische Sache, weder ein Auto noch irgendein anderer Götze, ist es wert, dass wir um die Möglichkeit betrogen werden, Gott einmal dienen zu dürfen. Jesus ist dabei, im Himmel eine Wohnung für uns vorzubereiten. Sein Kommen und sein Reich sind nahe. Sind Sie finanziell, physisch, psychologisch und spirituell bereit, ihm zu begegnen?

Gebet für den heutigen Tag

Lieber himmlischer Vater, es ist so leicht, unsere Augen von den ewigen Dingen abzuwenden und sie voller Sehnsucht den Dingen dieser Welt zuzuwenden. Hilf mir, dass ich jeden Tag im Licht der Wiederkunft Jesu lebe, der sein Königreich aufrichten wird. Ich möchte deinem Heiligen Geist erlauben, mich zu gebrauchen, damit auch andere sich auf sein Kommen vorbereiten. In Jesu Namen, Amen.

63 Der Lehre von seinem Kommen Ehre machen

„Die Sklaven und Sklavinnen sollen ihren Herren oder Herrinnen in allem gehorchen und ihnen zu Willen sein. Sie sollen ihnen nicht widersprechen und nichts unterschlagen, sondern ihnen treu und zuverlässig dienen. Mit allem, was sie tun, sollen sie der Lehre Gottes, unseres Retters, Ehre machen.

Denn die rettende Gnade Gottes ist offenbar geworden und sie gilt allen Menschen. Sie bringt uns dazu, dass wir dem Ungehorsam gegen Gott den Abschied geben, den Begierden, die uns umstricken, und besonnen, gerecht und fromm in dieser Welt leben, als Menschen, die auf die beseligende Erfüllung ihrer Hoffnung warten und darauf, dass unser großer Gott und Retter Jesus Christus in seiner Herrlichkeit erscheint. Er hat sein Leben für uns gegeben, um uns von aller Schuld zu befreien und sich so ein reines Volk zu schaffen, das nur ihm gehört und alles daransetzt, das Gute zu tun.

In diesem Sinn sollst du lehren, ermahnen und zurechtweisen. Tu es mit allem Nachdruck! Niemand darf deine Autorität anzweifeln."

Titus 2,9–15

Der kurze Brief an Titus ist voller praktischer Ermahnungen, wie man als Christ leben soll. Er spricht das Kommen des Herrn nur einmal an und unterscheidet dabei sehr deutlich zwischen Entrückung und glorreicher Wiederkunft.

Titus war wie Timotheus einer von Paulus' „Söhnen im Glauben". Man hatte ihm die Verantwortung für etwa 100 Gemeinden auf der Insel Kreta übertragen, wo viele Menschen zum Glauben an Christus gekommen waren. Wir haben es hier also mit dem Rat eines reifen Christen an einen jüngeren Pastor zu tun.

In Vers 10 dieses Briefes an Titus findet sich ein interessanter Ausdruck, dem wir auch heute nacheifern sollten. Paulus weist Titus an, christliche Sklaven anzuleiten, ihren Herren zu gehorchen, ihnen gefällig zu sein, ihnen nicht zu widersprechen, nichts zu veruntreuen, sondern in allem treu und zuverlässig zu sein. Warum sollten Sklaven für ihren Herren diese extra Meile gehen? Damit sie „der Lehre Gottes, unseres Retters, Ehre machen"!

Wir machen der Lehre Gottes Ehre, wenn wir ein authentisches Leben führen und niemandem Grund zum Anstoß geben. Die Bibel macht deutlich, dass Gott nicht lügen kann. Gott braucht sich nicht darum zu bemühen, wahrhaftig zu sein, denn er ist die Wahrheit „in Person". Deshalb sollten wir uns wie er mit dieser Tugend schmücken, damit die Nichtchristen an unserem Beispiel die verändernde Kraft des Evangeliums erkennen können. Die Bewohner von Kreta standen in dem Ruf, faul zu sein, zu lügen und zu stehlen. Darum wurden die Neubekehrten dazu angehalten, ein unbescholtenes Leben zu führen. Das sollte sie als Menschen ausweisen, die eine neue und persönliche Beziehung zu Gott eingegangen sind.

Paulus ermutigt Christen dazu, allem Ungehorsam und allen weltlichen Begierden zu entsagen. Er weist sie an, „besonnen, gerecht und fromm in dieser Welt zu leben, als Menschen, die auf die beseligende Erfüllung ihrer Hoffnung warten und darauf, dass unser großer Gott und Retter Jesus Christus in seiner Herrlichkeit erscheint". Das ist in der Tat auch eine kraftvolle Aufforderung an uns, angesichts der Entrückung, die von Paulus „selige Hoffnung" genannt wird, ein Leben zu führen, das sich von dem der Menschen unterscheidet, die keine Beziehung zu Gott haben.

Es ist nicht immer leicht, als Christ zu leben. Ohne die verwandelnde Kraft des Heiligen Geistes, der in uns wohnt, ist es überhaupt nicht möglich. Doch auch mit seiner Hilfe braucht es Zeit, unsere alten Gewohnheiten zu überwinden und so zu leben, dass wir anfangen, Gott mit unserem Leben zu ehren.

Paulus wollte diesen jungen Gläubigen Mut machen und stellte ihnen darum sowohl die „selige Hoffnung" als auch Jesu Wiederkunft in Aussicht. Es gibt zwei Dinge, die über das Kommen Jesu gesagt werden müssen:

Es ist unserer Ansicht nach gerechtfertigt, Christen aufzufordern, alle notwendigen Opfer zu bringen, um für das Kommen Jesu bereit zu sein. Wir haben in diesem Buch mehrfach darauf hingewiesen, dass es niemand nach der Entrückung bedauern wird, wenn er persönliche Opfer bringen musste, um als Christ zu leben. Die Versuchungen lassen nach einiger Zeit meist nach, und es wird für uns natürlicher, einen Lebensstil zu verfolgen, der Gott ehrt. Aber selbst wenn wir viele Jahre unter der Leitung des Heiligen Geistes gelebt haben, sollten wir unsere Augen bewusst auf die Entrückung der Gemeinde gerichtet halten, die ja jederzeit möglich ist. Diese Aussicht soll uns helfen, unser Leben immer aus dem richtigen Blickwinkel heraus zu betrachten.

Die Entrückung hat noch nicht stattgefunden! Die damals auf Kreta lebenden Christen waren gegen Ende des ersten Jahrhunderts alle tot. Und hier sind wir nun 1 900 Jahre später und fordern Menschen noch immer dazu auf, im Licht der Wiederkunft Jesu ein Leben in der Abhängigkeit von Gott zu führen.

Dennoch wird dieses Ereignis über kurz oder lang eintreffen, und wir möchten nicht, dass Ihnen wie den törichten Jungfrauen das Öl ausgeht, während Sie auf das Kommen des Bräutigams warten, so wie Jesus dies in einem Gleichnis erzählt. Wir müssen jederzeit bereit sein, ins Vaterhaus und zur Hochzeit des Lammes zu gehen. Wir müssen Gott an jedem Tag unser Leben wieder neu unterstellen, denn wir kennen weder den Tag noch die Stunde.

Gebet für den heutigen Tag

Lieber himmlischer Vater, danke, dass du mich gerettet hast und nun dazu herausforderst, ein Leben zu führen, das dir gefällt. Ich weiß, dass ich ein solches Leben nicht ohne deine Kraft führen kann, darum bitte ich deinen Heiligen Geist, mein Leben zu erfüllen, damit ich es immer in Abhängigkeit von dir führe. Dein Heiliger Geist wird immer die Wahrheit in Liebe sagen und mich von allen Begierden befreien, die mich von dir trennen. Hilf mir, immer auf Jesus zu blicken, auf den „Urheber und Vollender unseres Glaubens" (Hebräer 12,2), auf ihn, der bald kommen wird, um mich nach Hause zu holen. Das bete ich in seinem Namen, Amen.

64 Die Unterschiede zwischen Entrückung und Wiederkunft Jesu

„[...] *als Menschen, die auf die beseligende Erfüllung ihrer Hoffnung warten und darauf, dass unser großer Gott und Retter Jesus Christus in seiner Herrlichkeit erscheint. Er hat sein Leben für uns gegeben, um uns von aller Schuld zu befreien und sich so ein reines Volk zu schaffen, das nur ihm gehört und alles daransetzt, das Gute zu tun."* Titus 2,13–14

Das Ende der Zeit, wie wir sie bislang kennen, kommt sicher! In der Bibel wird 318-mal erwähnt, dass Jesus wiederkommen wird. Wenn man diese Stellen sorgfältig betrachtet, kann man die Entrückung leicht von seinem zweiten Kommen unterscheiden – es sind zwei Ereignisse, die sieben Jahre auseinander liegen.

In unserem heutigen Text gibt Paulus diesen Ereignissen auch zwei unterschiedliche Namen. Die erste Phase dieses Kommens bezeichnet er als „beseligende Erfüllung der Hoffnung". Christen verwenden für diese Phase schon lange den Ausdruck „Entrückung". Dieses Wort wird von einem lateinischen Wort abgeleitet und beschreibt, dass alle Gläubigen gepackt und von der Erde weggerissen werden.

Die zweite Phase dieses Kommens bezeichnet Paulus als „Erscheinen in Herrlichkeit". Dies ist die einzige Stelle in der Bibel, in der beide Ereignisse innerhalb eines einzigen Verses erwähnt werden. Im Brief an die Thessalonicher wird das erste dieser beiden Ereignisse als „unsere Vereinigung mit ihm" bezeichnet (2. Thessalonicher 2,1), das zweite als „Kommen in Herrlichkeit" (2. Thessalonicher 2,8).

In meinem Kommentar zum Buch der Offenbarung, das unter dem Titel *Revelation Unveiled* („Enthüllung der Offenbarung") erschienen ist, weise ich darauf hin, dass diese zwei Phasen auch in Offenbarung 4, Vers 1 bis 2 erwähnt werden. Dort wird beschrieben, dass Johannes vor Beginn der Trübsalzeit in den Himmel entrückt wird. In Offenbarung 19, Verse 11 bis 21 sehen wir dann, wie die Gemeinde nach der Trübsalzeit mit Christus in großer Macht und Herrlichkeit wieder auf die Erde zurückkommt. Nachdem Johannes in den Himmel geholt wurde, ist von der Gemeinde, die in den ersten drei Kapiteln der Offenbarung 17-mal erwähnt wird, nicht mehr die Rede. Das ist meiner Ansicht nach darauf zurückzuführen, dass sie während der Trübsalzeit nicht auf der Erde ist.

Das Schaubild auf S. 110 deckt die 15 Unterschiede zwischen Entrückung der Gemeinde und Wiederkunft Jesu auf. Diese beiden Phasen der Wiederkunft Jesu machen klar, dass es in der Lehre der Bibel keine Widersprüche gibt. Es sind zwei verschiedene Ereignisse für unterschiedliche Menschen, die durch die siebenjährige Trübsalzeit voneinander getrennt sind.

Wenn Sie sich mit den aufgelisteten Unterschieden beschäftigen, werden Sie merken, dass damit nicht ein und dasselbe Ereignis gemeint sein kann, sondern dass von zwei Phasen der Wiederkunft Jesu die Rede ist, die sich deutlich voneinander unterscheiden. Während die Entrückung sich jederzeit ereignen kann, gilt dies nicht für das Erscheinen Christi! Es kann frühestens in sieben Jahren stattfinden! Die einzige Möglichkeit, um diese beiden konträren Lehren unter einen Hut zu bringen, besteht darin, sie als zwei voneinander getrennte Ereignisse zu verstehen. Das erste davon wird vor der siebenjährigen Trübsalzeit stattfinden, die Israel vorausgesagt ist und von den jüdischen Propheten beinahe 50-mal als „Zeit der Not Jakobs“, „Tag des Zornes Gottes“ und vielen anderen ähnlichen Ausdrücken bezeichnet wird. Das zweite Ereignis bezeichnet die sichtbare Wiederkunft Jesu, wenn er in all seiner Macht kommt, um sein Königreich auf dieser Erde aufzurichten.

Diese beiden Ereignisse können, wenn sie zusammen betrachtet werden, sehr motivierend sein. Wann immer die Kirche diese beiden Ereignisse in den Mittelpunkt ihrer Lehre stellte, führte dies zu evangelistischem Eifer, missionarischem Interesse und einem Leben in der Abhängigkeit von Gott. Die ersten drei Jahrhunderte der Kirchengeschichte waren von dieser Hoffnung durchdrungen. Dann hörte die Kirche auf, die Bibel wörtlich zu nehmen, und in den folgenden elf Jahrhunderten versiegte auch die Botschaft von der Wiederkunft Jesu immer mehr. Als dann im Zuge der Reformation die Bibel in die Sprache des einfachen Volkes übersetzt wurde, tauchte auch die Lehre von der Entrückung und der Wiederkunft Jesu in der Kirche wieder auf.

Der Gedanke an die Entrückung bzw. die Wiederkunft hatte aber immer auch eine läuternde, evangelistische und missionarische Auswirkung auf die Kirche. Aus diesem Grund ist es schade, dass in den vergangenen 30 Jahren nur noch wenig darüber gepredigt wurde. Die *Southern Baptist Churches*, eine der größten protestantischen Konfessionen Amerikas, sind eine rühmliche Ausnahme davon. In den vergangenen Jahren passierte etwas, das fast unmöglich erscheint. Diese Denomination gab ihre gemäßigte liberale theologische Position auf und ersetzte sie durch eine bibelnahe Haltung. Heute wird in den meisten ihrer Gemeinden wieder über Entrückung und Wiederkunft Jesu gepredigt.

Kein Wunder, dass diese Konfession in den letzten drei Jahren über eine Million Mitglieder dazugewonnen hat. Die Lehre von der Wiederkunft Jesu verwandelt auch das langweiligste dogmatische Denken. Die Entrückung der Gemeinde ist eine aufregende Lehre. In dieser Woche erhielt ich einen Brief, in dem ein Leser schrieb: „Bevor ich die ‚Finale'-Reihe las, war ich nie sicher, ob ich Christ bin, aber jetzt weiß ich es. Mein Leben wird nie wieder langweilig und gleichgültig sein. Ich habe mein Leben Gott neu anvertraut und weiß, dass ich nicht zurückbleiben werde, wenn Jesus wiederkommt. Ich bin jetzt für sein Kommen bereit und möchte dazu beitragen, dass auch andere dafür bereit sind."

Gebet für den heutigen Tag

Lieber himmlischer Vater, ich danke dir sehr, dass du mir den Unterschied zwischen den beiden Phasen der Wiederkunft Jesu gezeigt hast. Hilf mir, nie aus den Augen zu verlieren, dass dein Sohn jeden Augenblick wiederkommen kann. Ich möchte, dass mein Leben ein reines Gefäß wird, damit du es gebrauchen kannst, um deine Gute Nachricht zu den Menschen zu bringen, die dich noch nicht kennen. Ich will alles in meiner Macht Stehende dazu beitragen, dass die Entrückung möglichst viele Menschen einschließt. In Jesu Namen, Amen.

65

Entschlossen nach vorne blicken

„Denn die rettende Gnade Gottes ist offenbar geworden und sie gilt allen Menschen. Sie bringt uns dazu, dass wir dem Ungehorsam gegen Gott den Abschied geben, den Begierden, die uns umstricken, und besonnen, gerecht und fromm in dieser Welt leben, als Menschen, die auf die beseligende Erfüllung ihrer Hoffnung warten und darauf, dass unser großer Gott und Retter Jesus Christus in seiner Herrlichkeit erscheint. Er hat sein Leben für uns gegeben, um uns von aller Schuld zu befreien und sich so ein reines Volk zu schaffen, das nur ihm gehört und alles daransetzt, das Gute zu tun." Titus 2,11–14

Dr. Maxwell Maltz, ein bekannter Psychiater und Redner, sagte oft: „Die menschliche Seele ist ein zielgerichteter Mechanismus." Er lehrte, wie wichtig es ist, dass wir immer unsere Ziele im Auge behalten, damit wir nicht unsere Motivation und Lebensfreude verlieren. Alle, die sich in erster Linie mit ihren Zielen beschäftigen, werden entdecken, dass ihre Gedanken ganz automatisch darum kreisen, wie sie diese Ziele erreichen können. Da ich von Natur aus kein analytischer Mensch bin, der auf Details achtet, muss ich bewusst daran arbeiten, dass ich eine Reihe von scharf umrissenen Zielen nicht aus meinen Augen verliere. Ich bete oft für diese Ziele, und ich bin sicher, dass Gott mit seinem Heiligen Geist meine kleinen grauen Zellen anspornen muss, damit ich alles mache, was nötig ist, um seinen Willen zu tun.

Auch in der Bibel ist oft die Rede von einem zielgerichteten Leben, wenn es zum Beispiel im Buch der Sprichwörter heißt: „Ohne prophetische Weisung wird ein Volk zügellos" (Sprichwörter 29,18). Meine Rolle als christlicher Seelsorger verlangt oft, dass ich verzweifelten Menschen zuhöre, wenn sie ihre Hoffnungslosigkeit und Unzufriedenheit vor mir ausbreiten. Ich versuche dann herauszufinden, welche Ziele es im Leben dieser Menschen gibt. Das ist besonders wichtig bei Trauernden, die einen lieben Menschen verloren oder einen anderen größeren Verlust im Leben erlitten haben. Jemand sagte einmal treffend: „Man weiß, dass Menschen 40 Tage lang ohne Essen und vier Tage lang ohne Wasser auskommen können, aber sie können nur vier Minuten lang ohne Hoffnung überleben." Das ist vielleicht ein wenig übertrieben, aber es trifft zu, dass wir alle Hoffnung brauchen, oder etwas in unserem Inneren stirbt ab.

Gott ist unser Schöpfer und kennt uns, daher hat er uns die Entrückung und die Wiederkunft Jesu versprochen. Diese endzeitlichen Ereignisse sollen uns ständig daran erinnern, dass wir auf eine bessere Welt zugehen. Gott verbürgt sich dafür, dass er diese Welt eines Tages mit uns teilen wird. Diese Hoffnung hat seit 2 000 Jahren Millionen von Christen dazu motiviert, über ihre unmittelbaren Schwierigkeiten und bedrückenden Umstände hinauszublicken. Sie warten auf den Tag, an dem sie Jesus sehen und für immer bei ihm sein werden.

Wenn Gott uns nach unserer Entscheidung für ihn in dieser Welt zurücklässt, dann dient das einem heiligen Zweck. Wenn wir sofort nach unserer Wiedergeburt in den Himmel kämen, würden wir vermutlich viel reiner und gerechter dort ankommen. Aber er zieht es vor, uns auf dieser Erde zurückzulassen, damit unser Glaube in der Auseinandersetzung mit dem Feind gestärkt wird und wir lernen, das Richtige zu tun.

Ich habe noch nie gehört, dass Gott es abgelehnt hätte, einen Menschen zu gebrauchen, der sich ihm ganz zur Verfügung gestellt hat. Unsere Entscheidung für ihn beinhaltet aber auch, dass wir unseren Willen dem seinen unterstellen und uns von unseren fleischlichen Wünschen lossagen. Ich habe oft gesehen, dass Menschen Gottes vollkommenen Willen für ihr Leben versäumten, weil sie nicht bereit waren, ihre „Lieblingssünden" oder heimlichen Gewohnheiten aufzugeben, die Gott missfielen.

Ich kann mich noch gut an eine elegante, attraktive Dame erinnern, die in unserer Gemeinde am gleichen Abend zum Glauben an Jesus gekommen war wie ihr Ehemann. Als die beiden Stunden später nach Hause kamen, holten sie alle ihre versteckten Spirituosen hervor und schütteten sie in den Abfluss. Jesus veränderte ihr Leben vollkommen, und sie fingen an, viele ihrer nichtchristlichen Freunde zu ihm zu führen. Aber dann hatten sie den Eindruck, es sei Gottes Wille, dass sie in den vollzeitlichen Dienst gingen. Mary erzählte mir, dass sie jedes Mal, wenn sie zum Beten auf die Knie ging, ins Schwitzen geriet. Sie war bereit, alles zu tun, was Gott von ihr verlangte. Dennoch hatte sie irrationale Ängste, er würde von ihr verlangen, Missionarin zu werden. Jedes Mal, wenn sie betete, sah sie eine strohgedeckte Hütte mit einem schmutzigen Lehmboden vor sich, in der es weder Elektrizität noch fließendes Wasser gab. Sie hasste die Vorstellung, Missionarin zu werden. Doch eines Tages änderte sie ihre Perspektive. Sie blickte auf und sah den, der sie am Kreuz erlöst hatte, und vertraute ihm ihr Leben ganz an.

Sobald sie bereit war, nach Afrika zu gehen, fing Gott jedoch an, sie in Amerika zu gebrauchen. Er hat nie von ihr verlangt, dass sie in einer strohgedeckten Hütte lebte. Er wollte nur, dass sie auch dazu bereit ist. Sie dient Gott nun schon seit über 30 Jahren, indem sie überall im Land vor Frauengruppen Vorträge hält. Sie hat Tausenden von Menschen beigebracht, wie sie ihren Glauben an andere weitergeben können.

Unsere Vision fängt damit an, dass wir unser Leben in Ordnung bringen, damit es ein Gefäß wird, das er gebrauchen kann (2. Timotheus 2,20). Und es ist gar nicht so schwer, die richtige Perspektive zu bekommen. Wenn wir auf den blicken, der sein Leben für uns gegeben hat, um uns von aller Schuld und Sünde zu befreien, dann werden wir auch den sehen, der wiederkommen und uns zu sich holen wird. Durch dieses Doppelverständnis seiner jetzigen und kommenden Herrschaft fängt alles im Leben an, Sinn zu machen. Wenn wir unser Leben auf diese Weise betrachten, dann wird es kein Opfer geben, das uns zu groß erscheinen könnte.

Gebet für den heutigen Tag

Lieber himmlischer Vater, wenn ich auf das blicke, was Jesus für mich getan hat, und mich auf das freue, was er für mich noch geplant hat, dann kann ich gar nicht anders, als ihm alle meine Wünsche und Sorgen anzuvertrauen. Gebrauche mich so, wie du willst. Ich stelle dir mein ganzes Leben zur Verfügung. Das bete ich in Jesu Namen, Amen.

66 Christi Thron steht fest in alle Ewigkeit

„Aber zum Sohn sagt er:

‚Gott, dein Thron bleibt bestehen für Zeit und Ewigkeit!
Dein Königliches Zepter bürgt für gerechte Herrschaft.
Du hast das Recht geliebt und das Unrecht gehasst;
darum, Gott, hat dein Gott dich erwählt
und dir Ehre und Freude gegeben,
mehr als allen, die zu dir gehören.'

Von ihm heißt es auch:

‚Am Anfang hast du, Herr, die Erde gegründet
und die Himmel mit eigenen Händen geformt.
Sie werden vergehen, du aber bleibst.
Sie werden alt und zerfallen wie Kleider.
Du wirst sie zusammenrollen wie einen Mantel;
sie werden ausgewechselt wie ein Gewand.
Du aber bleibst derselbe,
und deine Jahre enden nicht.'" Hebräer 1,9–12

Wenn die Untertanen in der Antike ihre Herrscher anredeten, dann riefen sie: „O König, mögest du ewig leben!" Das war sowohl in Ägypten als auch in Babylon üblich. Heute sind alle diese Herrscher, denen man ewiges Leben gewünscht hat, längst tot und begraben. Niemand lebt ewig.

Jesus ist die einzige bekannte Ausnahme. Wenn Jesus, der Sohn Gottes, am Ende des Tausendjährigen Reiches seinen Thron besteigen wird, wird er in alle Ewigkeit herrschen. Seine Herrschaft wird sich aber nicht nur auf eine tausendjährige Friedensperiode beschränken, sondern diese Ordnung soll nach dem Plan Gottes für alle, die ihn lieben, für immer bestehen bleiben. In der Bibel lautet der Name dieses Ortes Himmel.

Dies hatte der Autor des Hebräerbriefes vor Augen, als er von Jesus sprach, der von seinem Thron herabgestiegen ist, um Mensch zu werden und für kurze Zeit eine Stellung einzunehmen, die niedriger ist als die der Engel (Hebräer 2,9). Jesus nahm dies auf sich, um für die Sünden der Welt zu sterben. Nur drei kurze Tage später stand er wieder von den Toten auf. Er fuhr in den Himmel auf und hat versprochen, eines Tages wiederzukommen, um seinen Thron als König des gesamten Universums einzunehmen.

Der Brief an die Hebräer zeigt uns Christus als den, der besser als alle Personen des Alten Testaments ist. Er ist außerdem das bessere Opfer, der bessere Bund, die bessere Erlösung und sicherlich auch der bessere König. Sein Titel verrät alles: Der Christus des Tausendjährigen Reiches trägt den Namen „König der Könige und Herr der Herren" (Offenbarung 19,16).

Über dem Himmel liegt noch immer eine erwartungsvolle Stille. Alle Engel sind in freudiger Erwartung. Das ganze Universum, alle Galaxien und alle seine Anhänger warten auf sein Kommen. Alle, die ihn lieben, horchen täglich darauf, ob sie seinen Ruf vom Himmel her hören: „Danach werden wir, die wir noch am Leben sind, mit ihnen zusammen auf Wolken in die Luft gehoben und dem Herrn entgegengeführt werden, um ihn zu empfangen. Dann werden wir für immer mit ihm zusammen sein" (1. Thessalonicher 4,17).

Sieben Jahre, nachdem König Jesus seine Gemeinde zu sich ins Vaterhaus geholt hat, wird er wiederkommen und Mittelpunkt der großartigsten Feier sein, die es je auf dieser Welt gegeben hat. Sein Thron wird ewig Bestand haben, und sein Zepter wird eine Zeit unvorstellbaren Segens einleiten, wie es sie noch nie gegeben hat. Alle Engel werden ihm dienen (Hebräer 1,14) und seine Feinde werden selbst aus allen menschlichen Träumen gestrichen. Seine Herrschaft wird nie zu Ende sein.

Während des Koreakriegs war ich ein junger Pastor in einer kleinen Gemeinde in der Nähe von Minneapolis. Ein teilzeitbeschäftigter Hausmeister und seine Frau gehörten zu den engagiertesten Familien dieser Gemeinde. Die beiden hatten drei Mädchen und einen Jungen. Als ihr Sohn zum Kriegsdienst einberufen wurde, baten sie mich, zu ihnen zu kommen und mit ihnen zu beten, da ihr Sohn zum ersten Mal die Familie verließ.

Am Abend, bevor ich mich auf den Weg zu ihrem bescheidenen Heim machte, erreichte mich eine dringende Bitte, die mich in eines der reichsten Häuser der Gemeinde führte. Diese Leute besaßen im Gegensatz zur Familie des Hausmeisters ein riesiges Haus am Lake Minnetonka und hatten eine eigene Yacht in ihrem Privathafen liegen. Als ich ihr luxuriös ausgestattetes Haus betrat und über die dicken Teppiche schritt, war die Feindseligkeit beinahe mit Händen zu greifen, und es fröstelte mich. Es überraschte mich nicht, dass dieses Paar kurz vor der Scheidung stand. Ich konnte nicht viel für sie tun. Sie litten zwar keinen materiellen Mangel, aber ihr spiritueller Mangel war groß. Sie hatten alles außer Gott, aber weil sie ihn nicht hatten, besaßen sie im Grunde nichts.

Am nächsten Morgen fuhr ich auf die schmutzige Zufahrtsstraße, die zum Haus des Hausmeisters führte. Anders als das zerstrittene reiche Ehepaar vom Abend zuvor hatte sich diese Familie um einen schäbigen, alten Tisch versammelt. Da sie nur wenige Stühle besaßen, boten sie mir eine Orangenkiste an, die sie auf den Kopf stellten. Die wertvollsten Dinge, die sie besaßen, waren die eingerahmten Fotos der Familienmitglieder, die an den Wänden hingen. Der Familienvater arbeitete in einer Fabrik und hatte die Hausmeistertätigkeit in der Gemeinde als Zweitjob angenommen.

Plötzlich erkannte ich die Wahrheit. Das hier waren die eigentlichen Reichen. Die Frau blickte ihren Mann liebevoll an und auch er sah sie auf dieselbe Weise an. Die Art und Weise, wie die drei Schwestern ihren älteren Bruder umarmten, verriet mir, dass diese Familie ein Buch darüber hätte schreiben können, wie eine Familie nach Gottes Willen aussehen sollte. Nun aber lag ein erster großer Abschied vor ihnen.

Als ich mein Gebet beendet hatte, war kein Auge in diesem Raum trocken. Sie legten ihre Hände segnend auf den Sohn bzw. den Bruder und vertrauten ihn Gott an. Ich werde diesen Anblick nie vergessen. Jeder von ihnen liebte Jesus und deshalb liebten sie auch einander. Ich bin sicher, dass sie eines Tages für immer beisammen sein werden, dort, wo es keine Kriege und keine Trennung mehr geben wird. Und diese Zeit wird dann beginnen, wenn Jesus als König der Könige kommt und als Herr aller Herren herrscht.

Gebet für den heutigen Tag

Lieber himmlischer Vater, ich danke dir, dass du mein Leben durch die Liebe, die nur Gott schenken kann, so reich gemacht hast. Du hast mir so viel von dieser Liebe gegeben, dass ich sie mit beiden Händen an meine Familie und die Menschen, denen ich begegne, weitergeben darf. Ich danke dir, dass Jesus eines Tages wiederkommen wird. Alle Ungerechtigkeiten des Lebens werden dann vorüber sein und wir werden in alle Ewigkeit bei ihm sein und seine Herrschaft genießen. Amen.

67 Unser himmlischer Termin

„So wie jeder Menschen nur einmal sterben muss, danach kommt er vor Gottes Gericht, so wurde auch Christus nur einmal geopfert, um die Sünden aller Menschen wegzuschaffen. Wenn er zum zweiten Mal erscheint, dann nicht nochmals wegen der Sünde, sondern nur noch, um alle, die auf ihn warten, endgültig zu retten." Hebräer 9,27–28

Daniel Webster, der große amerikanische Gelehrte, war auch Christ. Eines Abends war er eingeladen, um vor einer Gruppe von Abgeordneten einen Vortrag zu halten. Nach dem Essen verfiel die Gruppe in eine oberflächliche Konversation, die den Redner offensichtlich nicht interessierte. Als der Vorsitzende dies bemerkte, versuchte er, Webster in ein Gespräch zu verwickeln. Um seine Aufmerksamkeit zu wecken, sagte er: „Mr. Webster, sagen Sie mir, was war der großartigste Gedanke, der Ihnen je in den Sinn gekommen ist?“

„Meine Verantwortung vor Gott“, antwortete der geniale Gast.

Dieses Bewusstsein unterscheidet uns von den Tieren: Es ist unsere Aufgabe zu erkennen, dass wir Gott Rechenschaft schuldig sind. Er stellt uns auf diese Erde, und er wird uns eines Tages danach richten, wie wir ihn und unsere Mitmenschen behandelt haben. Dieser Satz sollte auf unseren Herzenstafeln wirklich in fetten Buchstaben stehen.

Der Gedanke, dass jeder Mensch einmal sterben und vor Gott stehen muss, dürfte uns nicht überraschen. Auch unser Gewissen sagt uns dies immer wieder. Schon so mancher Sünder ist schreiend vor Angst in die Ewigkeit gegangen, weil er befürchtete, Gott beim Jüngsten Gericht begegnen zu müssen. Der französische Skeptiker Voltaire wollte beweisen, dass der christliche Glaube nur ein Schwindel ist. Er soll angeblich gesagt haben: „Es hat zwölf Männer gebraucht, um diesen Glauben auf die Beine zu stellen; ich aber werde beweisen, dass es nur einen Mann braucht, um ihn wieder zu zerstören.“ 100 Jahre später war das Haus, in dem dieser Satz ausgesprochen wurde, voller Bibeln, die über ganz Europa verteilt werden sollten.

Im selben Haus hat Voltaire ebenfalls kurz vor seinem Tod gesagt: „Nun ist deine Zeit gekommen, Jesus, um Rechenschaft von mir zu fordern.“ Was für eine schreckliche Art und Weise zu sterben – ohne Hoffnung auf Rettung!

Die Botschaft der Hoffnung, die uns im Brief an die Hebräer begegnet, steht in deutlichem Gegensatz zu den Worten Voltaires: „Auch Christus wurde nur einmal geopfert, um die Sünden aller Menschen wegzuschaffen“, und er wird „für alle, die auf ihn warten“, ein zweites Mal kommen, aber nicht „nochmals wegen der Sünde“. Diese Verse weisen darauf hin, dass Jesus das erste Mal gekommen ist, um am Kreuz zu sterben, weil unsere Sünden nur so vergeben werden konnten. Er wird ein zweites Mal kommen, um uns zu retten und an den Ort im Himmel zu bringen, den er für uns vorbereitet hat.

Wer würde je bezweifeln, dass Jesus gelebt hat? Das Leben des Jesus von Nazareth ist das in der Antike am besten dokumentierte Leben. Er übte so großen Einfluss auf die Welt aus, dass sogar unsere Zeitrechnung auf ihn zurückgeht: „vor Christus", „nach Christus" und manchmal auch A. D. („Anno Domini" bzw. „im Jahr des Herrn"). Jesus Christus hat diese Welt beeinflusst wie kein anderer der zwölf Milliarden Menschen, die je auf dieser Erde gelebt haben. Alle anderen Herrscher der Welt hatten ein ganzes Leben zur Verfügung, um ihren Einfluss auf die Menschheit auszuüben. Jesus aber hatte dafür nur dreieinhalb Jahre Zeit!

Wie kommt es, dass sein Einfluss dann so groß war? Weil er für unsere Sünden gestorben und am dritten Tag wieder auferstanden ist, wie in der Bibel beschrieben wird. Wir wissen, dass Jesus von den Toten auferstanden ist, denn wenn er nicht auferstanden wäre, hätte man nie wieder etwas vom Christentum gehört. Es war die Auferstehung Jesu, die seine mutlosen Jünger in mutige Evangelisten verwandelte, die nun ihrerseits die Welt auf den Kopf stellten.

Das erste Kommen Jesu auf diese Erde ist also eine historisch beglaubigte Tatsache. Sein zweites Kommen wird aber mit noch größerer Sicherheit eintreten, denn über dieses zweite Kommen werden uns mindestens dreimal so viele Prophezeiungen wie über sein erstes Kommen überliefert! Es ist also dreimal wahrscheinlicher. Da es so sicher ist, dürfen wir auch unser ganzes Vertauen darauf setzen.

Ich habe einen guten Freund, der für ein Verbrechen, das er nicht begangen hatte, fast sechs Jahre in einem amerikanischen Gefängnis verbrachte. Es ist eine lange Geschichte, aber wenn er genügend Geld für einen guten Rechtsanwalt gehabt hätte, anstatt sich von dem unfähigen Pflichtverteidiger, der ihm vom Staat zur Verfügung gestellt wurde, verteidigen lassen zu müssen, hätte er keinen einzigen Tag darin verbringen müssen. Er hätte einfach nur einen guten irdischen Anwalt gebraucht.

Wir, die wir zur Familie Gottes gehören, haben ebenfalls einen Anwalt: Jesus Christus, den Gerechten, der selbst ohne Schuld ist und beim Vater für uns eintritt (1. Johannes 2,1). Er hat die Strafe für unsere Vergehen bezahlt, als er am Kreuz für uns starb. Er will uns retten und unser persönlicher Anwalt und Retter sein. Aber vergessen Sie nicht, dass er nur jenen zur Verfügung steht, die ihn darum bitten. Sollten Sie den leisesten Zweifel haben, ob Sie ihn je eingeladen haben, in Ihr Leben zu kommen, dann tun Sie es jetzt.

Gebet für den heutigen Tag

Lieber himmlischer Vater, ich danke dir, dass du Jesus, deinen Sohn, geschickt hast, um am Kreuz für meine Sünden zu sterben. Ich weiß, dass ich ein Sünder bin und dass nur er, der auferstandene Christus, meine Sünden vergeben und mich retten kann. Jesus, ich lade dich ein, in mein Leben zu kommen und mein Herr und Retter zu sein. Ich vertraue dir mein Leben an. In Jesu Namen, Amen.

68 Sein Kommen geduldig erwarten

„Werft nur jetzt eure Zuversicht nicht weg, die doch so reich belohnt werden soll! Ihr braucht Kraft zum Durchhalten, damit ihr weiterhin tut, was Gott von euch will, und so auch bekommt, was er versprochen hat. Es heißt ja in den Heiligen Schriften:

‚Noch eine kurze, ganz kurze Zeit, dann kommt der, den Gott angekündigt hat. Er wird sich nicht verspäten. Wer mir im Glauben vertraut und das Rechte tut, wird durch sein Vertrauen am Leben bleiben. Wer aber mutlos aufgibt, mit dem will ich nichts zu tun haben.'

Wir gehören doch nicht zu den Menschen, die den Mut verlieren und deshalb zugrunde gehen! Vielmehr gehören wir zu denen, die Gott im Glauben vertrauen und das Leben gewinnen."

Hebräer 10,35–39

„Herr, schenk mir Geduld, aber bitte sofort!" Das war mein Lieblingsgebet. Geduld ist eine Tugend, die mir schon immer sehr schwer gefallen ist. Meine Mutter musste während meiner gesamten Jugendzeit andauernd sagen: „Tim, wann wirst du endlich lernen, geduldig zu sein?“ Während meiner drei Monate am *Moody Bible Institute* – bevor ich zur Luftwaffe eingezogen wurde – nörgelte mein Mitbewohner ständig an mir herum: „Tim, du musst geduldig sein! Gott hat seine Gründe, warum du da bist, wo du jetzt gerade bist.“ Nach dem Krieg konnte ich es kaum erwarten, entlassen zu werden, um aufs College zu gehen. Als ich Beverly kennen lernte, konnte ich unsere Hochzeit nicht erwarten. Während meines gesamten Studiums brannte ich darauf, endlich Pastor zu werden. Ich übernahm eine Pastorenstelle in einer ländlichen Gemeinde, obwohl ich erst im vorletzten Studienjahr war.

Wir brauchen Geduld bzw. Durchhaltevermögen, damit wir tun, was Gott von uns will, und bekommen, was er versprochen hat. Der darauf folgende Vers nimmt auf die Wiederkunft Jesu Bezug, wenn es heißt: „Noch eine kurze, ganz kurze Zeit, dann kommt der, den Gott angekündigt hat. Er wird sich nicht verspäten.“

Wir sollten geduldig warten, bis Jesus kommt, und dieses Warten soll sich auf alles auswirken, was wir tun. Manche könnten vielleicht jetzt einwenden, dass Christen schon seit 2 000 Jahren geduldig darauf warten, er aber noch immer nicht zurückgekehrt ist.

Gott möchte jedoch, dass wir geduldig auf dieses Ereignis warten. Das griechische Wort für Geduld kann auch mit „Ausdauer“ oder „Durchhaltevermögen“ übersetzt werden. Es bedeutet nicht, dass wir von dem Gedanken an sein Kommen nicht begeistert sein sollten. Aber wir sollten uns keine allzu großen Sorgen machen und nie unsere gelassene Abhängigkeit von ihm verlieren, während wir sehnsüchtig auf sein Kommen warten. Im Grunde geht es darum, dass wir jeden Tag in der Erwartung leben sollen, dass Jesus noch heute kommt.

Dazu sollte uns beispielsweise das Lesen in der Bibel zur täglichen Gewohnheit werden. So wie wir unserem Körper täglich Nahrung zuführen, damit er stark und gesund bleibt, sollten wir auch unsere Seele mit dem „Brot des Lebens“ (Johannes 6,35) ernähren. Das Wort Gottes hält die Hoffnung auf seine Wiederkunft in unseren Herzen lebendig. Vielleicht erinnert uns Gott deshalb fortwährend in der Bibel daran. Es gibt mehr als 300 Verweise auf die Wiederkunft Jesu, die überall in den 27 Büchern des Neuen

Testaments verstreut sind. Sein zweites Kommen wird von jedem Verfasser mindestens einmal erwähnt.

Es gibt noch zwei weitere Tugenden, die eine Folge davon sind, dass wir uns regelmäßig mit dem Wort Gottes ernähren:

In Vers 35 werden wir aufgefordert, unsere Zuversicht nicht wegzuwerfen. Je häufiger wir Gottes Wort lesen und je intensiver wir es studieren, desto mehr wird auch unsere Sicherheit zunehmen. Christen, die nur wenig Zeit mit dem Lesen der Bibel verbringen, laufen Gefahr, jeder falschen Lehre zu folgen. Die meisten von ihnen wissen kaum genug, um gerettet zu werden, und vor allem viel zu wenig, um eine sichere Zuversicht zu haben.

Alle, die es versäumen, in der Bibel zu lesen, werden ungeduldig, während sie darauf warten, dass Jesus wiederkommt. Sie wenden sich von dieser großen Hoffnung ab und verlieren oft ihren Glauben.

Einer meiner Freunde, der in einem Versicherungsunternehmen tätig ist, kam regelmäßig in unsere Gemeinde, um dort Sport zu treiben. Wir trainierten zwei- oder dreimal in der Woche während der Mittagspause miteinander. Als unsere Gemeinde jedoch wuchs und meine Reisetätigkeit zunahm, wurden auch unsere gemeinsamen Trainingszeiten seltener, und der enge Kontakt brach ab. Etwa fünf Jahre, nachdem ich meinen Dienst in dieser Gemeinde niedergelegt hatte, hörte ich, dass er an seinem 50. Geburtstag seinen Job gekündigt und seine Frau verlassen habe. Er führte die Langeweile in seiner Ehe auf seine Midlife-Crisis zurück. An seinem 50. Geburtstag kündigte er frech an, dass er jetzt „einen neuen Job, eine neue Frau und ein neues Leben“ brauche. Als ich davon hörte, erinnerte ich mich daran, dass er sich während unserer gemeinsamen Trainingszeiten sehr interessiert an Büchern über Motivation und Selbsthilfe gezeigt, aber seine Bibel nur selten aufgeschlagen hatte.

Er hat inzwischen mehrere Jobs und mehrere Frauen hinter sich. Er führt ein unerfülltes Leben, weil er seine Seele mit den falschen Informationen gefüttert hat. Hätte er die Psalmen, die Evangelien oder die Briefe des Paulus gelesen, hätten ihn die zahlreichen Verheißungen der Wiederkunft Jesu vielleicht dazu bewegt, sein Leben in Ordnung zu bringen.

Gott hat heute offensichtlich keine Freude an ihm und auch er hat keine Freude an sich selbst. Er hat sich selbst und alle Menschen in seiner Umgebung unglücklich gemacht. Ich hatte ihn einst dazu angeregt, über alle Segnungen Gottes, die ihm täglich begegnen, Tagebuch zu führen. Aber er gab diese Übung auf und ersetzte sie durch weltliches Denken. Wir sind dazu berufen, unsere Hoffnung auf Dinge zu setzen, die besser tragen. Wir sind dazu berufen, Gottes Wort zu lesen und uns danach zu richten, während wir geduldig auf das Kommen Jesu warten.

Gebet für den heutigen Tag

Lieber himmlischer Vater, danke, dass du uns zugesagt hast, dass dein Sohn wiederkommen wird! Hilf mir, häufiger in deinem Wort zu lesen und diesem Wort zu vertrauen, wenn ich ungeduldig werde. Ich möchte durch deine Verheißungen in meiner Zuversicht und meinem Glauben wachsen. Alles, was ich an der Zukunft schätze, hängt mit dem Kommen Jesu zusammen. Die Hoffnung auf dieses herrliche Morgen soll auch bestimmen, wie ich heute lebe! Das bete ich in Jesu Namen, Amen.

69

Alle Ehre für immer und ewig

„Gott ist es, der Frieden bringt. Er hat den großen Hirten der Schafe aus dem Reich der Toten heraufgeführt, Jesus, unseren Herrn, durch dessen Blut er den ewigen Bund in Kraft gesetzt hat. Er mache euch fähig, all das Gute zu tun, das er haben will; er schaffe in uns durch Jesus Christus, was ihm gefällt. Ihm gehört die Ehre für immer und ewig! Amen."

Hebräer 13,20–21

Solange wir Jesus Christus nicht als unseren Herrn und Retter in unser Leben eingeladen haben, können wir ihm auch nicht die Ehre erweisen, die ihm zusteht. Diese Welt gibt ihm sicherlich nicht den ihm zustehenden Platz. Medien, Unterhaltungsindustrie und unser humanistisches Erziehungssystem – alle diese Dinge scheinen ihm zurzeit eher feindselig gegenüberzustehen, aber das wird sich eines Tages grundlegend ändern. Wenn Jesus wiederkommt, wird er für immer und ewig geehrt werden (Römer 11,36). In anderen Bibelstellen heißt es, dass ihn sogar die Engel anbeten und verehren werden – und auch die Widerstrebendsten unter den Sterblichen, denn „vor Jesus müssen alle auf die Knie fallen [...] alle müssen feierlich bekennen: Jesus Christus ist der Herr! Und so wird Gott, der Vater, geehrt" (Philipper 2,10–11). Es ist interessant, dass Gott auch an anderer Stelle sagt, dass er sich seine Ehre von niemandem nehmen lässt und seinen Ruhm nicht den Götzen überlässt (Jesaja 42,8).

Achten Sie darauf, wie der Verfasser des Hebräerbriefes diesen Gedanken entwickelt: Er weist auf Gott, den Vater, hin, der Frieden bringt und Jesus von den Toten auferweckt. Das wichtigste Ereignis in der Geschichte der Welt – die körperliche Auferstehung Jesu – geht auf ihn zurück. Ohne diese Auferstehung gäbe es heute kein Christentum. Es ist dieses Ereignis, das aus der Geschichte von Jesus mehr macht: Wahrheit, die die Macht hat, Menschen zu retten. Ohne diese Auferstehung hätte nie jemand von ihm gehört. Sein Leben in Nazareth war so unbedeutend, dass kein Geschichtsbuch der Welt auch nur ein Wort über ihn verloren hätte, wenn er nicht von den Toten auferstanden wäre. Auf Grund dieses Ereignisses nimmt Jesus aber die herausragendste Stellung in der uns bekannten Geschichte ein. Außerdem hatte dieses Ereignis auch die Kraft, die Jünger dazu zu motivieren, die Welt zu verändern.

Auch unsere eigene Unsterblichkeit wird darauf zurückzuführen sein, dass Gott Jesus von den Toten auferweckt hat. Unsere Erlösung geht darauf zurück, dass Gott dem Kreuz Jesu seinen „Stempel" aufdrückte. Als Jesus den Opfertod am Kreuz starb, rief er aus: „Jetzt ist alles vollendet!" (Johannes 19,30). Der Tod, den Jesus für unsere Sünden auf sich genommen hat, hat den Erlösungsplan Gottes schließlich vollendet. Seine Tat am Kreuz machte es möglich, dass die Menschheit erlöst wurde und Gott den Menschen vergeben konnte. Weil es dieses Kreuz gab, wurden Milliarden von Menschen wieder rein und gerettet.

Aber wie können wir sicher sein, dass das, was damals vor

2 000 Jahren geschah, von Gott wirklich anerkannt wurde? Das ist ganz einfach. Der Gott, der den Frieden bringt, weckte ihn wieder von den Toten auf. Wenn Jesus auch nur eine einzige Sünde begangen hätte, dann wäre sein Tod kein angemessenes Opfer für die Sünden der ganzen Welt gewesen. Wäre er kein makelloses Opfer gewesen, dann würde sein Leichnam nach wie vor in irgendeiner jüdischen Grabhöhle vermodern.

Aber der Gott des Friedens weckte ihn von den Toten wieder auf! Jesus war ein so vollkommenes Opfer, dass wir durch die Erlösung, die er uns am Kreuz brachte, Vergebung erlangen können. Das ist auch der Grund, warum viele Christen ein leeres Kreuz als Symbol für den christlichen Glauben tragen. Es dient als Hinweis darauf, dass Christus „auferweckt worden ist, so wie er es angekündigt hat" (Matthäus 28,6). Wir feiern auch unsere Gottesdienste am ersten Tag der Woche. Der Sonntag soll uns an den Tag erinnern, an dem Jesus von den Toten auferstanden ist.

Denken Sie noch einmal darüber nach, was Jesus an diesem Kreuz getan hat. Der Verfasser des Hebräerbriefes bezeichnet ihn als „den großen Hirten der Schafe" und verweist auf den Bund der Erlösung. Jesus setzte einen ewigen Bund in Kraft, der mit seinem Blut unterzeichnet ist. Alles in unserem Leben ist in Gottes Zeitrechnung nur von kurzer Dauer – unsere Ehen und Familien, unsere Häuser und unser Geld. Unser Bund der Erlösung ist der einzige bleibende Schatz, den wir haben, und der, der ihn möglich machte, ist der „große Hirte der Schafe".

Auf der Grundlage dessen, was Christus für uns getan hat, was er jetzt für uns tut und was er eines Tages für uns tun wird, fordert uns der Verfasser des Hebräerbriefes auf, ein Leben zu führen, das Gott gefällt. Wir sollten ihm stets die Ehre geben, die ihm allein gebührt.

Denken Sie an den Ausspruch: „Man kann sein Leben durchaus so leben, wie man will, aber man kann es nur einmal leben." In 30 Jahren kann es vielleicht zu spät sein, ihm Ihr Leben anzuvertrauen. Gehen Sie diesen entscheidenden Schritt doch schon jetzt. Dann werden auch Sie in seinen Lobpreis einstimmen, wenn Jesus in Gottes großer Ewigkeit verherrlicht wird, und Sie werden es nie bereuen.

Gebet für den heutigen Tag

Lieber himmlischer Vater, ich danke dir, dass du Jesus von den Toten auferweckt hast, damit ich durch seinen Opfertod in alle Ewigkeit mit dir vereint werden kann. Ich danke dir, dass du mir die Möglichkeit gegeben hast, mein Leben so zu leben, wie ich es will. Darum will ich mich heute dafür entscheiden, dir mein Leben ganz zu geben. Mache daraus, was du willst. Leite alle meine Schritte, so wie du versprochen hast. Komme bald, damit ich dich von Angesicht zu Angesicht sehen kann. Das bete ich in Jesu Namen, Amen.

70

Die Krone des Lebens

„Freuen darf sich, wer auf die Probe gestellt wird und sie besteht; denn Gott wird ihm den Siegeskranz geben, das ewige Leben, das er allen verheißen hat, die ihn lieben." Jakobus 1,12

Der Jakobusbrief ist eines der ältesten Bücher des Neuen Testaments. Es ist ein sehr praxisnaher Brief, der aus nur fünf kurzen Kapiteln besteht, die „letzten Tage" jedoch einmal und die Wiederkunft Jesu sogar dreimal erwähnt.

Es wird angenommen, dass Jakobus, sein Verfasser, ein Bruder Jesu war. Er ist auch der Erste, der die Krone für Märtyrer erwähnt, die er „Siegeskranz" nennt. Dabei handelt es sich um eine spezielle Krone, die für alle reserviert ist, die um Christi willen verfolgt wurden oder den Märtyrertod erlitten. Auch Jesus bestätigte später durch den Apostel Johannes, dass es eine solche Krone gibt. Johannes war auf die Insel Patmos verbannt, weil er öffentlich von Jesus erzählt hatte (Offenbarung 1,9). In den Sendschreiben an eine der sieben Gemeinden sagt Jesus, dass sie keine Angst haben sollen wegen all der Dinge, die sie noch erleiden müssen. Er fährt dann fort: „Der Teufel wird einige von euch ins Gefängnis werfen, um euch auf die Probe zu stellen. Zehn Tage lang werden sie euch verfolgen. Haltet in Treue durch, auch wenn es euch das Leben kostet. Dann werde ich euch als Siegespreis ewiges Leben schenken" (Offenbarung 2,10).

Dieser Siegespreis, auf den sowohl Jesus als auch Jakobus Bezug nehmen, ist nur eine von fünf Kronen, von denen uns die Bibel berichtet. Sie sind ein Teil des Lohnes, mit dem Gott treue Gläubige in der Ewigkeit belohnen wird. Die anderen vier Kronen heißen „Krone der Gerechtigkeit", „Krone der Herrlichkeit", „Krone der Freude" und „Krone der Unvergänglichkeit". Es hat aber den Anschein, dass man sich jede von ihnen auf andere Weise verdienen muss, und jede Krone scheint auch der Siegespreis für eine andere „Disziplin" zu sein.

Wenn man die beiden Hinweise auf die Krone des Lebens untersucht, wird auch klar, dass Jesus, nachdem er seine Gemeinde zu sich entrückt hat, diese zunächst vor den Richterstuhl stellt. Manche Christen werden keinen Lohn bekommen, weil alle ihre Werke verbrennen. Diese verbrannten Werke sind entweder böse Werke oder es sind gute Werke, denen ein böses Motiv zugrunde lag. Alle, deren Werke diesen Feuertest überstehen, werden eine Krone erhalten. Einer dieser Siegeskränze ist diese spezielle Krone des Lebens für alle, die um Jesu willen leiden mussten. Manche dieser Märtyrer sind rasch gestorben, andere starben eines qualvollen Todes. Die Geschichte zeigt, dass es unzählige Arten des Märtyrertods gibt, angefangen von der Kreuzigung bis hin zum Verbrennen oder Köpfen. Im Laufe der Geschichte zeigte sich immer wieder, dass Menschen, die Christen hassen, keine Grenzen kennen, wenn es um die Qualen geht, die sie ihnen auferlegen.

In den Geschichtsbüchern lesen wir davon, dass die Anhänger Jesu ins Gefängnis geworfen, verfolgt und getötet werden, aber wir lesen nichts darüber, dass sie einen Lohn erhalten werden. Aber der Tag wird kommen, an dem alle Ungerechtigkeiten des Lebens von einem gerechten Richter wieder korrigiert werden. Er wird den Gläubigen ihre Kronen danach geben, wie treu sie ihm gedient haben.

Auf einer der Titelseiten der Zeitschrift *Life*, die in den 1950er Jahren die ganze Welt bewegte, war ein Foto der fünf Missionare abgebildet, die von Auca-Indianern in Ecuador getötet worden waren. Ich sehe noch immer die Leichen der fünf jungen Männer vor mir, die von Speeren durchbohrt im Fluss lagen. Was für ein schrecklicher Tod! Doch aus der Perspektive der Ewigkeit gesehen wissen wir, dass ihre Körper eines Tages wieder lebendig sein werden, wenn sie vor Gott stehen und die unvergängliche Krone des Lebens erhalten. Der schreckliche Tod dieser Menschen war Teil von Gottes unerklärlichem Plan, denn das Opfer dieser Männer hat ein ganzes Heer von Freiwilligen dazu motiviert, bis ans Ende der Erde zu gehen, um ihm zu dienen.

In diesem Zusammenhang muss ich auch an die vielen Christen denken, die vor langer Zeit in den römischen Amphitheatern auf brutale Weise von Löwen zerrissen und getötet wurden. Ihr Verbrechen? Sie weigerten sich, sich vor dem Kaiser niederzuwerfen und ihn zu verehren. Sicherlich gab es damals einige, die sich vor ihren Unterdrückern duckten und nur zum Schein vorgaben, Christus zu verleugnen. Auch sie werden wie diese Märtyrer gerettet werden. Aber sie werden nicht die Krone des Lebens bekommen, die ihnen eigentlich zugedacht war.

Diese Krone des Lebens ist eine Verheißung Gottes für alle, die standhaft bleiben. Wir wissen nicht, wann diese Verheißung zum ersten Mal ausgesprochen wurde. Der einzige andere Hinweis in der Bibel stammt von Johannes aus der Zeit, die er auf Patmos verbrachte. Offensichtlich hatte aber schon Jesus zu seinen Jüngern darüber gesprochen, als er noch auf dieser Erde lebte.

Das einzig berechtigte Motiv für ein solches Opfer, sagt Jakobus, ist unsere Liebe zu Jesus. Wären Sie mutig genug, die Wahrheit zu sagen, wenn Sie mit Folter bedroht würden oder Gefahr liefen, für Ihren Glauben sterben zu müssen? Gott hat versprochen, alle unsere Bedürfnisse zu stillen – nicht im Voraus, sondern dann, wenn wir es brauchen. Vielleicht zweifeln wir heute daran, ob wir fähig wären, einen solchen Todesmut aufzubringen, den wir im Augenblick gar nicht brauchen. Sollten wir ihn aber brauchen, so wird Gott dafür sorgen, dass wir ihn auch haben.

Als meine Frau und ich die Chinesische Mauer besuchten, war eine engagierte Christin unsere Fremdenführerin. Diese junge Frau war hoch dekorierte Kommunistin gewesen, bis sie das Evangelium über einen Kurzwellensender aus Hongkong gehört hatte.

Miss Gee (das ist nicht ihr richtiger Name) stellte meine Frau später einer Ladenbesitzerin vor. Wir konnten die lange Unterhaltung zwischen unserer Fremdenführerin und der Geschäftsfrau nicht verstehen, weil sie auf Chinesisch geführt wurde. Als wir Miss Gee später danach fragten, sagte sie: „Ich erzählte ihr, dass Sie Amerikanerin sind, und sagte ihr, dass Sie und ich Schwestern sind, weil wir beide Jesus angenommen haben und darum zu ein und derselben Familie gehören. Ich sagte, dass auch sie gerettet werden und unsere Schwester sein kann, wenn sie ihre Sünden bereut und den Namen Jesu anruft."

Wir erschraken, denn wir wussten, dass diese Frau nur einen der stets präsenten kommunistischen Soldaten rufen musste, und Miss Gee würde sofort verhaftet und ins Gefängnis geworfen. Als wir uns erkundigten, warum sie nicht etwas vorsichtiger gewesen sei, antwortete sie: „Warum sollte ich meinen Mund nicht aufmachen? Jesus ist am Kreuz für meine Sünden gestorben, als er mich gerettet hat. Und ich liebe ihn von ganzem Herzen!"

Menschen, die bereit sind, für ihren Glauben an Jesus Christus ihr Leben aufs Spiel zu setzen, werden nach seiner Wiederkehr eine unvergängliche Krone des Lebens bekommen. Sie werden im Tausendjährigen Reich und darüber hinaus einen besonderen Platz einnehmen. Sie werden eines Tages jubeln, wenn sie „tausend Jahre mit Christus herrschen" werden (Offenbarung 20,6).

Gebet für den heutigen Tag

Lieber himmlischer Vater, es bewegt mich, wenn ich sehe, wie viel einige Christen bereit sind, für dich zu opfern. Hilf mir, nicht zu vergessen, dass der Segen, den wir heute als Christen genießen, auf die Opfer jener zurückgeht, die vor uns gelebt haben. Ich danke dir dafür, dass sie für diese Opfer belohnt werden, wenn Jesus wiederkommt. Ich lebe in einer Gesellschaft, in der ich nicht für meinen Glauben verfolgt werde. Dafür danke ich dir. Schenk mir aber dennoch die Kraft, auch persönliche Risiken auf mich zu nehmen und mit deiner Hilfe auch anderen mutig von meinem Glauben zu erzählen. Das bete ich in Jesu Namen, Amen.

71

„Harrt geduldig aus, bis der Herr kommt!“

„Liebe Brüder und Schwestern, haltet geduldig aus, bis der Herr kommt! Seht, wie der Bauer voller Geduld auf die kostbare Frucht der Erde wartet. Er weiß, dass sie zum Wachsen den Herbstregen und den Frühjahrsregen braucht.

Auch ihr müsst geduldig ausharren! Fasst Mut; denn der Tag, an dem der Herr kommt, ist nahe. Klagt nicht übereinander, sonst muss Gott euch verurteilen. Der Richter steht schon vor der Tür.

Liebe Brüder und Schwestern, denkt an die Propheten, die im Auftrag des Herrn geredet haben. Nehmt euch ein Beispiel daran, wie standhaft sie ihre Leiden ertrugen! Allen, die durchhalten, ist unvergängliche Freude gewiss. Ihr habt gehört, wie geduldig Ijob die Proben ertrug, die ihm auferlegt wurden, und wisst, wie der Herr ihn am Ende belohnt hat. Der Herr ist voll Liebe und Erbarmen.“ Jakobus 5,7–11

Geduld ist für alle, die Gottes Wort im Hinblick auf die Wiederkunft Jesu studieren, kein unbekanntes Wort. Wie oft haben wir schon gebetet: „O Gott, wie lange wirst du noch zulassen, dass man deinen Namen in den Schmutz zieht und deine Diener verfolgt?“ Wie lange wohl? So lange es eben dauert! Wir müssen uns darüber im Klaren sein, dass unsere speziellen Wünsche und Bedürfnisse nicht zu den primären Interessen Gottes gehören. Wir dürfen nicht vergessen, dass wir mitten in einem langen Kampf stehen, der zu Recht als ein Krieg in der unsichtbaren Welt bezeichnet wird. Es ist ein Kampf um die Seelen der Menschen, der zwischen Gott und seinem Widersacher ausgetragen wird, und diese Auseinandersetzung ist die Ursache für die meisten Ereignisse, von denen wir in der Bibel lesen.

Warum Gott zulässt, dass sich dieser Kampf so lange hinzieht, ist eine Frage, die niemand mit Sicherheit beantworten kann. Es scheint, dass er sich aus Gründen, die nur ihm allein bekannt sind, wünscht, dass sich möglichst viele Menschen aus freien Stücken dafür entscheiden, sein Rettungsangebot anzunehmen. Bis es aber so weit ist, müssen wir geduldig ausharren – Kraft dazu erhalten wir unter anderem durch die zahlreichen biblischen Zusagen zur Wiederkunft Jesu, die uns versprechen, dass dieses Ereignis kurz bevorsteht.

Ein weiteres Element dieses geduldigen Wartens auf seine Wiederkunft ist in den ersten sieben Versen unseres heutigen Textes zu finden. Jakobus warnt davor, dass auf die Reichen dieser Welt in den letzten Tagen zunehmendes Elend zukommen wird. Finanzielle Probleme und Schwierigkeiten auf dem Arbeitsmarkt werden für diese Zeit charakteristisch sein. Wir dürfen den Reichtümern dieser Welt nicht erlauben, unsere Augen von dem eigentlichen Ziel abzuwenden: geduldig auf sein Kommen zu warten. Jakobus verwendet das Beispiel eines Bauern, um uns diesen Sachverhalt zu veranschaulichen. Ein Bauer pflügt den Boden, sät den Samen aus und wartet geduldig auf die Ernte. Während er sät und auf die Ernte wartet, kann er mit keinem Gewinn rechnen. Ja, er hat dabei nur Ausgaben. Er hat bis zur Ernte nichts zu erwarten.

Wenn Sie schon einmal auf einem Bauernhof waren, werden Sie wissen, dass es dort Mitte bis Ende August (je nach Witterung und Lage) recht hektisch werden kann, denn man kann mit der Ernte erst beginnen, wenn das Getreide reif ist. Wartet der Bauer aber zu lange, dann besteht die Gefahr, dass Frost oder auch zu viel Regen die gesamte Ernte verdirbt. Es gibt nur eine relativ kurze Zeitspanne, in der er ernten kann, wenn das Getreide reif ist. Auf diese Zeit muss der Bauer geduldig warten.

In den letzten Tagen, in denen wir unserer Meinung nach leben, müssen auch wir geduldig warten, denn das Kommen Jesu ist nahe. Dass er bis jetzt nicht wiedergekommen ist, bedeutet nicht, dass er gar nicht kommen wird. Der Heilige Geist, der in den Bemühungen seiner Gemeinde wirksam ist, ist noch eifrig damit beschäftigt, vor dieser Wiederkunft möglichst viele „einzusammeln".

Es gibt keine Stelle in der Bibel, die uns darauf hinweist, dass kurz vor der Entrückung eine große Anzahl von Menschen gerettet wird. Da ich aber durch die Offenbarungen der Propheten das liebende Herz Gottes kenne, würde es mich nicht überraschen, wenn kurz vor der Entrückung noch eine Erweckung stattfinden würde. Was wir jedoch mit Sicherheit wissen, ist, dass es *nach* der Entrückung eine große Ernte geben wird. Gott wird dann die 144 000 jüdischen Zeugen mit einem Siegel kennzeichnen und zwei übernatürliche Zeugen und einen Engel mit dem Evangelium auf die Erde schicken. Diese werden während der Trübsalzeit eine Ernte einbringen, die aus Menschen aller Nationen, Stämme, Völker und Sprachen besteht und so groß ist, „dass niemand sie zählen konnte" (Offenbarung 7,9).

Aus diesem Grund haben Jerry und ich uns wirklich nach der Leitung des Heiligen Geistes ausgestreckt, als wir die „Finale-Reihe" schrieben. Wir haben in jeden Band die glaubwürdige Geschichte einer Lebenswende eingefügt, die unsere Leser sicher nachvollziehen können. Das Ergebnis ist besser als alles, was wir uns vorzustellen wagten, denn wir bekommen bis heute täglich Hunderte von Briefen und E-Mails, in denen uns Leser davon berichten, dass sie zum Glauben an Jesus Christus gekommen sind. Unsere Bücher sind aber nur ein kleiner Teil der Werkzeuge, die Gott in der heutigen Zeit gebraucht, um Menschen zu retten.

Wir sollten noch etwas erwähnen, zu dem uns der Apostel Jakobus auffordert. Er schreibt: „Klagt nicht übereinander, sonst muss Gott euch verurteilen. Der Richter steht schon vor der Tür" (Vers 9). Behandeln Sie darum besonders andere Gläubige so, wie Sie von Jesus, dem Richter, bei seinem Kommen angetroffen werden wollen. Denn er wird kommen!

Gebet für den heutigen Tag

Lieber himmlischer Vater, bitte vergib mir, wenn ich ungeduldig werde, während ich auf das Kommen Jesu warte. Hilf mir, dass ich für diese Verzögerung dankbar werde, denn je länger wir warten müssen, desto mehr Menschen werden die Möglichkeit haben, das Evangelium zu hören und dich als ihren Herrn und Retter anzunehmen. Hilf mir, meine Zeit, meine Gaben und alles, was ich habe, angesichts seines Kommens richtig einzusetzen. In Jesu Namen, Amen.

72
Unsere himmlische Reservierung

„Gepriesen sei der Gott und Vater unseres Herrn Jesus Christus! In seinem großen Erbarmen hat er uns neugeboren und mit einer lebendigen Hoffnung erfüllt. Diese Hoffnung gründet sich darauf, dass Jesus Christus vom Tod auferstanden ist. Sie richtet sich auf das neue Leben, das Gott schon jetzt im Himmel für euch bereithält als einen Besitz, der niemals vergeht oder verdirbt oder aufgezehrt wird. Wenn ihr Gott fest vertraut, wird er euch durch seine Macht bewahren, sodass ihr die volle Rettung erlangt, die am Ende der Zeit offenbar wird.

Deshalb seid ihr voll Freude, auch wenn ihr jetzt – wenn Gott es so will – für kurze Zeit leiden müsst und auf die verschiedensten Proben gestellt werdet. Das geschieht nur, damit euer Glaube sich bewähren kann, als festes Vertrauen auf das, was Gott euch geschenkt und noch versprochen hat. Wie das vergängliche Gold im Feuer auf seine Echtheit geprüft wird, so wird euer Glaube, der viel kostbarer ist als Gold, im Feuer des Leidens geprüft werden. Wenn er sich als echt erweist, wird Gott euch mit Ehre und Herrlichkeit belohnen, an dem Tag, an dem Jesus Christus sich in seiner Herrlichkeit offenbart." 1. Petrus 1,3–7

Kein Raum in der Herberge? Ich konnte es nicht fassen! Ich fühlte mich beinahe wie Maria und Josef damals vor 2 000 Jahren in Bethlehem.

Ich war gerade mit dem Flugzeug nach Dallas gekommen, um an einer Tagung zum Thema „Endzeit" teilzunehmen. Als ich mich an der Rezeption des Hotels anmelden wollte, sagte die Empfangsdame: „Tut mir Leid, Dr. LaHaye, aber ich kann keine Reservierung für Sie finden, und das Hotel ist bereits ausgebucht. Wir haben kein Zimmer für Sie."

So etwas hatte ich in den 35 Jahren, in denen ich auf der ganzen Welt herumreiste, noch nie erlebt.

„Sie werden doch sicherlich noch ein ganz kleines Zimmer für mich auftreiben können", bettelte ich. Sie blieb hartnäckig. Darum versuchte ich, sie ein wenig unter Druck zu setzen, indem ich hinzufügte: „Ich leite diese Tagung!" Ich deutete sogar an, dass diese Tagung nicht ohne mich stattfinden konnte. Aber nichts davon half. Sie gab nicht nach und bestand weiterhin darauf: „Kein Zimmer!"

Zu meinem Glück kam in diesem Moment ein Evangelist aus San Diego, den ich flüchtig kannte, an der Rezeption vorüber und hörte von meiner Notlage. Er bot mir liebenswürdigerweise an, sein Zimmer mit mir zu teilen. Ich kam also etwas besser davon als Maria und Josef.

Wenn Gott uns zu sich holt, wird keiner von uns Gefahr laufen, dass alle Zimmer schon belegt sind. Er hat uns versprochen, dass Gott im Himmel einen Besitz für uns bereithält, „der niemals vergeht oder verdirbt oder aufgezehrt wird". Eine wunderbare Zusage, oder? Unsere Reservierung ist uns garantiert. Wodurch? Durch die Auferweckung Jesu Christi von den Toten! Jesus hat versprochen: „Ihr werdet leben, weil ich lebe" (Johannes 14,19).

Im Laufe der Jahre ist es schon öfter passiert, dass mir am Empfang gesagt wurde, ich hätte nicht reserviert, aber wenn ich die Bestätigung meiner Reservierung vorzeigte, bekam ich immer ein Zimmer. Einmal wurde mir von einem Autoverleiher gesagt, man hätte kein Auto mehr für mich. Zum Glück hatte ich die Reservierungsbestätigung dabei, und so bekam ich anstelle des einfachen Wagens, den ich reserviert hatte, einen Lincoln zum gleichen Preis. Aber was den Himmel betrifft, so wird Jesus die Schlüssel in der Hand haben! In Offenbarung 1, Vers 18 heißt es, dass er sogar die Schlüssel zum Tod und zur Welt der Toten hat. Wenn wir Jesus als unseren Herrn und Erlöser in unser Leben aufgenommen haben, dann ist damit im Himmel eine herrschaftliche Wohnung für uns reserviert.

Petrus ermutigt uns in diesem Text, über die Leiden und Ungerechtigkeiten unseres Lebens hinauszublicken; das, was uns in der kommenden Welt erwartet, ist größer als alles, was wir bislang erlebt haben. Wir dürfen „voll Freude" sein, während wir auf die Rückkehr Jesu warten. Dann fügt Paulus noch hinzu, dass wir

Jesus lieben, auch wenn wir ihn nie gesehen haben. Wenn wir aber an das glauben, was er auf Golgatha für uns getan hat, werden wir für immer bei ihm sein. Petrus kann deshalb von einem unaussprechlichen Jubel und einer herrlichen Freude sprechen, die uns erwarten. Unaussprechliche Freude – das ist die Bestimmung, die vor uns liegt!

Vielleicht ist das der Grund, warum der Teufel heute so viele Pastoren dazu verleitet hat, in ihren Predigten dieses Thema nicht anzusprechen. Ich kann nur schwer verstehen, warum ein Pastor nicht über die 28 Prozent der Bibel predigen sollte, die sich mit Prophetie beschäftigen. Eines steht jedenfalls fest: Die ersten Gemeinden hatten ganz offensichtlich Feuer gefangen. Die Botschaft vom Kommen Jesu erfüllte sie mit „unaussprechlicher Freude".

Wir nehmen manchmal die Lehre von der Wiederkunft Jesu als etwas Selbstverständliches hin. Wir sollten jedoch Gottes herrlichen Plan für unsere Zukunft mit der Hoffnungslosigkeit anderer Weltreligionen vergleichen, um sie wirklich schätzen zu können. Das ist wirklich kein Vergleich! Der Hinduismus hat allen, die nach einer langen Reihe von guten Leben zur Reinkarnation gelangen, nichts als den nebulösen Zustand eines Nirwana anzubieten. Diese mühsamen Wiedergeburten können für den Einzelnen Tausende von Jahren dauern. Der Buddhismus hat im Grunde nichts Konkretes anzubieten und der Islam stellt Männern die ewige Befriedigung ihrer Wünsche in Aussicht.

Der christliche Glaube aber bietet allen Menschen den erhabenen Plan Gottes an, der ihre Entrückung, Christi Wiederkunft in Herrlichkeit, das Tausendjährige Reich und den Himmel einschließt. Keine andere Weltreligion hält diesem Vergleich stand! Kein Wunder, dass er in Menschen eine „unaussprechliche und herrliche Freude" bewirkt! Jesus kommt wieder! Verlieren Sie das nie aus den Augen und setzen Sie Ihr Vertrauen in den, in dem die ganze Fülle des Heils wohnt (Kolosser 1,19).

Gebet für den heutigen Tag

Lieber himmlischer Vater, mein Herz ist jedes Mal voller Jubel und unaussprechlicher Freude, wenn ich an die Wiederkunft Jesu denke. Hilf mir, dass ich nicht vom Reichtum verführt werde oder mich in meinen

Alltagssorgen verliere (Matthäus 13,22). Ich möchte meine Augen lieber auf den großartigen Plan richten, den du für alle hast, die dich lieben und deinen Sohn anbeten. Das bete ich in Jesu Namen, Amen.

73 Lob, Ehre und Herrlichkeit

„Deshalb seid ihr voll Freude, auch wenn ihr jetzt – wenn Gott es so will – für kurze Zeit leiden müsst und auf die verschiedensten Proben gestellt werdet. Das geschieht nur, damit euer Glaube sich bewähren kann, als festes Vertrauen auf das, was Gott euch geschenkt und noch versprochen hat. Wie das vergängliche Gold im Feuer auf seine Echtheit geprüft wird, so wird euer Glaube, der viel kostbarer ist als Gold, im Feuer des Leidens geprüft. Wenn er sich als echt erweist, wird Gott euch mit Ehre und Herrlichkeit belohnen an dem Tag, an dem Jesus Christus sich in seiner Herrlichkeit offenbart.

Ihn liebt ihr, obwohl ihr ihn nie gesehen habt. Auf ihn setzt ihr euer Vertrauen, obwohl ihr ihn jetzt noch nicht sehen könnt. Und darum jubelt ihr mit unaussprechlicher und herrlicher Freude. Denn ihr wisst, dass euer Vertrauen, euer Glaube, euch die endgültige Rettung bringen wird.

Nach dieser Rettung schauten schon die Propheten aus. Sie haben euch angekündigt, welches Gnadengeschenk Gott euch zugedacht hat, und sie haben eifrig gesucht und geforscht, um herauszufinden, wann und wie dies alles eintreffen sollte. Der Geist, den wir durch Christus empfangen haben, war schon in ihnen wirksam und zeigte ihnen im Voraus die Leiden, die Christus erdulden musste, und die Herrlichkeit, die ihm daraufhin zuteil wurde.

Gott ließ sie erkennen, dass sie ihre Offenbarungen nicht für sich selbst empfangen hatten, sondern für euch, denen dies alles jetzt verkündet worden ist. Die Boten der Guten Nachricht haben es euch bekannt gemacht, ausgerüstet mit dem Heiligen Geist, den Gott ihnen vom Himmel gesandt hat. Sogar die Engel brennen darauf, etwas davon zu erfahren.

Darum seid wach und haltet euch bereit! Bleibt nüchtern und setzt eure ganze Hoffnung auf die Gnade, die Gott euch schenken wird, wenn Jesus Christus in seiner Herrlichkeit erscheint. Lebt als gehorsame Kinder Gottes und nicht mehr nach euren selbstsüchtigen Wünschen wie damals, als ihr die Wahrheit noch nicht kanntet. Euer ganzes Tun soll ausgerichtet sein an dem heiligen Gott, der euch berufen hat. In den Heiligen Schriften heißt es ja: ‚Ihr sollt heilig sein, denn ich bin heilig.'"

1. Petrus 1,6–16

Ich hatte das Privileg, im Laufe der Jahre eine Reihe von Auszeichnungen entgegennehmen zu dürfen, die mir viel bedeuten: Andenken, Urkunden, Ehrentitel, Titel, die ich mir selbst erarbeiten musste, und all die wunderbaren Anerkennungen, die man bekommt, wenn man mehr als 50 Jahre im Dienste der Gemeinde steht. Zu den Auszeichnungen, die mir am meisten bedeuten, gehören meine zehn Buchpreise und mein Doktortitel in Literatur von der *Liberty University*. Aber nichts davon kommt den drei Auszeichnungen gleich, die Petrus in diesem Text erwähnt. Diese Dinge können alle Christen bekommen, wenn sie vor Jesus stehen.

Petrus sagt von diesen Preisen sogar, dass sie wertvoller seien als Gold, das im Feuer geprüft wird und doch vergänglich ist (1. Petrus 1,7). Dies bezieht sich wahrscheinlich auf den „Feuertest", über den Paulus in 1. Korinther 3, Verse 9 bis 15 schreibt. An dieser Stelle werden Einzelheiten über das Gericht vor dem Richterstuhl Christi beschrieben. Petrus kannte offensichtlich die Briefe des Paulus, denn er schreibt an anderer Stelle: „Genau das hat auch unser lieber Bruder Paulus geschrieben, dem Gott viel Weisheit gegeben hat. Er sagt das in allen seinen Briefen, wenn er über dieses Thema schreibt" (2. Petrus 3,15–16). Wir wissen, dass der erste Brief an die Korinther etwa 25 Jahre vor den Briefen des Apostel Petrus geschrieben wurde. Es ist darum mehr als wahrscheinlich, dass er den gleichen Richterstuhl Christi meinte, auf den sich Paulus schon früher bezogen hatte.

Wir haben bereits gesehen, dass Paulus Siegespreise erwähnt – in anderen Bibelübersetzungen auch als „Kronen" bezeichnet –, die einen bestimmten Lohn symbolisieren. Den einzigen Siegespreis, der von Petrus erwähnt wird, werden wir später untersuchen. Gemeint ist die Krone für Pastoren oder auch Lehrer, die ebenfalls als Krone der Ältesten oder als unvergänglicher Siegeskranz bezeichnet wird (1. Petrus 5,4). Im heutigen Bibeltext beschreibt Petrus jedoch drei Auszeichnungen, die jeder Gläubige bekommen kann. Wir wollen sie im Folgenden einzeln betrachten:

Lob wird eine dieser Auszeichnungen sein. Auch Paulus lehrte, dass Gott beim Gericht sein Lob austeilen wird, so wie jeder es verdient (1. Korinther 4,5). Schon allein die Tatsache, dass wir entrückt werden und vor dem Richterstuhl Christi stehen, wird uns Gottes Lob einbringen. Wir wissen bereits, dass alles, was wir dazu beitragen müssen, nur darin besteht zu glauben, „dass Jesus gestorben und auferstanden ist. Ebenso gewiss wird Gott auch die Verstorbenen durch Jesus und mit ihm zusammen zum ewigen Leben führen“ (1. Thessalonicher 4,14).

Wenn man bedenkt, wie lange dieser Kampf um die Seelen der Menschen zwischen Gott und seinem Widersacher bereits dauert, kann man verstehen, dass Gott jeden Christen allein schon dafür loben wird, dass er den Namen des Herrn angerufen hat, um gerettet zu werden.

Ehre scheint eine andere Auszeichnung zu sein, die nur für eine bestimmte Kategorie von Menschen bestimmt ist, die ihm dienen. Jesus sagte: „Wer mir dienen will, muss mir auf meinem Weg folgen, und wo ich bin, werden dann auch die sein, die mir gedient haben. Sie alle werden von meinem Vater geehrt werden“ (Johannes 12,26). Offensichtlich ist damit keine allgemeine Belohnung gemeint, die jeder bekommen wird. Es ist eine spezielle Belohnung für Christen, die ihm treu gedient haben. Einige davon werden sicherlich Missionare sein, von denen außer Jesus noch nie jemand gehört hat. Doch Christus weiß alles und wird auch diese Menschen nicht vergessen.

Als Pastor einer großen Gemeinde, die Missionare auf der ganzen Welt unterstützt, weiß ich, dass es Christen gibt, die Gott ihr ganzes Leben lang irgendwo weit weg an einem Ort dienen, wo ihre Arbeit von niemandem gewürdigt wird. Aber vor dem Richterstuhl Christi werden sie mit göttlicher Ehre bedacht werden. Wir wissen nicht, worin diese Ehre besteht, aber Petrus versichert uns, dass sie kostbarer als jedes vergängliche Gold ist (1. Petrus 1,7). Dieser Lohn wird Folgen haben, die über das Tausendjährige Reich hinaus bis weit in die Ewigkeit reichen.

In den 40 Jahren, in denen ich in drei Gemeinden als Pastor diente, bin ich vielen Christen begegnet, die diesen Lohn wahrscheinlich nie bekommen werden. Wenn solche Menschen in ihrem Leben auf Hindernisse oder Versuchungen stoßen, dann ziehen sie es vor, Gott nicht zu gehorchen. Sie weigern sich, Christus nachzufolgen und ihm zu dienen, weil sie Dinge vorziehen, die sie für wichtiger halten oder die ihnen mehr Befriedigung zu verschaffen scheinen. Es gibt leider auch Christen, die von Anfang an niemals die Absicht hatten, Christus ernsthaft zu dienen. Der Glaube kostet nichts, denn Jesus hat den Preis für unsere Erlösung bezahlt. Er ist ein Geschenk. Christus zu dienen ist aber eine andere Sache. Dies kostet etwas – Selbstverleugnung, zeitliche Opfer und den Verzicht auf bestimmte Dinge. Denken Sie nur an alle, die Woche für Woche und Jahr für Jahr die Bibel studieren, um ihren Unterricht in der Sonntagsschule vorzubereiten, die andere seelsorgerlich begleiten und versuchen, ihre ungläubigen Freunde zu erreichen. Bei diesem Gericht werden sie Ehre empfangen – für immer.

Herrlichkeit ist offensichtlich die wichtigste der drei von Petrus genannten Auszeichnungen. Diese Herrlichkeit wird damit in Verbindung gebracht, dass wir an den Leiden Christi teilhatten (1. Petrus 5,1). Nicht alle Christen sind dazu berufen, für Christus zu leiden. Andere hingegen müssen schwer leiden oder verlieren sogar ihr Leben. Aber alle, die um seinetwillen leiden, werden auch an seiner Herrlichkeit teilhaben. Jedes Opfer, das sie einmal gebracht haben, wird vor dem Richterstuhl Christi belohnt werden.

Es hat bislang Tausende von Märtyrern gegeben. Polycarp, ein christlicher Schriftsteller und Leiter, der im zweiten Jahrhundert lebte, wurde auf dem Scheiterhaufen verbrannt, weil er sich weigerte, Gott zu verleugnen. Man fesselte ihn an einen Holzpfahl und zündete das Holz unter seinen Füßen an. Seine letzten Worte waren: „Er hat mir während meines ganzen Lebens die Treue bewahrt, warum sollte dann ich Christus, meinen Herrn, verleugnen?“ Als die Stricke, mit denen er gefesselt war, verbrannten und von ihm abfielen, war er bereits tot und befand sich in Gottes Gegenwart. Er ist wie viele andere ein Anwärter auf einen Besitz, der niemals vergehen wird (1. Petrus 1,4).

Gebet für den heutigen Tag

Lieber himmlischer Vater, ich blicke voll Demut auf alle Pläne, die du für mein Leben hast. Bitte hilf mir, deinen Willen für mein Leben im Lichte der Ewigkeit zu sehen. Ich will dir dienen, auch wenn es mich etwas kostet. Ich will dabei weniger meinen Lohn im Auge haben, sondern auf das blicken, was du für mich getan hast. Ich bete in Jesu Namen, Amen.

74

Warum Spötter spotten

„Meine Lieben, dies ist schon der zweite Brief, den ich euch schreibe. Mit beiden rufe ich euch längst Bekanntes ins Gedächtnis, aber ich will euch dadurch wach halten und in eurer unverdorbenen Gesinnung bestärken. Erinnert euch an das, was die heiligen Propheten vorausgesagt haben, und ebenso an die verbindliche Weisung unseres Herrn und Retters, die euch die Apostel übergeben haben!

Ihr müsst euch vor allem darüber im Klaren sein: In der letzten Zeit werden Menschen auftreten, die nur ihren eigenen selbstsüchtigen Wünschen folgen. Sie werden sich über euch lustig machen und sagen: ‚Er hat doch versprochen wiederzukommen! Wo bleibt er denn? Inzwischen ist die Generation unserer Väter gestorben; aber alles ist noch so, wie es seit der Erschaffung der Welt war!'

Sie wollen nicht wahrhaben, dass es schon einmal einen Himmel und eine Erde gab. Gott hatte sie durch sein Wort geschaffen. Die Erde war aus dem Wasser aufgestiegen und auf dem Wasser ruhte sie. Durch das Wort und durch das Wasser wurde sie auch zerstört, bei der großen Flut.

Ebenso ist es mit dem jetzigen Himmel und der jetzigen Erde: Sie ist durch dasselbe Wort Gottes für das Feuer bestimmt worden. Wenn der Tag des Gerichts da ist, werden sie untergehen und mit ihnen alle, die Gott nicht gehorcht haben." 2. Petrus 3, 1–7

Petrus schrieb diesen zweiten Brief am Ende seines Lebens. Er klingt so endgültig, dass es den Anschein hat, als wolle Petrus damit das Neue Testament abschließen. Aber 30 Jahre später verfasste dann der alte Apostel Johannes seine Offenbarung, die das letzte Buch des Neuen Testaments bilden sollte.

In diesem Kapitel bezieht sich Petrus auf prophetische Worte, die den Menschen auf Weisung Gottes von den Aposteln überbracht wurden. Petrus bringt damit eines der wichtigsten Zeichen für die Endzeit zur Sprache. Er schreibt, dass es in dieser Zeit Spötter geben wird, die „nur ihren eigenen selbstsüchtigen Wünschen" folgen werden.

Die Schriften Charles Darwins und seiner Anhänger bestimmen seit über 100 Jahren das Denken der gebildeten Menschen. Die gesamte säkulare Welt ist diesem Evolutionsdenken verfallen! Wie oft hören wir von säkularen Wissenschaftlern, dass unsere Welt schon seit Millionen oder sogar Milliarden von Jahren bestehe! Diese wissenschaftliche Lüge ist seit dem Prozess gegen Scopes im Jahre 1925 so oft verbreitet worden, dass sie inzwischen allgemein als Tatsache akzeptiert ist.

Der Fremdenführer, dem wir kürzlich bei einem Ausflug zum Grand Canyon begegneten, ist ein perfektes Beispiel dafür. Während wir in die Schlucht hinabblickten, die sich zu unseren Füßen wie ein Wasserfall in die Tiefe stürzte, erklärte er uns, dass das Alter der Erde in Beziehung zur Tiefe dieser Schlucht stehe. Er erzählte uns, dass Geologen die Erosionsrate der vergangenen 100 Jahre gemessen und daraus das Alter der Schlucht abgeleitet hätten. Der Grand Canyon sei Millionen von Jahren alt, sagte er.

„Woher wissen Sie, dass die Erosionsrate immer dieselbe wie heute war?", wollte ich wissen.

„Das wird von den Wissenschaftlern behauptet" antwortete er.

„Aber woher wissen diese es? Waren sie da, um sie zu messen? Die Spalte auf dem Mount Saint Helen hat sich an nur einem einzigen Tag gebildet!"

Der junge Mann war nicht zu überzeugen. Petrus sagte, dass in den letzten Tagen Spötter auftreten und sich über Glaubensdinge lustig machen werden. Er sagte ferner, dass sie nur ihren eigenen selbstsüchtigen Wünschen folgen und dabei absichtlich übersehen werden, dass „es einst einen Himmel gab und eine Erde, die durch das Wort Gottes aus Wasser entstand und durch das Wasser Bestand hatte. Durch beides ging die damalige Welt zugrunde, als sie vom Wasser überflutet wurde“ (2. Petrus 3,5–6; Einheitsübersetzung). Mit anderen Worten: Die weltweite Flut, die sich vor nur 4500 Jahren ereignete, hat auch unsere geografische Zeiteinschätzung verändert! Die Beweise für eine Flut weltweiten Ausmaßes sind so offensichtlich, dass sie nur von jenen nicht gesehen werden, die sie bewusst nicht sehen *wollen*.

Um den Grund dafür verstehen zu können, müssen wir ein wenig in der Geschichte zurückreisen. Bis zum 17. Jahrhundert gab es nur wenige oder überhaupt keine Skeptiker (die von Petrus als „Spötter“ bezeichnet werden). Die meisten Kulturen und Weltreligionen beinhalten zahlreiche Berichte über eine Flut, und man schenkte diesen Berichten über eine Flut, die unsere ganze Erde betraf, im Allgemeinen Glauben, bis in der Mitte des 17. Jahrhunderts der Atheismus um sich griff. Auch heute hören die Nachkommen dieser Atheisten nicht auf, sich weiterhin aus der Luft gegriffene Theorien auszudenken, um zu erklären, warum versteinerte Fische in so großen Mengen auf Bergen gefunden werden, die sich mehr als 4 000 Meter über den Meeresspiegel erheben. Diese Wissenschaftler weigern sich, die offensichtliche Wahrheit zu akzeptieren: dass es einen Gott gibt, der sein Wort hält.

Was sind die Kennzeichen der Skeptiker unserer Tage?

Sie verharren bewusst in ihrer Ignoranz, um ihre eigenen Begierden befriedigen zu können. Nicht alle, die Gott ablehnen, verleiten die Welt zu einem unmoralischen Lebenswandel, aber viele tun es. Petrus weist darauf hin, dass es in den letzten Tagen Menschen geben wird, die seine verheißene Wiederkunft leugnen werden, manche aus Lust, andere aus Eigenwillen. Aber sie werden in beiden Fällen ablehnen, daran zu glauben, dass es einen Gott gibt, der sein Wort hält und wiederkommen wird.

In Vers 7 wird der wahre Grund genannt, warum sie ihrem Eigensinn gestatten, die Oberhand über ihren gesunden Menschenverstand zu gewinnen: weil das gleiche Wort Gottes, das uns von einer Flut berichtet, die als Gericht über die Sünden der Menschheit hereingebrochen ist, auch lehrt, dass Gott unsere Welt richten wird. Die Skeptiker weisen alle Beweise für die Existenz Gottes weit von sich, weil sie die Wahrheit nicht sehen wollen, dass er sie einmal dafür richten wird, wie sie gelebt haben.

Petrus schreibt in Vers 8: „Meine Lieben, eines dürft ihr dabei nicht übersehen: Beim Herrn gilt ein anderes Zeitmaß als bei uns Menschen. Ein Tag ist für ihn wie tausend Jahre und tausend Jahre sind wie ein einziger Tag." Nach unserem Verständnis wurden diese Prophezeiungen vor 2 000 Jahren ausgesprochen. Aber aus der Sicht Gottes sind inzwischen nur zwei Tage vergangen. Er wird eines Tages wiederkommen und alle richten, die sich geweigert haben, an ihn zu glauben.

Gebet für den heutigen Tag

Lieber himmlischer Vater, danke für die vielen Hinweise auf deine Existenz, durch die du unseren Glauben stärken willst. Jesus wird wiederkommen. Wir haben dein Wort, den Beweis der Flut, die Sterne, die auf deine Herrlichkeit hinweisen, das außergewöhnliche Leben Jesu und seine Auferstehung. All das überzeugt uns davon, dass du einmal einen König schicken wirst, der ein gerechtes Reich aufrichten wird. Es ist eine Ehre für uns, dass wir dazu eingeladen sind, dieses Reich mit dir zu teilen. Hilf uns, in Glauben und Gehorsam zu leben, bis dieser König kommt. In Jesu Namen, Amen.

75 Wenn der Morgenstern in unseren Herzen aufgeht

„Dadurch wissen wir nun noch sicherer, dass die Voraussagen der Propheten zuverlässig sind, und ihr tut gut daran, auf sie zu achten. Ihre Botschaft ist für euch wie eine Lampe, die in der Dunkelheit brennt, bis der Tag anbricht und das Licht des Morgensterns eure Herzen hell macht.

Ihr müsst aber vor allem Folgendes bedenken: Keine Voraussage in den Heiligen Schriften darf eigenwillig gedeutet werden; sie ist ja auch nicht durch menschlichen Willen entstanden. Die Propheten sind vom Geist Gottes ergriffen worden und haben verkündet, was Gott ihnen aufgetragen hat." 2. Petrus 1,19–21

Eine Stewardess konnte es einmal kaum erwarten, bis unser Flugzeug abgehoben hatte, um sich vorzustellen. Sie platzte begeistert heraus: „Seit ich Ihre ‚Finale'-Serie gelesen habe, hat Gott mein Leben so verändert!" Dann erzählte sie ihre Geschichte: „Ich mag unseren Pastor sehr. Er ist ein guter Lehrer, aber er predigt nie über Prophetie. Bevor ich ihre Bücher las, hatte ich wirklich keinen Grund, anderen von meinem Glauben zu erzählen. Nun aber rege ich möglichst viele in unserer Besatzung dazu an, Ihre Romane zu lesen. Ich spreche offen davon, dass man seine Beziehung zu Gott klären muss. Inzwischen sind schon drei meiner Kollegen und Verwandten zum Glauben gekommen."

Komplimente dieser Art überraschen mich nicht. Es gibt nichts, das Christen mehr motivieren könnte als der Glaube, dass Jesus jeden Augenblick wiederkommen kann. Als ich vor kurzem über Prophetie predigte, kam ein Mann auf mich zu und sagte, dass er ganz „süchtig" danach ist, seinen Glauben zu bezeugen. Bevor er die Wahrheit über die Wiederkunft Jesu verstanden habe, sei er so schüchtern gewesen, dass er kein Wort hervorgebracht hatte. Aber der Gedanke, dass Jesus jeden Augenblick kommen kann, habe ihm geholfen, seine Schüchternheit zu überwinden, und er redet jetzt offen von seinem Glauben.

Dieser biblische Text geht noch einen Schritt weiter. Nachdem der Apostel klargestellt hat, dass die Prophetie in der Bibel keineswegs eine nebensächliche Rolle spielt, sondern zu ihrer zentralen Lehre gehört, spricht er davon, dass der „Morgenstern" in unseren Herzen aufgehen wird. Es gibt unter den Gelehrten keine volle Übereinstimmung darüber, was unter diesem Phänomen zu verstehen ist, aber die beste Interpretation, die ich dazu gelesen habe, lautet folgendermaßen: Alle Menschen, die biblische Prophezeiungen genau studieren, werden daran glauben, dass wir in den letzten Tagen leben. Bei allen, die aber daran glauben, wird auch „das Licht des Morgensterns" das Herz erleuchten. Das heißt, dass in uns die freudige Erwartung erwacht, dass Christus unter Umständen noch während unseres Lebens wiederkommen wird. Wenn wir uns mit diesem Thema beschäftigen, weckt dies auch die Vorfreude auf dieses Ereignis, und es ermutigt uns, wenn wir das finstere Tal der Todesschatten durchschreiten (Psalm 23,4).

Bevor Sie das als unmöglich abtun, sollten wir Simeon und Hanna, zwei Heilige des ersten Jahrhunderts, betrachten, die ebenfalls auf das Kommen Jesu warteten. Lukas berichtet uns in seinem Evangelium: „Damals lebte in Jerusalem ein Mann namens Simeon. Er war fromm, hielt sich treu an Gottes Gesetz und wartete auf die Rettung Israels. Er war vom Geist Gottes erfüllt, und der hatte ihm Gewissheit gegeben, er werde nicht sterben, bevor er den von Gott versprochenen Retter mit eigenen Augen gesehen habe" (Lukas 2,25–26). Könnte das der Morgenstern gewesen sein, der in seinem Herzen aufleuchtete? Der Heilige Geist hatte ihn immerhin zur rechten Zeit an den rechten Ort gebracht, sodass er sich gerade dann im Tempel aufhielt, als Maria und Josef das Kind zur Beschneidung brachten. Die Folge davon war, dass er das Kind in seinen Armen halten und weitergeben konnte, was Gott ihm über dieses Kind gesagt hatte.

Lukas berichtet auch von Hanna, einer hochbetagten Prophetin: „Sie verließ den Tempel nicht mehr und diente Gott Tag und Nacht mit Beten und Fasten. Auch sie kam jetzt hinzu und pries Gott. Sie sprach über das Kind zu allen, die auf die Rettung Jerusalems warteten" (Lukas 2,37–38). Offensichtlich leuchtete derselbe Morgenstern auch in ihrem Herzen auf. Sie sah und berührte den Retter der Welt bei seinem ersten Kommen tatsächlich.

Die Kraft dieses Morgensterns hat zum Teil damit zu tun, ob wir uns zur Generation zählen, die entrückt wird, oder nicht. Wir haben mehr Grund zu dieser Annahme als jede andere Generation, die je vor uns lebte. In unserem Buch „Leben wir in der Endzeit?" nennen wir viele Anzeichen auf die Wiederkunft Jesu, die sich im 20. Jahrhundert erfüllt haben. Das rapide Ansteigen des Verkehrs und die Ausweitung unseres Wissens könnten ein Zeichen dafür sein, dass wir die erste Generation sind, für die das in der Offenbarung 11, Vers 9 Genannte wörtlich in Erfüllung geht. Es handelt sich dabei um eine Prophezeiung darüber, dass die gesamte Welt sehen wird, wie die Leichname der beiden getöteten Zeugen drei Tage lang unbeerdigt auf der Straße liegen bleiben. Das wäre vor 40 Jahren noch nicht möglich gewesen. Heute aber ist das dank CNN kein Problem mehr.

Wie uns die besten Bibelgelehrten versichern, gibt es keine Zeichen, die bis zur Entrückung noch in Erfüllung gehen müssten. Christus könnte jeden Augenblick kommen, ohne dass zuvor irgendetwas geschehen müsste, damit es möglich ist. Folglich könnte es in unserer Zeit viele moderne Simeons und Hannas geben – fromme Heilige, die in den prophetischen Schriften bewandert sind –, die erleben, dass dieser Morgenstern auch in ihrem Herzen aufgeht.

Gebet für den heutigen Tag

Lieber himmlischer Vater, danke für die zahlreichen biblischen Zusagen, die uns darauf vorbereiten, das Kommen Jesu voller Freude zu erwarten. Ich möchte mein Leben unter deiner Leitung führen, damit dein Heiliger Geist zu mir sprechen kann, wenn ich die Bibel studiere, um mehr über die Ereignisse der Endzeit zu erfahren. Eines ist aber sicher: Ich möchte keine Gewohnheit, kein Verhalten und keine Sünde in meinem Leben haben, die diesen Morgenstern daran hindern könnten, sein Licht in meinem Herzen aufstrahlen zu lassen. Ich möchte dazugehören, wenn Jesus kommt, um seine Gemeinde zu sich zu holen. In Jesu Namen, Amen.

76 „Nehmt euch in Acht vor falschen Lehrern!“

„Ihr müsst vor allem Folgendes bedenken: Keine Voraussage in den Heiligen Schriften darf eigenwillig gedeutet werden; sie ist ja auch nicht durch menschlichen Willen entstanden. Die Propheten sind vom Geist Gottes ergriffen worden und haben verkündet, was Gott ihnen aufgetragen hat.

Aber genauso wie im Volk Israel falsche Propheten aufgetreten sind, werden auch unter euch falsche Lehrer auftreten, die gefährliche Irrlehren verkünden. Durch ihre Lebensführung werden sie den erhabenen Herrn verleugnen, der sie freigekauft hat. Damit werden sie sehr schnell ihren eigenen Untergang herbeiführen.

Viele werden dem Beispiel ihres ausschweifenden Lebens folgen und so wird ihretwegen die wahre Glaubenslehre in Verruf geraten."

2. Petrus 1,20–2,2

Es hat schon immer Menschen gegeben, die daran interessiert waren, die Wahrheit zu verfälschen. Schon in den Tagen Jesu mussten die Apostel gegen dieses Problem ankämpfen. Diese Häretiker schienen moralisch integer und fromm zu sein, aber sie versuchten schon immer, Religionen zu gründen, die Menschen in die Irre führten. Auch in unserer Generation gibt es diese falschen Lehrer in Hülle und Fülle. Unsere Welt wird heute von viel mehr Menschen bevölkert als im ersten Jahrhundert. Mehr Menschen heißt aber auch mehr falsche Propheten! Jesus und seine Jünger haben uns davor gewarnt, dass ihre Anzahl in der Endzeit und bis weit in die Trübsalzeit hinein stetig zunehmen wird.

Der Widersacher ist Experte darin, die Menschheit zu täuschen. Er versucht schon seit Jahrtausenden, die Wahrheit zu verwässern, so wie damals bei Eva. Schon im Garten Eden stellte er die Wahrheit von Gottes Wort in Frage, indem er Eva vorhielt: „Hat Gott wirklich gesagt ...?“ (Genesis 3,1). Oder indem er den Worten

Gottes offen widersprach: „Nein, ihr werdet nicht sterben" (Genesis 3,4). In der Endzeit werden seine Lügen durch falsche Lehrer noch weiter zunehmen. Sie werden die Menschen verwirren, indem sie ihnen ihre destruktiven Irrlehren heimlich unterschieben und Gott durch ihre Lebensführung verleugnen.

In der heutigen Zeit bestreiten viele dieser so genannten „Gelehrten" grundlegende Dinge wie die Auferstehung Jesu und seine Gottheit. Die meisten dieser Akademiker haben eine Voraussetzung vergessen, die aller Logik zugrunde liegt: Wer von falschen Voraussetzungen ausgeht, wird immer zu falschen Schlüssen kommen. Jeder, der von der falschen Voraussetzung ausgeht, dass Jesus Christus nicht der von einer Jungfrau empfangene, einzige und auferstandene Sohn Gottes ist, wird immer zu falschen Schlüssen über Gott und die Bibel kommen.

Alle, die den Lehren solcher falscher Propheten Beachtung schenken, laufen Gefahr, von ihnen in die Irre geführt zu werden. Sie werden leider auch ihr Schicksal teilen müssen. Der Apostel Petrus hält sich nicht vornehm zurück, wenn er davor warnt, was mit allen geschehen wird, die anderen ein falsches Bild von Jesus vermitteln: „Diese falschen Lehrer handeln unvernünftig wie die wilden Tiere, die nur geboren werden, damit man sie fängt und tötet. Sie beschimpfen das, wovon sie keine Ahnung haben. Sie werden auch wie wilde Tiere vernichtet werden. Für das Unrecht, das sie tun, bekommen sie den verdienten Lohn" (2. Petrus 2,12–13).

Es ist offensichtlich, dass Petrus den falschen Lehrern seiner Zeit in aller Strenge das Gericht Gottes verkündete.

Erfahrungsgemäß ist es nicht einfach, Menschen wieder von ihren falschen Lehren abzubringen. Aber alle, die von der Wahrheit der Bibel überzeugt sind, können dennoch etwas tun. Wir können dazu beitragen, das Volk Gottes mit der Wahrheit Gottes zu sättigen. Das ist auch der Grund, warum ich mein Leben damit zubringe, Bücher über Prophetie zu schreiben. Menschen, die von der Wahrheit durchdrungen sind, sind viel weniger anfällig für falsche Lehren.

Vor kurzem schrieb uns ein Mann: „Seit ich erwachsen bin, bin ich Christ. Ich habe die Bibel dreimal durchgelesen, mit einer Ausnahme: der Offenbarung. Meine Pastoren hatten mir geraten, dieses Buch auszulassen, weil es ohnehin niemand verstehen kann. Doch seit ich Ihre Romane gelesen habe, habe ich die Offenbarung viermal gelesen, und ich liebe sie!“ Alle Bücher der Bibel sollen von uns gelesen und verstanden werden. Das trifft ganz besonders auf das letzte Buch der Bibel zu. In Offenbarung 1, Vers 3 wird sogar allen ein Segen zugesprochen, die diese Worte lesen. Jesus Christus wird darin wie in keinem anderen Buch der Welt verherrlicht.

Gebet für den heutigen Tag

Lieber himmlischer Vater, danke, dass ein so großer Teil der Bibel prophetischer Natur ist. Ohne diese Prophezeiungen würden wir nichts von dem großartigen Plan wissen, den du für unsere Zukunft hast. Hilf mir, dass ich ein leidenschaftliches Interesse daran entwickle, diese Prophezeiungen zu studieren. Mit Hilfe dieser bedeutenden prophetischen Texte kann ich das zweite Kommen deines Sohnes wirklich verstehen. Wecke in mir den Hunger nach deinem Wort. Das bitte ich in Jesu Namen, Amen.

77

Gott hält seine Zusagen

„Meine Lieben, eines dürft ihr dabei nicht übersehen: Beim Herrn gilt ein anderes Zeitmaß als bei uns Menschen. Ein Tag ist für ihn wie tausend Jahre, und tausend Jahre sind wie ein einziger Tag. Der Herr erfüllt seine Zusagen nicht zögernd, wie manche meinen. Im Gegenteil: Er hat Geduld mit euch, weil er nicht will, dass einige zugrunde gehen. Er möchte, dass alle Gelegenheit finden, von ihrem falschen Weg umzukehren.

Doch der Tag des Herrn kommt unvorhergesehen wie ein Dieb. Dann wird der Himmel unter tosendem Lärm vergehen, die Himmelskörper verglühen im Feuer, und die Erde und alles, was auf ihr ist, wird zerschmelzen.

Wenn ihr bedenkt, dass alles auf diese Weise vergehen wird, was für ein Ansporn muss das für euch sein, ein heiliges Leben zu führen, das Gott gefällt! Lebt in der Erwartung des großen Tages, den Gott heraufführen wird! Tut das Eure dazu, dass er bald kommen kann. Der Himmel wird dann in Flammen vergehen, und die Himmelskörper werden zerschmelzen. Aber Gott hat uns einen neuen Himmel und eine neue Erde versprochen. Dort wird es kein Unrecht mehr geben, weil Gottes Wille regiert. Auf diese neue Welt warten wir.

Meine Lieben, weil ihr darauf wartet, darum setzt auch alles daran, dass eure Gemeinschaft mit dem Herrn durch nichts beeinträchtigt wird. Bemüht euch, rein und fehlerlos vor ihm zu stehen, wenn er kommt."

2. Petrus 3,8–14

Jeder von uns kennt die Enttäuschung über Versprechen, die nicht eingehalten wurden. Das schlimmste unter all diesen gebrochenen Versprechen ist vielleicht das eines Mannes, der eine Affäre mit einer anderen Frau hat und sich von seiner Ehefrau scheiden lässt, obwohl er versprochen hat, sie zu lieben und zu ehren, so lange er lebt.

Als Pastor habe ich mit einigen Menschen gelitten, die keine Ahnung davon hatten, dass sie betrogen wurden. Ich kann mich noch gut an einen 62 Jahre alten Mann erinnern, der seine kranke und leidende Frau wegen einer Jüngeren verließ. Als er an sein Heiratsversprechen erinnert wurde, schnippte er gleichgültig mit den Fingern und sagte: „Versprechen sind wie ein Stück hartes Brot. Sie sind da, um gebrochen zu werden."

Bei Gott ist das anders! Es gibt kein Versprechen, das Gott nicht gehalten hätte. Er hat uns im Alten Testament durch seine Propheten versprochen, dass Jesus kommen würde. Und er hat diese Verheißung pünktlich erfüllt. Als Jesus lebte, hat er versprochen, zurückzukehren und sein Reich auf dieser Erde zu errichten. Sie können sicher sein, dass er auch dieses Versprechen exakt erfüllen wird.

Petrus versucht, diesen Sachverhalt so zu erklären, dass wir ihn aus unserer menschlichen Perspektive heraus verstehen können. Gott hat zwar schon vor 2 000 Jahren versprochen, dass er wiederkommen wird, aber da für Gott 1 000 Jahre wie ein Tag sind, ist dieses Versprechen erst zwei Tage alt. Menschliche Versprechen verlieren mit der Zeit ihren Glanz, Gottes Zusagen aber nicht! Sein Wort steht fest in alle Ewigkeit.

Petrus sagt vieles, das sehr beruhigend für uns ist: „Der Herr erfüllt seine Zusagen nicht zögernd, wie manche meinen. Im Gegenteil: Er hat Geduld mit euch, weil er nicht will, dass einige zugrunde gehen.“ Paulus betont, dass Gottes Wort ewige Gültigkeit hat und dass der Tag des Herrn so unvorhergesehen wie ein Dieb in der Nacht kommen wird. Petrus verwendet dieses Bild, um auf die Wiederkunft Jesu hinzuweisen. Alle, die auf sein Kommen gewartet haben, werden dann schon bei ihm sein. Nur die Menschen, die in der siebenjährigen Periode der Trübsalzeit zum Glauben kommen und wegen ihres Glaubens noch nicht getötet wurden, werden für sein Kommen bereit sein. Die meisten Menschen, die nach der Entrückung auf dieser Erde leben, werden so wie viele Menschen heute den Zusagen Gottes keine Beachtung schenken. Sie werden völlig ahnungslos und unvorbereitet sein. Sein Kommen wird sie überraschen wie ein Dieb in der Nacht.

An dieser Stelle erklärt Petrus ebenfalls, warum Jesus sein Kommen so lange hinauszögert: „Weil er nicht will, dass einige zugrunde gehen. Er möchte, dass alle Gelegenheit finden, von ihrem falschen Weg umzukehren.“ Jeder Pastor sollte dies laut und mutig von allen Dächern rufen: Gott will nicht, dass irgendjemand verloren geht!

Irgendwie ist es dem Widersacher gelungen, ein falsches Bild von Gott zu vermitteln. Er verbreitet die Vorstellung, dass Gott ein zorniger und unnachgiebiger Richter ist, der seine Freude daran hat, Menschen in die Hölle zu verbannen. Nichts könnte von der Wahrheit weiter entfernt sein! Gott liebt die Menschen so sehr, dass er seinen Sohn für uns geopfert hat, um uns zu retten. Er steht am Rande der Hölle und weint, wenn jemand verloren geht. Sein Erbarmen wird auch nach der Entrückung noch andauern, wenn erneut viele Menschen zum Glauben an ihn kommen. Das ist sicherlich ein Beweis dafür, wie sehr Gott die Menschheit liebt.

Da Gott nicht zögert, seine Zusagen zu erfüllen, kann auch nicht der geringste Zweifel daran bestehen, dass Jesus wiederkommen wird. Es sollte also unser vorrangiges Ziel sein, uns auf sein Kommen vorzubereiten. Der einzige sichere Weg, der uns dafür bereitmacht, liegt darin, seinen Sohn Jesus Christus als unseren persönlichen Herrn und Retter anzunehmen. Bereiten Sie sich darum vor und kommen Sie zum Erlöser.

Gebet für den heutigen Tag

Lieber himmlischer Vater, danke für deine Liebe und für dein Interesse an uns Menschen! Danke, dass du mich gerettet hast. Bitte gebrauche auch mich, um deine Gute Nachricht zu anderen Menschen zu bringen. Ich erkenne, dass ich die Erfüllung mit deinem Heiligen Geist brauche, damit ich deine Liebe und die Botschaft von deiner Gnade zu anderen bringen kann. Sollte es in meinem Leben etwas geben, das deinen Heiligen Geist daran hindert, mich zu gebrauchen, vergib mit bitte und reinige mich von allem, was zwischen mir und dir steht. Das bete ich in Jesu Namen, Amen.

78

Ein völlig neues Leben

„Bleibt also mit ihm vereint, meine Kinder! Dann werden wir voll Zuversicht sein, wenn er erscheint, und müssen nicht als Schuldige vor ihm stehen, wenn er kommt. Ihr wisst doch, dass Christus nie etwas Unrechtes getan hat. Dann wisst ihr auch, das jeder, der das Rechte tut, genau wie Christus Gott zum Vater hat.

Seht doch, wie sehr uns der Vater geliebt hat! Seine Liebe ist so groß, dass er uns seine Kinder nennt. Und wir sind es wirklich: Gottes Kinder! Deshalb kennt uns die Welt nicht; sie hat ja auch ihn nicht erkannt.

Ihr Lieben, wir sind schon Kinder Gottes. Was wir einmal sein werden, ist jetzt noch nicht sichtbar. Aber wir wissen, wenn es offenbar wird, werden wir Gott ähnlich sein; denn wir werden ihn sehen, wie er wirklich ist.

Alle, die das voller Zuversicht von ihm erwarten, halten sich von allem Unrecht fern, so wie Christus es getan hat. Wer sündigt, lehnt sich gegen Gott auf, denn Sünde ist nichts anderes als Auflehnung gegen Gott." 1. Johannes 2,28–3,4

Bevor Menschen, die an Christus glauben, „Christen" genannt wurden, wurden sie als „Jünger des Weges" bezeichnet. Die Gesellschaft Israels bestand im ersten Jahrhundert zum größten Teil aus Juden, die strenge moralische Gesetze befolgten, die manchmal sehr gesetzlich waren. Neben diesen Juden gab es auch Heiden, die meist nicht an Gott glaubten und ihm folglich auch keinerlei Mitspracherecht auf ihre Lebensführung einräumten.

Das Christentum sah damals anders aus als heute. Jesus machte klar, dass jeder, der ihm nachfolgen wollte, auch seinen Lebensstil ändern muss. Eine echte Umkehr muss Auswirkungen auf Neigungen, Haltungen und auf das gesamte Wertesystem haben. Diese Wiedergeburt ist ein übernatürliches Ereignis!

Ein Veteran aus dem Vietnamkrieg erzählte mir einmal, dass er nach diesem Krieg zum Glauben an Jesus gefunden hatte. Als ich ihn fragte, woran er, aus heutiger Sicht gesehen, als Erstes feststellen konnte, dass er wirklich Christ geworden war, antwortete er: „Als ich an jenem Sonntagabend nach Hause fuhr, schoss mir plötzlich der Gedanke durch den Kopf: Du musst dich von dieser Frau trennen, mit der du zusammenlebst!" Kein Mensch musste ihm sagen, was in seinem Leben aus Gottes Sicht nicht in Ordnung war. Obwohl niemand wusste, welches Leben er führte, redete der Heilige Geist zu ihm. Dieser Mann wusste, was er zu tun hatte. Einige Zeit später kam auch seine Freundin zum Glauben an Jesus und beide gründeten eine Familie.

Wenn ich Sie fragen würde, wie man als Christ leben soll – was würden Sie darauf antworten? Ich hoffe, dass Ihre Antwort auch „das Richtige tun" einschließen würde. Johannes lehrt in unserem heutigen Text, dass jeder, der wirklich auf die Rückkehr Jesu wartet, sich darum bemüht, sich von Sünde fern zu halten und seinem Erlöser immer ähnlicher zu werden.

„Hilf dir selbst, dann hilft dir Gott", ist wirklich ein grundfalsches Sprichwort. Unsere Erlösung ist ein Geschenk Gottes. „Ihr habt sie nicht durch irgendein Tun verdient; denn niemand soll sich mit irgendetwas rühmen können“ (Epheser 2,8–9). Aber die christliche Lebensführung ist eine andere Sache. Alle, die Jesus ihren Herrn und Erlöser nennen und trotzdem nur für sich selbst leben, werden bei seinem Kommen für schuldig befunden.

Eines Sonntags wurde ich nach dem Gottesdienst von einer Dame am Ausgang getadelt: „Ich hasse es, wenn man versucht, mir Schuldgefühle einzureden. Wenn ich zur Kirche gehe, will ich mich nicht schuldig fühlen. Ich habe es viel lieber, wenn man mir sagt, dass ich in Ordnung bin.“ Diese Frau kam nur einmal in der Woche zum Gottesdienst und las auch nie in der Bibel. Sie hatte keine Freunde in der Gemeinde und erzählte auch nie anderen von ihrem Glauben. Sie verbrachte ihre Zeit mit Einkaufen, Gartenpartys und Bridgespielen. Sie umgab sich mit Frauen, die genauso waren wie sie und sich nicht um Jesus und sein Reich kümmerten.

Die Lehre über die Wiederkunft Jesu hat weltlich gesinnten „Christen“, die sich nur wenig um Jesus kümmern, wenig zu bieten. Solche Menschen haben kaum Interesse an dem, was die Bibel über unsere Zukunft lehrt. Darum fehlt ihnen meist auch jede Motivation, ihr Leben Gott ganz zu unterstellen.

Was empfinden Sie, wenn Sie an die Entrückung, an den Richterstuhl Jesu oder an die Hochzeit des Lammes denken? Diese äußerst wichtigen Themen geben uns einen prophetischen Vorgeschmack auf das, was Gott für jene bereithält, die ihn lieben.

Sind Sie für sein Kommen bereit?

Gebet für den heutigen Tag

Lieber himmlischer Vater, danke, dass du uns nicht ohne dein Wort über die Wiederkunft Jesu zurückgelassen hast. Es kann gut sein, dass wir die Generation sind, die von ihm entrückt wird. Gibt es in meinem Leben noch irgendeine Sünde? Wenn ja, dann öffne mir die Augen dafür. Ich möchte deinem Sohn immer ähnlicher werden, während ich deine Herrlichkeit erwarte. Das bete ich in Jesu Namen, Amen.

79 Jesus ähnlicher werden

„Seht doch, wie sehr uns der Vater geliebt hat! Seine Liebe ist so groß, dass er uns seine Kinder nennt. Und wir sind es wirklich: Gottes Kinder! Deshalb kennt uns die Welt nicht; sie hat ja auch ihn nicht erkannt.

Ihr Lieben, wir sind schon Kinder Gottes. Was wir einmal sein werden, ist jetzt noch nicht sichtbar. Aber wir wissen, wenn es offenbar wird, werden wir Gott ähnlich sein; denn wir werden ihn sehen, wie er wirklich ist.

Alle, die das voller Zuversicht von ihm erwarten, halten sich von allem Unrecht fern, so wie Christus es getan hat. Wer sündigt, lehnt sich gegen Gott auf, denn Sünde ist nichts anderes als Auflehnung gegen Gott. Ihr wisst doch, dass Christus auf die Erde gekommen ist, um die Sünden der Menschen wegzuschaffen. In ihm gibt es keine Spur von Sünde. Wer mit ihm verbunden bleibt, sündigt nicht mehr. Wer aber sündigt, hat ihn nie gesehen und kennt ihn nicht.

Lasst euch von niemand irreführen, meine lieben Kinder! Wer das Rechte tut, kann wie Christus vor dem Urteil Gottes bestehen. Wer sündigt, stammt vom Teufel, denn der Teufel hat von Anfang an gesündigt. Der Sohn Gottes aber ist auf die Erde gekommen, um die Werke des Teufels zu zerstören.

Wer Gott zum Vater hat, sündigt nicht, weil das Erbgut Gottes in ihm wirkt. Ein solcher Mensch kann gar nicht sündigen, weil er von Gott stammt." 1. Johannes 3,1–9

Sobald ein Mensch zum Glauben an Jesus Christus kommt, wird sich auch sein Lebensstil ändern. Wenn wir ihm unser Leben anvertrauen, kommt der Heilige Geist und nimmt in unseren Herzen Wohnung. Wenn er in uns lebt, wird sich aber auch in unserem Leben etwas ändern. Welche Veränderungen sind zu erwarten? Wir werden als Erstes dazu bewegt, auch andere Christen zu lieben. Aus den ersten Versen unseres Textes geht klar hervor, dass wir einander lieben sollen, wenn wir durch den Glauben Gottes Kinder geworden sind.

Johannes schreibt auch, dass wir Gott ähnlich sein werden, wenn er kommt, weil wir seine Kinder sind. Man stelle sich das vor: Wir werden dem auferstandenen Jesus ähnlich sein! Die meisten von uns sind unglücklich darüber, weil in unserem Leben manchmal so wenig Ähnlichkeit mit ihm zu sehen ist. Aber das wird eines Tages anders sein!

Bis es so weit ist, sollten wir uns von den vielen jungen Menschen inspirieren lassen, die Armbänder mit der Aufschrift WWJD tragen („What would Jesus do?" bzw. „Was würde Jesus tun?"). Es gibt Situationen, in denen wir nie automatisch so wie Jesus reagieren werden, einfach deshalb, weil wir Menschen sind. Wenn aber Versuchungen oder Entscheidungen auf uns zukommen, ist es dennoch hilfreich, sich zu fragen, wie sich wohl Jesus in dieser Situation verhalten würde.

In gewisser Weise werden wir dazu auch von Johannes aufgefordert: „Alle, die das voll Zuversicht von ihm erwarten, halten sich von allem Unrecht fern, so wie Christus es getan hat." Wenn wir tatsächlich in der Endzeit leben, dann könnte Jesus noch während unseres Lebens wiederkommen. Vielleicht ist es wirklich an der Zeit, dass Christen anfangen, ihren Lebensstil zu ändern.

Wir sollten uns dabei aber nicht voller Angst ständig um uns selbst drehen, sodass uns kaum Zeit bleibt, uns um andere zu kümmern. Hin und wieder begegne ich Christen, die fast alles als Sünde brandmarken, das nur irgendwie nach Spaß aussieht. Johannes stellt in Vers 4 aber klar, was als Sünde zu betrachten ist: Sünde ist Auflehnung gegen Gott. Diese Definition erinnert uns an die erste Sünde, die von Adam und Eva begangen wurde. Sie lehnten sich gegen den ausdrücklichen Willen Gottes auf, als sie vom Baum der Erkenntnis über Gut und Böse aßen. Es war nicht die Frucht des Baumes, die zu ihrem Tode führte. Es war ihre Auflehnung gegen Gott. Ihr Ungehorsam führte dazu, dass sie das Paradies verlassen mussten.

Das ist auch für uns nicht anders. Wir haben die zehn Gebote und kennen den Unterschied zwischen Gut und Böse. Im Neuen Testament gibt es noch zusätzliche Ermahnungen und Regeln, die uns dabei helfen, zwischen richtigem und falschem Verhalten zu unterscheiden. Außerdem wohnt der Heilige Geist in uns, eine Art geistlicher Schiedsrichter, der uns in allen unseren Kämpfen dazu anfeuert, für Gott zu leben.

Eines Tages kam ein Mann zu mir, der eine Druckerei besaß. Er sagte, dass ihm ein anderer Drucker, der neuere und größere Maschinen besaß, eine engere Zusammenarbeit angeboten habe. Es war aber zu sehen, dass dieser junge Christ kein gutes Gefühl dabei hatte. Als ich fragte, ob der Mann, der sein Partner werden wollte, Christ sei, antwortete er: „Nein. Warum fragen Sie?"

Ich zitierte den Rat des Paulus: „Macht keine gemeinsame Sache mit Ungläubigen!" (2. Korinther 6,14).

Er entgegnete: „Ich dachte, das bezieht sich nur auf die Ehe." Als ich das verneinte, antwortete er sofort: „Damit ist die Sache für mich entschieden. Wenn Gott nicht will, dass ich das mache, dann werde ich es nicht tun." Nur wenige Wochen später entdeckte er, dass sein potenzieller Partner bis über den Hals in Schulden steckte und nach Mexiko geflohen war.

Mein Freund hatte den Kampf in dem Augenblick gewonnen, als er sagte: „Wenn Gott nicht will, dass ich das mache, dann werde ich es nicht tun." Das sollte die Haltung aller Kinder Gottes sein, „und das umso mehr, als ihr doch merken müsst, dass der Tag näher rückt, an dem der Herr kommt" (Hebräer 10,25). Wenn es also in Ihrem Leben etwas geben sollte, über das Sie unsicher sind, dann sollten Sie sich fragen: Möchte ich von Jesus heute dabei angetroffen werden, wenn er kommt? Diese Frage wird uns immer die beste Einsicht in jede Sache und in jede Entscheidung vermitteln.

Gebet für den heutigen Tag

Lieber himmlischer Vater, bitte vergib mir, wann immer ich mich gegen deinen Willen aufgelehnt und meinen eigenen Willen verfolgt habe. Ich möchte ein Leben in der Abhängigkeit von dir führen. Reinige mein Herz. Wasche alle Sünden von mir ab, damit ich für dein Kommen bereit bin. Das bete ich in Jesu Namen, Amen.

80 Die Hoffnung der Christen

„Jeder, der dies von ihm erhofft, heiligt sich, so wie er heilig ist."

1. Johannes 3,3; Einheitsübersetzung

Wahrscheinlich hoffen alle Christen auf das zweite Kommen Jesu. Wir haben bereits gesehen, wie Gott diese Hoffnung gebraucht, um Menschen einzuladen, sich ihm anzuvertrauen und ihr Leben völlig zu verändern. Nur Gott hat unsere Zukunft in der Hand. Nur er kann sie voraussagen. Das haben zwar schon viele andere versucht, aber ihre Prophezeiungen sind niemals eingetreten. Ihre Anhänger bemühen sich dann, die Dinge zu verdrehen und zu verzerren, um den Anschein zu erwecken, ihre Voraussagen seien zutreffend.

Unser Gott ist anders. Bei ihm gibt es eine ungebrochene Reihe von Hunderten von Prophezeiungen, die exakt in Erfüllung gegangen sind. Erinnern Sie sich noch an den Traum Nebukadnezars? Daniel legte diesen Traum aus und erklärte dem Despoten, dass es bis zum Ende der Welt noch vier Weltreiche geben würde (Daniel 2,27–45). Die Geschichte hat Daniel bestätigt. Alle seine Prophezeiungen sind in Erfüllung gegangen. Wir haben auch das Wunder erlebt, dass die Juden nach Israel zurückgekehrt sind. Der Grund, warum sich manche Prophezeiungen noch nicht erfüllt haben, liegt darin, dass sie sich erst in der Zukunft erfüllen werden. Das macht das Wesen der Prophetie aus: Es ist Geschichte, die im Voraus geschrieben wird! Jeder Mensch kann irgendwelche fragwürdigen Dinge voraussagen, aber nur Gott kennt die Geschichte im Voraus und weiß, dass alles genau so eintreten wird.

Jerry und ich schreiben Romane über prophetische Ereignisse, die in der Endzeit eintreten werden. Wir wollen dazu beitragen, dass Christen überall auf der Welt anfangen, sich auf das zweite

Kommen Jesu zu freuen. Das hat nichts mit Aberglaube oder einer groben Einschätzung zu tun. Es geht um Fakten, die in der Zukunft eintreten werden. Wir können zwar nicht garantieren, dass Jesus noch zu unseren Lebzeiten kommt – auch wenn wir es erwarten –, aber wir können garantieren, *dass* er kommen wird, denn Gott hält immer, was er verspricht.

Wie werden wir aber sein, wenn er kommt? Das ist eine der Fragen, die uns bei Tagungen über Prophetie häufig gestellt wird. Jerry und ich antworten dann immer voller Zuversicht, dass wir wie Jesus sein werden, „denn wir werden ihn sehen, wie er wirklich ist" (1. Johannes 3,2).

Ich greife auf diesen Vers auch gerne zurück, wenn jemand fragt, wie alt er oder sie im Reich Christi sein wird. Da Jesus 33 Jahre alt war, als er von den Toten auferweckt wurde, und Johannes voraussagt, dass wir ihm ähnlich sein werden, könnte ich mir gut vorstellen, dass auch wir im Tausendjährigen Reich und bis in alle Ewigkeit 33 Jahre alt sein werden.

Rückblickend kann ich sagen, dass dieses Alter eine recht gute Zeit im Leben ist. Es ist sozusagen das beste Alter. Mit 33 ist man alt genug, um erwachsen zu sein, und jung genug, um gesund zu sein. Aber Jesus ähnlich zu sein, wird noch besser sein, als für immer 33 Jahre alt zu sein! Wir werden dann einen Auferstehungsleib haben, der seinem Leib ähnlich ist. Schon allein das genügt, um uns Hoffung für die Zukunft zu geben.

Diese Hoffnung ist, wie der Apostel sagt, die zuversichtliche Erwartung, dass wir nach unserem Tod für immer bei Gott zu Hause sein werden (2. Korinther 5,8). Es ist keine unsichere Hoffnung wie die Hoffnung darauf, dass einer unserer Freunde sein Wort hält. Hier ist von der Hoffnung Gottes die Rede. Sie ist eine ewige Hoffnung, die so sicher ist wie sein Wort und so zuversichtlich wie seine Verheißungen.

Nicht jeder hat diese Hoffnung. Alle, die Christus ablehnen, haben sie nicht. Angesichts des Todes nehmen sie vielleicht unsere Worte in den Mund, aber ihre leeren Beteuerungen sind hoffnungslos. Jesus allein kann uns die Hoffnung auf unsere Entrückung garantieren. Haben Sie diese Hoffnung? Vertrauen Sie dem, der sie in die Wege leiten wird! Sie haben nichts zu verlieren und alles zu gewinnen. Jemand sagte einmal: „Für einen Christen ist das Leben auf dieser Erde so schlecht, wie es nur werden kann. Für einen Ungläubigen ist es das beste, das er jemals haben kann." Die zuversichtliche Erwartung auf unsere Auferstehung bei der Wiederkunft Jesu macht den ganzen Unterschied aus.

Gebet für den heutigen Tag

Lieber himmlischer Vater, danke, dass dein Plan für unsere Erlösung so einfach ist, dass ihn jedes Kind verstehen kann. Danke, dass ich voller Zuversicht auf die Zukunft warten kann, die du uns garantierst. Danke für die Hoffnung, die du mir schenkst. Das bete ich in deinem Namen, Amen.

81 Die Trennung von Gott

„Ihr Lieben, wir sind schon Kinder Gottes. Was wir einmal sein werden, ist jetzt noch nicht sichtbar. Aber wir wissen, wenn es offenbar wird, werden wir Gott ähnlich sein; denn wir werden ihn sehen, wie er wirklich ist.

Alle, die das voller Zuversicht von ihm erwarten, halten sich von allem Unrecht fern, so wie Christus es getan hat. Wer sündigt, lehnt sich gegen Gott auf, denn Sünde ist nichts anderes als Auflehnung gegen Gott. Ihr wisst doch, dass Christus auf die Erde gekommen ist, um die Sünden der Menschen wegzuschaffen. In ihm gibt es keine Spur von Sünde. Wer mit ihm verbunden bleibt, sündigt nicht mehr. Wer aber sündigt, hat ihn nie gesehen und kennt ihn nicht.

Lasst euch von niemand irreführen, meine lieben Kinder! Wer das Rechte tut, kann wie Christus vor dem Urteil Gottes bestehen. Wer sündigt, stammt vom Teufel, denn der Teufel hat von Anfang an gesündigt. Der Sohn Gottes aber ist auf die Erde gekommen, um die Werke des Teufels zu zerstören." 1. Johannes 3,2–8

Als Jesus im Garten Gethsemane betete, tropfte sein Schweiß wie Blut auf den Boden (Lukas 22). Unlängst unternahm ich eine Reise ins Heilige Land. Dort traf mich die Erkenntnis, wie wichtig dieses dramatische Ereignis im Leben Jesu war. Es dämmerte bereits, als sich unsere aus 89 Leuten bestehende Reisegruppe vor der Kirche im Garten Gethsemane versammelte. Die Menge war so groß, dass wir im Gebäude selbst keinen Platz gefunden hatten. Aber das beunruhigte mich nicht, denn an diesem von Touristen überlaufenen Ort gibt es nur wenig Echtes. Der Garten aber ist höchst authentisch. Wenn man in diesem Garten unter den 2 500 Jahre alten Olivenbäumen kniet, hat man das merkwürdige, aber durchaus reale Gefühl, an der Stelle zu knien, an der einst auch Jesus zum Beten niederkniete.

Man hat das Gefühl, man müsse seine Schuhe ausziehen, denn man befindet sich tatsächlich auf heiligem Boden. Während unsere Reisegruppe schweigend und ehrfürchtig unter den knorrigen und unglaublich schönen Olivenbäumen stand, las ich die entsprechende Stelle im Lukasevangelium vor. Dann fragte jemand leise: „Was hat wohl dazu geführt, dass Jesus Blut schwitzte?" Ich hatte keine Antwort. Ich kenne viele Leute, die Schreckliches durchgemacht haben, aber ich habe niemals erlebt, dass einer von ihnen Blut geschwitzt hätte. Es musste also etwas ganz Katastrophales gewesen sein, das in Jesus vor sich gegangen ist, um eine solche physiologische Reaktion auszulösen.

Ich erklärte unserer Reisegruppe später, dass diese Art von Leiden unser Verständnis übersteigt. Jesus hatte eine göttliche Natur und lebte in vollkommener Heiligkeit. Er hat unsere Sünden auf sich genommen, um für uns alle den Tod zu erleiden (Hebräer 2,9), aber die Sünde war so abstoßend für ihn, dass er betete: „Erspare es mir, diesen Kelch trinken zu müssen" (Lukas 22,42). Das heißt nicht, dass er versuchte, sich vor dem Kreuz zu drücken. Er wusste schon immer, dass er auf diese Art sterben würde. Ja, er sagte sogar, dass er dazu in die Welt gekommen war (Johannes 18,37). Das Grauenhafte lag für Jesus darin, dass er die Sünden der Menschheit in seiner Heiligkeit so unerträglich fand. Sein Tod für unsere Sünden war auch ein Akt, der zu einer schrecklichen Trennung von seinem Vater führte.

Jesus hat auf dem Ölberg das Gebet gebetet, das unsere Seelen rettete: „Vater, wenn es dein Wille ist, dann erspare es mir, diesen Kelch trinken zu müssen. Aber dein Wille soll geschehen, nicht der meine!" (Lukas 22,42). Das ist auch das ultimative Gebet für alle Christen! Wir sind niemals authentischer als in Situationen, in denen wir beten: „Dein Wille soll geschehen, nicht der meine!"

In diesem Text zeigt uns Johannes auch, dass Sünde Auflehnung gegen das Gesetz Gottes ist. Die semantische Wurzel, die diesem Wort zugrunde liegt, bedeutet übersetzt auch „Rebellion". Alle Sünde ist Rebellion oder Auflehnung gegen Gott – Selbstsucht, Zorn, Ehebruch oder Mord. Das lässt es ziemlich schwer erscheinen, ein Leben ohne Rebellion zu führen. Aber Johannes nennt uns ein Rezept, das es möglich macht, unser Leben in Abhängigkeit von Gott zu führen, das sich von dem der Nichtchristen deutlich unterscheidet: „Jeder, der dies von ihm erhofft, heiligt sich, so wie er heilig ist" (1. Johannes 3,3; Einheitsübersetzung). Diese Hoffnung ist unsere Eintrittskarte! Sie heiligt uns mit ihrer Ausrichtung auf ein Ziel hin. Darum muss die Erwartung der Wiederkunft Jesu in unseren Herzen permanent lebendig sein. Wenn das der Fall ist, wird die Sünde vor unserem Wunsch, dem Willen Gottes den Vorzug zu geben, fliehen. Wenn wir aber das bevorstehende Kommen Jesu aus den Augen verlieren, wird die Sünde immer größer werden, weil wir die Hoffnung verloren haben. Wir stehen dann in der Gefahr, Gott den Gehorsam zu verweigern und uns selbst an die erste Stelle zu setzen.

Johannes schreibt, dass es noch nicht offenbar geworden ist, wie wir sein werden, wenn Christus wiederkommt. Aber wir wissen, *dass* wir ihm ähnlich sein werden. Unter anderem wird auch unsere wahre Herzenshaltung offenbar werden, wenn Jesus kommt. Richten Sie darum Ihre Gedanken täglich auf das Kommen Jesu. Unterstellen Sie Ihren Willen dem Willen Gottes. Sie dürfen sicher sein: Er wird nie etwas von uns verlangen, das mit seinem Wort nicht übereinstimmt. Der gleiche Heilige Geist, dem wir voll Vertrauen die Leitung über unser Leben anvertrauen, hat durch seine Apostel und Propheten auch das Wort Gottes geschrieben. Wir dürfen darum frei von Zweifeln und Konflikten leben, denn Gott ist nie der Urheber von Verwirrung.

Gebet für den heutigen Tag

Lieber himmlischer Vater, ich neige mich voller Demut vor dir. Ich will tun, was immer du mit meinem Leben tun willst. Herr, meine geistliche Weitsicht ist manchmal ziemlich schlecht. Ich sehe nicht immer ein, warum ich deinen Willen tun sollte. Aber der Glaube sagt mir, dass das auf lange Sicht für mich am besten ist. Hilf mir, diesen Kampf mit meinem Eigenwillen und meiner Selbstsucht zu gewinnen. Bitte vergib mir, und hilf mir, jeden Tag daran zu denken, dass Jesus noch heute kommen kann. Lass diese Hoffung zu einem Werkzeug werden, das mich heiligt und von der Sünde fernhält. Das bete ich in seinem Namen, Amen.

82 Die Hoffnung am Leben erhalten

„Jeder, der dies von ihm erhofft, heiligt sich, so wie er heilig ist."
1. Johannes 3,3; Einheitsübersetzung

Wir haben diesen Vers bereits einigen unserer Andachten vorangestellt, denn sein Reichtum ist unerschöpflich. Heute soll der Schwerpunkt darauf liegen, wie man die Hoffnung am Leben erhalten kann. Die meisten aufregenden Dinge scheinen im Laufe der Zeit langweilig zu werden. Sogar die wichtigsten Dinge im Leben bleiben manchmal in langweiliger Routine stecken. Können Sie sich noch daran erinnern, wie es war, als Sie zum ersten Mal Auto fuhren? Es war aufregend, vielleicht hatten Sie auch ein bisschen Angst dabei. Meine Mutter brachte mir das Fahren in einem alten Auto bei, dessen Schaltknüppel wie ein störrischer Hebel vom Boden aufragte. Ich musste ihn mit Hilfe der Kupplung betätigen. Wie sollte ich jemals Auto fahren, ohne nach unten zu blicken? Ich dachte, ich würde es niemals lernen, meine Hände und Füße gleichzeitig einzusetzen. Es war kein Problem, die Kupplung hinunterzudrücken, aber sie wieder kommen zu lassen, ohne den Motor abzuwürgen, war eine Riesenherausforderung. Als ich es das erste Mal versuchte, blieb das Auto mit einem Ruck mitten auf der Straße stehen. Infolge meiner schlechten Koordination geriet der gesamte Verkehr rings um mich herum ins Stocken. Plötzlich schlitterte ein großer grün-weißer Bus auf mich zu und kam mit quietschenden Reifen unmittelbar vor meiner Stoßstange zum Stehen. Der Busfahrer drückte auf die Hupe. Ich wurde nervös und schaltete zu schnell, sodass ich den Motor noch dreimal abwürgte! Ich bin froh, dass mir diese Dinge heute nicht mehr passieren. Ich kann schalten, ohne dabei denken zu müssen.

Mit den meisten Dingen im Leben ist es ähnlich – mit dem Fahrradfahren, dem Steuern eines Flugzeugs oder mit den Höhen und Tiefen in einer Ehe. Auch Dinge, die man sich erkämpfen muss, werden eines Tages zur alltäglichen Routine. Das kann leider auch auf unsere Erwartung zutreffen, dass Jesus jeden Augenblick kommen kann. Was einmal ein faszinierender Gedanke war, scheint für viele mit der Zeit eher unspektakulär zu werden.

Das muss der Grund gewesen sein, warum der Heilige Geist Johannes inspirierte, die Christen aller Zeiten aufzufordern, ihr Leben durch die Hoffnung auf die Wiederkunft Jesu zu heiligen. Wie bleibt diese Hoffnung jedoch lebendig? Sie ist mehr als nur die Hoffnung auf unsere Entrückung. Sie schließt auch das Zusammentreffen mit Gott und unser Erscheinen vor dem Richterstuhl Christi ein, wo wir für unsere Treue belohnt werden. Danach werden wir an der Hochzeit des Lammes teilnehmen und „tausend Jahre lang mit Christus herrschen“ (Offenbarung 20,6).

Über alle diese Dinge können wir uns bereits jetzt freuen. Aber das ist noch nicht alles: Ob wir bei der Entrückung noch am Leben oder bereits gestorben sind, wird die Loyalität unseres Herrn nicht tangieren. Sollten wir sterben, wird unser Tod kein endgültiger Abschied sein. Für alle, die als Christen sterben, wird der Tod nur eine vorübergehende Trennung sein, denn Jesus selbst hat uns versprochen: „Ihr werdet leben, weil ich lebe“ (Johannes 14,19). Paulus verstärkt unsere Zuversicht noch durch die Zusage: „Dann werden wir für immer mit ihm zusammen sein“ (1. Thessalonicher 4,17). Sobald wir entrückt sind, werden wir für immer in Jesu

Gegenwart sein. Der Widersacher, der uns in diesem Leben so häufig in Bedrängnis bringt, wird dann gebunden sein und uns nie wieder auf die Probe stellen können. Wir werden einen neuen, wunderbaren Körper haben, der dem Auferstehungsleib Jesu ähnlich sein wird – eine Existenzform, die unbeschreiblich herrlich sein wird.

Spüren Sie, wie Ihr Herz vor Aufregung schlägt, während wir diese großartigen Zusagen aufzählen? Es ist das Aufzählen dieser Verheißungen, die unsere Hoffnung am Leben hält. Und wie können wir sie uns einprägen? Indem wir sie lesen und uns intensiv damit beschäftigen, indem wir davon hören und über unsere wunderbare Zukunft nachdenken.

Christen, die nie etwas von dem zweiten Kommen Jesu hören, werden kaum die Hoffnung auf diese baldige Wiederkunft haben. Ihr Denken wird sich fast ausschließlich um ihre Alltagssorgen oder um die Verlockungen des Reichtums drehen (Matthäus 13,22) und nicht auf Christus gerichtet sein. Anstatt jene Verheißungen in Gedanken immer wieder durchzugehen, sind sie mit Aktien, Fonds, Sport oder Unterhaltung beschäftigt – Dinge, die sie in dieser Hoffnung nicht bestärken können.

Diese Hoffnung ist aber besser als alles, was die Welt sonst zu bieten hat. Sie erfüllt uns mit Zuversicht, während wir auf das Kommen Jesu warten. Sie hilft uns, ein Leben zu führen, das auf Gott ausgerichtet ist.

Gebet für den heutigen Tag

Lieber himmlischer Vater, danke für den großartigen Plan, den du für meine Zukunft hast. Ich weiß, dass ich eine solche Zukunft nicht verdient habe, aber ich danke dir dafür, dass du sie in deinem Wort garantierst. Hilf mir, diese Hoffnung jeden Tag in meinem Herzen lebendig zu erhalten. Ich möchte jeden Augenblick so leben, dass du und dein Sohn, der sein Leben aus Liebe für mich hingegeben hat, daran Freude habt. Das bete ich in Jesu Namen, Amen.

83

Den vollen Lohn bekommen

„Darin besteht die Liebe, dass wir nach den Geboten des Vaters leben, und sein Gebot ist dasselbe, das ihr von Anfang an gehört habt; danach sollt ihr nun auch leben.

In der Welt sind nämlich neuerdings viele Verführer unterwegs. Sie leugnen, dass Jesus Christus ein Mensch von Fleisch und Blut wurde. In ihnen ist der große Verführer, der Antichrist, schon erschienen.

Nehmt euch in Acht, damit ihr nicht verliert, was ihr erarbeitet habt, sondern den vollen Lohn bekommt. Wer nicht bei dem bleibt, was Christus gelehrt hat, sondern darüber hinausgeht, hat keine Verbindung mit Gott. Wer sich aber an das hält, was Christus gelehrt hat, hat den Vater und auch den Sohn." *2. Johannes 6–9*

Die meisten Christen haben keine Ahnung, dass sie ihren himmlischen Lohn wieder verlieren können. Sie vergessen oft, dass wir uns Schätze im Himmel sammeln sollen, denn „dort werden sie nicht von Motten und Rost zerfressen und können auch nicht von Einbrechern gestohlen werden" (Matthäus 6,20). Sind unsere guten Werke im Himmel wirklich sicher? Ja, und nur dort.

Wenn wir unser ganzes Leben lang für den Dienst für Gott leben, werden wir unsere himmlische Belohnung niemals verlieren. Der Apostel Paulus sagt von sich: „Ich habe den guten Kampf des Glaubens gekämpft. Ich bin am Ziel des Wettlaufs, zu dem ich angetreten bin. Ich habe den Glauben unversehrt bewahrt und weitergegeben. Nun wartet auf mich der Siegeskranz, mit dem der Herr, der gerechte Richter, mich an seinem Gerichtstag belohnen wird – und nicht nur mich, sondern alle, die sehnlich darauf gewartet haben, dass er kommt" (2. Timotheus 4,7–8).

Es genügt nicht, einmal gut gestartet zu sein; wir müssen den Lauf auch gut zu Ende bringen. Wir müssen die Berufung ausfüllen, die wir von Gott bekommen haben. Die Bibel fordert uns auf, in Treue durchzuhalten, selbst wenn es uns das Leben kosten sollte (Offenbarung 2,10), und an dem festzuhalten, was wir haben, damit wir unseren Siegeskranz nicht verlieren (Offenbarung 3,11).

Es wäre eine Tragödie, wenn ein Mensch, der Gott sein ganzes Leben lang gedient hat, kurz vor der Ziellinie einfach alles über Bord wirft. Einer meiner Klassenkameraden am College hat Gott viele Jahre lang gedient. Er war sehr begabt und leistete Hervorragendes, was immer er machte. Als er jedoch 62 war, kam er eines Tages nach Hause und verkündete seiner Frau, mit der er seit 42 Jahren verheiratet war, dass es ihm jetzt reiche. „Ich ziehe aus. Leite meine Post bitte an diese Adresse weiter." Und damit verschwand er aus ihrem Leben, quittierte seinen Dienst und lief mit der Frau davon, die das jüngste Objekt seiner Zuneigung war. Ich bin sicher, dass er in den vielen Jahren, in denen er Gott diente, viele gute Werke vollbracht hat, die seinem himmlischen Konto gutgeschrieben wurden. Aber dieser Vers lässt vermuten, dass er einige der Dinge, die Gott ihm geben wollte, wieder verlieren wird.

David, der König Israels, war dafür bekannt, ein Mann nach dem Herzen Gottes zu sein (1. Samuel 13,14). Als er etwa 50 war, geriet er in eine Krise und verhielt sich ausgesprochen unklug. Eigentlich hätte er seine Truppen im Kampf anführen sollen, doch er blieb zu Hause und beging Ehebruch. Dann ließ er den Ehemann der Frau umbringen, mit der er eine Affäre hatte. Er tat das alles, obwohl er ein großer Mann Gottes war, der schon viele Jahre lang mit Gott lebte.

Der Prophet Nathan konfrontierte David mit seinem Fehlverhalten. Überführt vom Heiligen Geist, bekannte David seine Schuld und brachte sein Leben vor Gott wieder in Ordnung. Er wird nicht den Lohn bekommen, den er hätte haben können, aber weil er sein Verhalten bereute, wird er sicherlich viel bekommen. Seine Stellung vor Gott wurde wiederhergestellt. Aber die Sünde fordert immer ihren Zoll und Davids Leben war nie wieder wie vorher. Er wurde viele Jahre lang von Schuldgefühlen verfolgt. Wiederholen Sie darum Davids Fehler nicht. Bleiben Sie treu, bis Jesus wiederkommt!

Gebet für den heutigen Tag

Lieber himmlischer Vater, danke, dass du mich die Wahrheit erkennen lässt, dass wir unseren Lohn durch Fehlverhalten auch wieder verlieren können. Mein Herz sagt mir heute, dass ich für den Rest meines Lebens ganz nach deinem Willen leben möchte. Ich bete wie David: „Sprich mich frei von Schuld, die mir nicht bewusst ist" (Psalm 19,13; Einheitsübersetzung). Hilf mir, meine Augen auf Jesus und sein Kommen zu richten und alle Tage meines Lebens treu zu bleiben. Das bete ich in Jesu Namen, Amen.

84 Der Antichrist ist ein Verführer

„In der Welt sind nämlich neuerdings viele Verführer unterwegs. Sie leugnen, dass Jesus Christus ein Mensch von Fleisch und Blut wurde. In ihnen ist der große Verführer, der Antichrist, schon erschienen.

Nehmt euch in Acht, damit ihr nicht verliert, was ihr erarbeitet habt, sondern den vollen Lohn bekommt. Wer nicht bei dem bleibt, was Christus gelehrt hat, sondern darüber hinausgeht, hat keine Verbindung mit Gott. Wer sich aber an das hält, was Christus gelehrt hat, hat den Vater und auch den Sohn.

Wenn also jemand zu euch kommt und euch etwas anderes lehrt, dann lasst ihn nicht in euer Haus. Ihr sollt ihn nicht einmal grüßen; denn wer ihn grüßt, ist an seinen schlechten Taten mitbeteiligt."

2. Johannes 7–11

Der Prophet Daniel bezeichnete den Widersacher als „kleines Horn" (Daniel 8,9) und von Paulus wird er „Feind Gottes" (2. Thessalonicher 2,8) oder „Sohn des Verderbens" genannt (2. Thessalonicher 2,3; Einheitsübersetzung). Der Antichrist hat viele Namen, er wird sogar als „anmaßender und hinterlistiger König“ bezeichnet (Daniel 8,23). Aber er wird niemals „Anti-Christus“ genannt. Das aber wird der Name oder der Titel sein, mit dem dieser überaus mächtige und eigensinnige Führer des Widersachers in der Trübsalzeit von den Christen allgemein bezeichnet werden wird.

Der Antichrist wird als ein Geist beschrieben, der sich gegen Jesus Christus stellt. Der Ausdruck „Antichrist“ wird auch vom Apostel Johannes gegen Ende seines Dienstes benutzt. Johannes überlebte alle anderen Jünger. Als er im Alter von etwa 85 Jahren Pastor der großen Gemeinde in Ephesus war, stieß er auf einen Geist der Täuschung, den er für gefährlich hielt. Dieser Geist der Täuschung oder Irreführung hat der Gemeinde Jesu Christi seither immer wieder zu schaffen gemacht. Es ist ein Geist, der im Dienste des Widersachers steht und Menschen über die Gottheit Jesu Christi zu täuschen versucht.

Der Widersacher weiß, wenn er Menschen dazu bringen kann, nicht daran zu glauben, dass Jesus göttlicher Natur oder Mensch gewordener Gott ist, wie Johannes sagt, dann ist seine Täuschung vollkommen. Die Gottheit Christi ist das wichtigste Thema der Bibel. Niemand kann gerettet werden, der nicht daran glaubt. Jeder, der etwas anderes lehrt, ist ein „Antichrist“, der vom Geist des Antichristen dazu verleitet wurde.

Unlängst gab ein prominenter Geistlicher der Welt bekannt, dass Jesus zwar ein guter Mensch, aber nicht Gott gewesen sei. Dieser amerikanische Geistliche sagte, Jesus habe niemals den Anspruch erhoben, Gott zu sein. Er habe auch keine Wunder vollbracht. Er sagte ferner, dass die christliche Lehre anderen Religionen nicht überlegen sei.

Dieser Mann, der von sich selbst behauptet, ein Pastor zu sein, war Opfer der Täuschung des Widersachers und kannte nicht die Wahrheit über das wichtigste Thema der Welt: über die Gottheit Jesu Christi.

Ein solcher Mensch ist nicht nur selbst Opfer einer Täuschung, sondern er versucht auch, andere über das wahre Wesen Jesu Christi zu täuschen. Leider werden solche Häretiker von der säkularen Presse oft behandelt, als wären sie die wahren Vertreter des christlichen Glaubens. Als ich von diesem fatalen Irrtum las, fragte ich mich, ob dieser „Geistliche“ wohl jemals das 5. Kapitel des Johannesevangeliums gelesen hat, in dem Jesus sechsmal von sich behauptet, Gott zu sein.

Auch was die Wunder Jesu betrifft, hat dieser Geistliche zwei Probleme:

Erstens wurden die Bücher der Bibel von Augenzeugen geschrieben, die zur Zeit Jesu lebten. Sie schildern 39 übernatürliche Wunder, die Jesus vollbrachte – angefangen von der Heilung eines Blindgeborenen bis hin zur Heilung der zehn Aussätzigen. Zweitens muss er erklären, was die Menschen dazu veranlasste, in solchen Massen Jesus zuzuhören, wenn es nicht seine Wunder waren.

Es ist zu erwarten, dass dieser antichristliche Geist immer stärker in Erscheinung treten wird, je mehr wir uns dem Ende dieses Zeitalters nähern. Jesus warnt uns in seinen Endzeitreden 13-mal davor, uns nicht von falschen Lehrern und Propheten, die kurz vor seinem Kommen auftreten werden, täuschen zu lassen. Davon gibt es heute jede Menge. Sie sind vor allem damit beschäftigt, Menschen über das wahre Wesen Jesu Christi zu täuschen. Einige von ihnen stellen ihn als Hochstapler hin, andere erkennen nicht an, dass er der Mensch gewordene Gott ist (1. Johannes 4,2). Die Inkarnation Gottes in Jesus Christus ist ein Ereignis, das mehr als nur die Erfüllung einer Prophetie ist. Es ist ein Wunder der Schöpfung, dass es möglich war, dass Gott sich selbst opfern und für die Sünden der Menschheit sterben konnte.

Die Lehre, dass Christus nicht Gott ist, ist eine grundsätzliche Irrlehre, die zum Kern aller Sekten gehört. Aber mehr noch: Diese falsche Lehre wird auch für den Antichristen kennzeichnend sein, wenn er die Weltenbühne betritt, nachdem Jesus seine Gemeinde zu sich entrückt hat.

Gebet für den heutigen Tag

Lieber himmlischer Vater, in dieser Zeit der zunehmenden Täuschung bitte ich dich, mich vor allen Täuschungsmanövern des Widersachers und seiner falschen Lehrer zu schützen. Mache mich bitte sensibel, damit ich alle Versuche, die Wahrheit über das göttliche Wesen Jesu Christi zu verzerren, egal, wie klug sie auch scheinen mögen, erkenne und zurückweise. Und hilf mir, in dieser schwierigen Zeit klar zu denken.

Ich will immer bereit sein, Rede und Antwort zu stehen, wenn man mich nach der Hoffnung fragt, von der ich erfüllt bin (1. Petrus 3,15). Das bete ich in Jesu Namen, Amen.

85 In der Lehre Christi bleiben

„Wer nicht bei dem bleibt, was Christus gelehrt hat, sondern darüber hinausgeht, hat keine Verbindung mit Gott. Wer sich aber an das hält, was Christus gelehrt hat, hat den Vater und auch den Sohn.

Wenn also jemand zu euch kommt und euch etwas anderes lehrt, dann lasst ihn nicht in euer Haus. Ihr sollt ihn nicht einmal grüßen; denn wer ihn grüßt, ist an seinen schlechten Taten mitbeteiligt."

2. Johannes 9–11

Johannes wird als Lieblingsjünger Jesu bezeichnet, weil er beim letzten Abendmahl den Kopf auf Jesu Schulter legte. Er war in den Gemeinden Asiens sehr beliebt, denen er viele Jahre lang als Pastor diente. Johannes war am Ende des ersten Jahrhunderts ein überaus geschätzter Gemeindeleiter. Obwohl er als Jünger der Liebe bekannt ist, kennt er nur schroffe Härte gegenüber allen, die andere hinsichtlich der Person Christi täuschen.

Die Täuschungen des Widersachers werden in den letzten Tagen noch zunehmen. Johannes bezeichnete diese Täuschungen als „Geist des Antichristen" (1. Johannes 4,3). Er sagte, dass dieser Geist versuchen wird, Menschen darüber zu täuschen, wer Jesus wirklich ist. Johannes gebietet den Christen, einander zu lieben (2. Johannes 6), aber nur um sich umzudrehen und sofort alle vernichtend zu kritisieren, die es zulassen, dass sie sich von diesem antichristlichen Geist täuschen lassen. Er warnt uns davor, dass alle, die von diesem Geist getäuscht werden, auch ihre Belohnung verlieren.

Das Gegenmittel für jede Täuschung und jede falsche Lehre liegt natürlich darin, in der Lehre Christi zu bleiben und sich an diese Lehre zu halten (2. Johannes 9). Dieses „Bleiben in der Lehre" ist ein klares Zeichen dafür, dass wir sowohl den Vater als auch den Sohn haben. Johannes hat nicht über die jungfräuliche Geburt Jesu geschrieben, er setzte sie einfach voraus. In seinem Evangelium, das lange nach dem von Matthäus und Lukas geschrieben wurde, versucht er die betrügerischen Lehren des Widersachers zu bekämpfen, die Gläubige dazu veranlassten, die Lehre Christi in Frage zu stellen. Das ist auch der Grund, warum Johannes in seinem Evangelium kein Interesse daran hat, das Leben Christi in chronologischer Reihenfolge aufzurollen. Er präsentiert uns stattdessen die sieben herausragendsten Wunder im Leben Jesu, um zu beweisen, dass dieser mehr als nur Mensch war. Er wollte der Welt zeigen, dass Jesus Gott in Menschengestalt ist. So wie Nikodemus zu Jesus sagte: „Rabbi, wir wissen, dass Gott dich gesandt und als Lehrer bestätigt hat. Nur mit Gottes Hilfe kann jemand solche Wunder vollbringen, wie du sie tust" (Johannes 3,2). Johannes kommt zu dem Schluss, dass wir den Täuschungen der Endzeit nur dadurch entgehen, dass wir in der Lehre Christi bleiben und unser Denken davon durchdringen lassen. Das kann allein dadurch geschehen, dass wir das Wort Gottes lesen und uns intensiv damit auseinander setzen.

Ein Christ, der Gottes Wort immer und immer wieder liest, kann nicht über Jesus getäuscht werden! Wenn wir aber aufhören, regelmäßig in der Bibel zu lesen, und uns von ihrer Lehre entfernen, werden wir auch für die falschen Lehren unserer Zeit anfällig. Ich besuchte einmal eine Christin, die ihren Glauben aufgegeben und sich einer Sekte angeschlossen hatte. Ich bezweifle, ob sie wirklich jemals Christ war. Sie scheint vielmehr eine emotionale Entscheidung für Christus getroffen zu haben, aber sie hat nie verstanden, dass Jesus in Wahrheit Gott ist. Schließlich begann sie, Traktate und Schriften über *New Age* zu lesen. Weil sie vom Okkulten durchdrungen war, übersah sie die Liebe Christi völlig. Damit dies nicht geschieht, rät uns Johannes, bei der Lehre Christi zu bleiben.

Er fügt dann noch hinzu: „Wenn also jemand zu euch kommt und euch etwas anderes lehrt, dann lasst ihn nicht in euer Haus.

Ihr sollt ihn nicht einmal grüßen; denn wer ihn grüßt, ist an seinen schlechten Taten mitbeteiligt." Das klingt in unseren Ohren sehr intolerant! Aber es zeigt, wie gefährlich es ist, Gemeinschaft mit jenen zu haben, die nicht an der Gottheit Jesu Christi festhalten. Im ersten Jahrhundert hielt man es nicht einmal für richtig, falsche Lehrer zu grüßen, um ihnen keinerlei Zustimmung zu ihren falschen Lehren zu signalisieren. Heute ist unsere Toleranz gegenüber falschen Lehrern jedoch so groß, dass wir sogar höflich darauf verzichten, ihre häretischen Ansichten öffentlich zu verurteilen.

Johannes leitet uns an, nicht jedem Geist zu trauen, sondern die Geister zu prüfen (1. Johannes 4,1). Jesus muss dabei unser Maßstab sein. Wir sollen alle falschen Lehren daran prüfen, ob sie seine Gottheit prinzipiell anerkennen. Es gibt viele nebensächliche Dinge, die Christen in ihren Lehrmeinungen voneinander trennen, was auch der Grund dafür ist, dass wir heute viele unterschiedliche Denominationen haben. Aber alle Christen, die an die Bibel glauben, haben eines gemeinsam: Sie erkennen an, dass Jesus Gott ist. Wenn wir entschieden für unseren Glauben eintreten (Judas 3), werden wir immer vor allem darum kämpfen, dass Jesus als Sohn Gottes anerkannt wird. So wie jemand einmal sagte: „Wer nicht Herr über alle ist, der ist im Grunde nicht Herr."

Gebet für den heutigen Tag

Lieber Vater, in diesen Zeiten der Täuschung und Verführung will ich dir für alle danken, die mich zur Wahrheit geführt haben. Danke für alle, die irgendwie an meiner Rettung beteiligt waren. Hilf mir, auch ich zu einem Werkzeug in deiner Hand werde, mit dem du andere zur Wahrheit führen kannst. Das bete ich in Jesu Namen, Amen.

86 Zuversicht am Tage des Gerichts

„Wer sich zu Jesus als dem Sohn Gottes bekennt, in dem lebt Gott, und er lebt in Gott. Wir haben jedenfalls erkannt und halten im Glauben daran fest, dass Gott uns liebt. Gott ist Liebe. Wer in der Liebe bleibt, lebt in Gott, und Gott lebt in ihm.

Auch darin hat die Liebe Gottes bei uns ihr Ziel erreicht, dass wir dem Tag des Gerichts voller Zuversicht entgegensehen; denn so wie Christus mit dem Vater verbunden ist, so sind ja auch wir es in dieser Welt. Die Liebe kennt keine Angst. Wer Angst hat und vor der Strafe zittert, bei dem hat die Liebe ihr Ziel noch nicht erreicht.

Wir lieben, weil Gott uns zuerst geliebt hat." 1. Johannes 4,15–19

Der Tag des Gerichts spielt in der Endzeitprophetie eine wichtige Rolle. Das Gericht für Christen heißt „Richterstuhl Christi". Es findet sofort nach der Entrückung der Gemeinde statt und wird nicht über unsere Rettung, sondern über unsere Belohnung entscheiden (2. Korinther 5,10).

Das Gericht vor Gottes großem weißen Thron, das in Offenbarung 20, Verse 11 bis 15 beschrieben ist, wird aber erst am Ende des Tausendjährigen Reiches stattfinden. Es ist das letzte Ereignis, bevor für die Gläubigen die Ewigkeit im Himmel beginnt. Der Grund, warum es gerade für jenen Zeitpunkt angesetzt ist, liegt darin, dass ausnahmslos jeder, der Gott seit Anbeginn der Welt abgelehnt hat, darin eingeschlossen sein wird. Selbst die Menschen, die am Ende des Tausendjährigen Reiches leben, werden eine Chance haben, sich für oder gegen Jesus zu entscheiden. Der Umstand, dass sie Jesus als ihren Herrn ablehnen, zeigt aber, dass manche Menschen nicht einmal durch Gottes materiellen und spirituellen Idealstaat dazu zu bewegen sind, ihr Leben an Jesus auszuliefern. Es zeigt ferner, wie groß die Täuschungen Satans sein werden, wenn er sogar jene verführen kann, die im Tausendjährigen Reich unter der Herrschaft Christi gelebt haben.

Fast alle Menschen haben Angst vor dem Sterben und vor dem kommenden Gericht. Nur die unverfrorensten Atheisten wagen zu behaupten, dass sie dieses Gericht nicht fürchten, aber dennoch weiß man von vielen, dass sich diese Haltung auf ihrem Sterbebett oft verändert hat. Alle, die Jesus im Glauben annehmen, bekommen den Heiligen Geist, der die Liebe Gottes in unserem Herzen ausgießt (Römer 5,5), und „wahre Liebe vertreibt die Angst" (1. Johannes 4,18). Johannes erklärt, warum gerettete Menschen keine Angst haben: „Auch darin hat die Liebe Gottes bei uns ihr Ziel erreicht, dass wir dem Tag des Gerichts voller Zuversicht entgegensehen." Alle, die Jesus in ihr Leben aufnehmen, entwickeln eine Zuversicht und einen Glauben, der sie hinsichtlich des Gerichts ruhig und gelassen macht. Warum? Weil sie den Tod und das Gericht nicht mehr fürchten müssen.

Johannes weist noch auf etwas anderes hin, das mehr als nur fehlende Angst ist: Wir sollen dem Tag des Gerichts voller Zuversicht entgegenblicken. Als ich zum Glauben an Jesus Christus kam, war ich erst acht Jahre alt. Um ehrlich zu sein, es war nicht die Liebe zu Gott oder zu Jesus, die mich zu diesem Schritt bewogen hat. Ich hatte einfach Angst, in die Hölle zu kommen! Ich hatte sogar Albträume, in denen ich am Tage des Gerichts irgendwie in die falsche Reihe geriet und vor Gottes großem weißen Thron landete. Ich hatte damals nicht die geringste Ahnung davon, dass beim Jüngsten Gericht kein einziger Christ vor Gottes Thron stehen wird. Aber meine Entscheidung für Jesus war wunderbar. Ich hatte Frieden. Nachdem ich diese Entscheidung gefällt hatte, konnte ich zum ersten Mal wieder gut schlafen. Jahre später, als ich bereits Pfarrer war, hatte ich einen Traum, der mich zuversichtlich machte. Ich träumte, dass ich vor Gottes großem weißen Thron stand, und ein Engel öffnete ein Buch, in dem alle meine Taten verzeichnet waren. Und was fand er da? Nichts als ein Haufen leerer Blätter! Jesus hatte alle Eintragungen gelöscht. Es war keine einzige Sünde darin dokumentiert. Die Bibel lehrt uns: „Wären eure Sünden auch rot wie Scharlach, sie sollen weiß werden wie Schnee" (Jesaja 1,18; Einheitsübersetzung).

Das Wissen, dass uns unsere Sünden vergeben sind, wird uns

mit Zuversicht erfüllen, sodass uns der Gedanke an das Gericht keine Angst mehr macht. Wenn wir Gott lieben, dann ist auch seine Liebe „in unsere Herzen ausgegossen durch den Heiligen Geist, den er uns geschenkt hat" (Römer 5,5). Und diese Liebe erfüllt uns mit kühner Zuversicht, wenn wir an diesen Tag denken.

Gebet für den heutigen Tag

Lieber himmlischer Vater, danke für die Gewissheit, dass meine Sünden im Namen Jesu vergeben sind und dass mich niemand mehr deswegen verklagen darf. Danke, dass ich deinen Gerichtstag nicht zu fürchten brauche, weil Jesus das Gericht, das ich verdient habe, an dem Tag auf sich genommen hat, an dem er am Kreuz für mich starb. Ich danke dir, dass in den Büchern, die zu meiner Verdammung führen, nichts zu finden sein wird. Ich danke dir in Jesu Namen und preise dich! Amen.

87 Die Ankündigung des ersten Propheten

„Henoch, der siebte Nachkomme Adams, hat auch ihnen die Strafe angekündigt, als er sagte: ‚Gebt Acht! Der Herr kommt mit vielen tausend heiligen Engeln, um über alle Menschen Gericht zu halten. Alle, die nicht nach Gott gefragt haben, werden dann verurteilt für die Taten, mit denen sie sich gegen ihn aufgelehnt, und für die frechen Reden, mit denen sie ihn beleidigt haben.'"

Judas 14–15

Gott hatte Henoch, der in der siebten Generation nach Adam lebte, als Prophet zu den Menschen seiner Zeit geschickt. Wir wissen nicht viel über ihn, weil er vor der Sintflut lebte und die Bibel uns nur wenig über diese Zeit berichtet. Aber die Flut, von der im Buch Genesis berichtet wird, hat es tatsächlich gegeben. Die Menschen, die vor dieser Flut lebten, waren völlig verdorben. Ihre Bosheit führte dazu, dass Gott sie von dieser Erde wieder ausgerottet hat. Wie Sie wissen, hat Gott in dieser ganzen dekadenten vorsintflutlichen Kultur nicht mehr als acht Menschen gefunden – Noah und seine Familie –, die nach seinem Willen lebten (Genesis 6,9).

Auch Henoch, der noch vor Noah lebte, war ein frommer und gottesfürchtiger Mann: „Henoch hatte in enger Verbindung mit Gott gelebt. Dann war er plötzlich nicht mehr da; denn Gott hatte ihn von der Erde weggenommen“ (Genesis 5,24). Sein Lebensstil hatte zur Folge, dass er der erste Mensch war, der jemals entrückt wurde. Neben dem Bericht im Buch Genesis und dem Brief des Judas gibt es keine weiteren Angaben über seine Prophezeiungen.

Wie oft kann man hören, dass jemand etwa Folgendes sagt: „Ich denke, ich werde dieses Gericht schon überstehen. Wenn Gott einmal meine Werke auf die Waagschalen legt, die guten Werke auf die eine Schale und die schlechten auf die andere, dann bin ich sicher, dass meine guten Taten die schlechten aufwiegen werden.“ Dabei brechen solche Leute gleich drei von zehn Geboten, indem sie eine solche Behauptung aufstellen. Es ist nichts als primitiver Stolz, der uns Gott als einen gütigen alten Großvater im Himmel sehen lässt, der nur darauf brennt, unsere Sünden zu ignorieren, und der Sünder dazu beglückwünscht, dass sie halbwegs nette Leute sind.

An dieser Vorstellung stimmt vieles nicht. Erstens ist es ein Versuch der Selbsterlösung ohne Jesus. Wenn uns unser bisschen Nettsein retten könnte, dann hätte Jesus nicht seine Zeit damit „vergeuden“ müssen, auf diese Erde zu kommen. Er hätte sie auch nicht damit vergeuden müssen, am Kreuz zu sterben. Aber Petrus wischt diese „Nettigkeitstheorie“ einfach vom Tisch, indem er sagt: „Jesus Christus und sonst niemand kann die Rettung bringen. Auf der ganzen Welt hat Gott keinen anderen Namen bekannt gemacht, durch den wir gerettet werden könnten“ (Apostelgeschichte 4,12).

Ich weiß natürlich nicht, welche prophetischen Wahrheiten Henoch predigte, aber ich bin sicher, dass sie etwas mit dem wahren Wesen Gottes zu tun hatten. Beim Studium der Prophetie hat mich immer wieder die Wechselbeziehung zwischen den unterschiedlichen Propheten beeindruckt. Jona sagte beispielsweise: „Ich wusste, dass du ein gnädiger und barmherziger Gott bist, langmütig und reich an Huld und dass deine Drohungen dich reuen“ (Jona 4,2; Einheitsübersetzung). Woher hat dieser widerspenstige Prophet seine Vorstellungen über Gott bezogen? Von Joel, einem anderen jüdischen Propheten, der 120 Jahre vor ihm lebte. Joel sagte von Gott: „Denn er ist gnädig und barmherzig, langmütig und reich an Güte, und es reut ihn, dass er das Unheil verhängt hat“ (Joel 2,13; Einheitsübersetzung). Und woher hat Joel seine Sicht von Gott? Von Mose aus dem Buch Deuteronomium, Kapitel 4, Vers 31.

Henoch muss die Menschen seiner Zeit aufgefordert haben, ihren falschen Lebensstil abzulegen und sich wieder diesem gnädigen und barmherzigen Gott zuzuwenden. Die Mehrheit von ihnen lehnte sich aber weiterhin gegen ihn auf und lebte wie bisher in Lust und Sünde weiter. Eines Tages werden sie aber vor dem gerechten Richter des ganzen Universums stehen, der sie wegen ihrer gottlosen Taten verurteilen wird. Ihre Strafe wird keineswegs so niedrig ausfallen, wie sie sich das gerne ausmalen, denn es wird keinerlei Ausbalancieren zwischen guten und schlechten Taten geben. Ihre kläglichen Versuche, nett zu sein, werden mit den gewaltigen Maßstäben Gottes zusammenprallen.

Tag des Gerichts! Wer denkt schon gerne an diesen Tag? Der mächtige, alles überragende Herr der ganzen Welt wird verlangen, dass wir vor ihm Rechenschaft ablegen. Vielleicht ist das der Grund, warum nicht gerettete Menschen es vorziehen, lieber nicht an diesen Tag zu denken, an dem der Herr mit „vielen tausend heiligen Engeln“ kommen wird, wie Henoch sagt.

Gebet für den heutigen Tag

Lieber himmlischer Vater, danke für alle deine treuen Propheten, die du berufst, um uns auf deine Wahrheit und Vergebung hinzuweisen. Ich will dir besonders für alle danken, die Geduld mit mir hatten und mich mit deiner Liebe und Barmherzigkeit bekannt gemacht haben. Hilf mir, damit andere solche Eigenschaften auch an mir finden. Ich möchte mitten in aller menschlichen Not und Verzweiflung ein Hoffnungszeichen sein. Das bete ich im Namen Jesu, unseres Königs, der bald kommt. Amen.

88 Zahltag

„Henoch, der siebte Nachkomme Adams, hat auch ihnen die Strafe angekündigt, als er sagte: ‚Gebt Acht! Der Herr kommt mit vielen tausend heiligen Engeln.'"

Judas 14

Als ich Student am *Moody Bible Institute* war, kam der inzwischen verstorbene Dr. R. G. Lee und hielt dort vor 4 000 Menschen seine berühmte Predigt über den Zahltag. Er hat diese Predigt im Laufe seines Lebens über 1 000 Mal gehalten. Als er zur Lebensübergabe aufforderte, kamen 300 Menschen nach vorne, um Christus als ihren Herrn und Erlöser anzunehmen. Nachdem er die ihm zur Verfügung stehende Zeit um mehr als 20 Minuten überzogen hatte, wandte sich Dr. Lee an Dr. Culbertson, den Vorstand des *Moody Instituts*, und meinte: „Ich schließe niemals einen Gottesdienst ab, solange noch jemand nach vorne kommt", und übergab ihm die Leitung. Dr. Culbertson beschloss, das Einladungslied weiter zu singen, und es kamen noch einmal 100 Menschen nach vorne. Schließlich gab er die Leitung an Dr. Ironside, den Pastor der *Moody Church*, weiter, und es kamen immer noch Hunderte dieser Einladung nach. Alles in allem wurden an diesem Tag im Anschluss an Dr. Lees Predigt etwa 600 Menschen gerettet.

Wir hätten es auch heute nötig, solche Predigten über den „Zahltag" zu hören. Dr. Lees Predigt hatte vermutlich Ähnlichkeit mit der Botschaft des Propheten Henoch. Henoch sagte, dass Jesus mit seinen Heiligen kommen wird, „um über alle Menschen Gericht zu halten. Alle, die nicht nach Gott gefragt haben, werden dann verurteilt für die Taten, mit denen sie sich gegen ihn aufgelehnt, und für die frechen Reden, mit denen sie ihn beleidigt haben" (Judas 15).

Millionen von Menschen gebrauchen in der heutigen Zeit den

Namen Jesu, wenn sie fluchen. Im jedem rebellischen Herzen gibt es einen gewissen Zwang, den Namen Gottes zu lästern. Viele dieser Menschen sagen vielleicht: „Ja, das mache ich gelegentlich, aber das hat keinerlei Bedeutung. Das sind nur leere Worte." Aber das stimmt nicht! Kein Mensch, der Gott wirklich liebt, würde seinen Namen gedankenlos in den Mund nehmen.

Bahnarbeiter sind neben anderen hart arbeitenden Menschen dafür bekannt, dass sie gerne fluchen. Ich las einmal die Geschichte eines Mannes, der Charlie hieß. Er wartete Güterzüge und war berühmt dafür, dass er gerne lauthals fluchte. Es gab Leute, die von ihm sagten: „Er konnte den ganzen Raum mit seinen obszönen Flüchen füllen." Aber eines Tages kam Charlie zum Glauben. Als er das vor seinen Freunden bekannte, sagte einer von ihnen sofort: „Wenn wir hören, wie er redet, werden wir bald wissen, wie ernst es ihm damit ist." Es erübrigt sich zu sagen, dass ihn seine Kollegen scharf beobachteten, und es beeindruckte sie sehr, dass sie einen völlig veränderten Mann vorfanden. Das heißt, er schien nur verändert zu sein, bis zu jenem Vorfall an einem Donnerstagabend kurz vor Dienstschluss. Als er eine fest sitzende Schraube zu lockern versuchte, rutschte der Schraubenschlüssel ab, und er verletzte sich den Knöchel an einer Stahlplatte. Charlie verlor tatsächlich die Beherrschung und fluchte wie üblich. Seine alten Freunde schlossen daraus ganz schnell, dass er nicht wirklich Christ geworden sei.

Kurze Zeit darauf ging Charlie aber auf die andere Seite des Maschinenraums hinüber, dort wo die anderen standen, die sein Fluchen gehört hatten. Er kniete auf dem schmutzigen Boden nieder und betete, während ihm die Tränen über sein wettergegerbtes Gesicht liefen: „Vater, es tut mir so Leid, dass ich in deinem Namen geflucht habe. Bitte vergib mir und hilf mir, diese schreckliche Gewohnheit zu überwinden. Ich will dich lieben und deinen Namen ehren." Reue ist ein Zustand, der einen Menschen kennzeichnet, der wirklich bereit ist, sein Leben zu verändern.

Menschen, die ihr Leben ohne Gott führen, sind völlig anders: „Diese Menschen haben ständig etwas zu murren und sind unzufrieden mit ihrem Schicksal. Sie folgen ihren Begierden, machen große Worte und sagen den Menschen Schmeicheleien, um sich

Vorteile zu verschaffen“ (Judas 16). Obwohl es schon immer Menschen gab, die Gott lästerten, werden es aber offensichtlich noch mehr werden, wenn wir auf das Ende zugehen. Judas schreibt: „Ihr, meine Lieben, sollte euch daran erinnern, was euch die Apostel unseres Herrn Jesus Christus im Voraus gesagt haben. Sie haben euch immer wieder eingeschärft: In der letzten Zeit werden Spötter auftreten, denen nichts heilig ist und die nur ihren eigenen schlimmen Begierden folgen“ (Judas 17–18).

Früher war es üblich, dass im Stillen geflucht wurde. Das ist heute anders. Man kann es überall im Radio, im Fernsehen und in Filmen hören. Der unverhohlene Missbrauch von Gottes Namen weist darauf hin, dass Judas die Wahrheit sagte: Wir gehen auf die Endzeit zu. Alle, die im Namen Gottes fluchen oder lästern, haben keine Ahnung, dass damit eine alte Prophezeiung in Erfüllung geht. Sie erkennen nicht, dass sie eines Tages – wenn Jesus wiederkommt – die Rechnung dafür präsentiert bekommen.

Judas sagte: „Mit denen, die im Glauben unsicher geworden sind, habt Erbarmen und kümmert euch um sie. Andere könnt ihr vielleicht gerade noch aus dem Feuer des Gerichts retten. Mit wieder anderen sollt ihr zwar Erbarmen haben und für sie beten, nehmt euch aber in Acht und meidet jeden Kontakt mit ihnen, selbst mit der von ihrer sündigen Natur infizierten Kleidung“ (Judas 22–23). Wir sollten nicht den Mut verlieren, wenn sich das moralische Klima unserer Zeit drastisch verschlechtert. Ich bin sicher, dass Charlies Freunde auf Grund seines Verhaltens versucht gewesen waren, ihn nicht zu ihren evangelistischen Veranstaltungen mitzunehmen, aber sie taten es dann doch. Und die Folge davon war, dass er den Flammen entrissen wurde und dem „Zahltag“ entgangen ist. Allmählich wird es ihm mit Gottes Hilfe auch gelingen, seine alten Gewohnheiten abzulegen.

Gebet für den heutigen Tag

Lieber himmlischer Vater, ich werde niemals aufhören, darüber zu staunen, wie groß dein Erbarmen, deine Geduld, deine Gnade und deine Vergebungsbereitschaft sind. Danke, dass du wirklich alle retten willst, die sich durch Jesus Christus an dich wenden (Hebräer 7,25) – auch alle, die in deinem Namen fluchen. Bitte schenke mir den Mut, Menschen anzusprechen, die deinen Namen missbrauchen oder nur nach ihren eigenen Vorstellungen leben, damit sie ihr Leben verändern und ihre bösen Taten vergeben sind, wenn Jesus wiederkommt. Das bete ich in seinem Namen, Amen.

89 Die Zusage seiner Wiederkunft

„Wenn ihr bedenkt, dass alles auf diese Weise vergehen wird, was für ein Ansporn muss das für euch sein, ein heiliges Leben zu führen, das Gott gefällt! Lebt in der Erwartung des großen Tages, den Gott heraufführen wird! Tut das Eure dazu, dass er bald kommen kann. Der Himmel wird dann in Flammen vergehen und die Himmelskörper werden zerschmelzen. Aber Gott hat uns einen neuen Himmel und eine neue Erde versprochen. Dort wird es kein Unrecht mehr geben, weil Gottes Wille regiert. Auf diese neue Welt warten wir.

Meine Lieben, weil ihr darauf wartet, darum setzt auch alles daran, dass eure Gemeinschaft mit dem Herrn durch nichts beeinträchtigt wird. Bemüht euch, rein und fehlerlos vor ihm zu stehen, wenn er kommt."

2. Petrus 3,11–14

Jesus und seine Apostel haben uns zahllose Verheißungen darüber hinterlassen, dass er wiederkommen wird. Das Christentum steht und fällt mit der Erfüllung dieser Versprechen, auf die wir schon seit so langer Zeit warten. Viele Menschen dachten wie Paulus, dass er noch zu ihren Lebzeiten kommen wird. Es ist auch sehr schwer, auf so wunderbare Dinge zu warten. Manche warten darum geduldig darauf, während andere unruhig werden. Leider gibt es aber auch Menschen, die sein Kommen ganz aus den Augen verlieren.

Wir sollten jene nicht vergessen, die einmal auf sein erstes Kommen gewartet haben. Jesaja hat dieses Kommen schon 800 Jahre vorher angekündigt. Viele Menschen, die vor Jesu Geburt lebten, haben die Prophezeiungen von Jesus gelesen und ihnen Glauben geschenkt. Viele davon sind im Laufe der Jahrhunderte gestorben, bevor Christus zum ersten Mal auf diese Erde gekommen ist. Aber er ist gekommen, so wie die Propheten vorausgesagt haben, und zwar genau nach Plan. Viele davon haben ihn gesehen, an ihn geglaubt und wurden nicht enttäuscht.

Bei seinem zweiten Kommen wird es ähnlich sein. Unsere Zuversicht beruht darauf, dass er es versprochen hat. Es gibt dreimal so viele Prophezeiungen über sein zweites Kommen als Verheißungen, die sich auf sein erstes Kommen beziehen. Da sein erstes Kommen aber auf historischen Tatsachen beruht, können wir dreimal so sicher sein, dass er auch ein zweites Mal kommen wird.

In dem oben stehenden Text fordert Paulus die Christen ein letztes Mal heraus. Die Überlieferung berichtet uns, dass Petrus kurz nach Fertigstellung dieses Briefes mit dem Kopf nach unten gekreuzigt wurde. Er lud Christen aller Zeiten ein, darüber nachzudenken, wie sie angesichts der Erwartung Jesu Wiederkunft ihr Leben führen sollten. Dass sie ihr Leben in Dinge investieren sollten, die Ewigkeitswert haben. Jesus wird bald wiederkommen, vielleicht noch während unseres Lebens. Darum sollte unser Hauptinteresse den Dingen gelten, die Bestand haben. Diese Haltung kommt auch in einem alten *Spiritual* zum Ausdruck:

„Diese Welt ist nicht mein Zuhause, ich bin nur ein Durchreisender.
Meine Schätze liegen dort oben jenseits der Wolken.
Wenn ich sehe, wie mir die Engel von der offenen Himmelstür her zuwinken,
dann kann ich mich in dieser Welt einfach nicht mehr zu Hause fühlen."

In Hunderten von Briefen berichteten uns Leser der „Finale"-Serie begeistert davon, wie Gott diese Bücher gebrauchte, um ihr Leben zu verändern. Wir bekommen täglich Hunderte von Briefen und

E-Mails und werden von etwa 30 000 Personen auf unserer Website besucht. Jeder dieser Briefe enthält eine bewegende Geschichte darüber, wie Gott im Leben einzelner Menschen am Werk ist. Unsere Bücher hatten eine wunderbare Auswirkung auf ihr Leben: Es ist jetzt an Gott festgemacht!

Es war während der Regenzeit im Koreakrieg, als sich ein Zug von Soldaten, angeführt von einem jungen Marineleutnant, bis auf die Haut durchnässt durch Schlamm und Matsch schleppte, um an die Front zu gelangen. Schließlich ließ der Offizier die Männer das Nachtlager aufschlagen. Als er seine Befehle ausgab, sagte er mit fester Stimme: „Schlagt eure Zelthaken nicht allzu tief in den Boden, denn wir brechen morgen früh wieder auf."

Das ist auch eine prophetische Botschaft für unsere Tage: Schlagt eure Zeltpflöcke nicht zu tief in den Boden! Denn wir werden bald aufbrechen – seid bereit!

Gebet für den heutigen Tag

Lieber Vater, manchmal neige ich dazu, meine Augen von der verheißenen Wiederkunft Jesu wieder abzuwenden. Ich verbringe oft zu viel Zeit damit, an die Sorgen dieser Welt zu denken. Hilf mir, mein Leben aus der Perspektive der Ewigkeit zu betrachten und dennoch zu tun, was für meine Familie nötig ist. Aber lass mich niemals vergessen, dass der Himmel mein wahres Zuhause ist. Hilf mir, so zu leben, dass ich viele mit mir mitnehmen kann, wenn ich dort ankomme. Gebrauche mein Leben auch heute. In Jesu Namen, Amen.

90

Wie man in der Liebe Gottes bleibt

„Ihr aber, meine Lieben, gründet euch auf den hochheiligen Glauben, den ihr angenommen habt. Baut auf diesem Fundament weiter! Betet in der Kraft des Heiligen Geistes! Bleibt im Schutz der Liebe Gottes und wartet geduldig darauf, dass Jesus Christus, unser Herr, wiederkommt und euch in seinem Erbarmen das ewige Leben schenkt.

Mit denen, die im Glauben unsicher geworden sind, habt Erbarmen und kümmert euch um sie. Andere könnt ihr vielleicht gerade noch aus dem Feuer des Gerichts retten. Mit wieder anderen sollt ihr zwar Erbarmen haben und für sie beten, nehmt euch aber in Acht und meidet jeden Kontakt mit ihnen, selbst mit der von ihrer sündigen Natur infizierten Kleidung.

Gott hat die Macht, euch vor dem Versagen zu bewahren und dahin zu bringen, wo ihr fehlerlos und voll Freude seine Herrlichkeit sehen werdet. Ihm, dem einzig wahren Gott, der uns rettet durch Jesus Christus, unseren Herrn, gehören Herrlichkeit, Hoheit, Macht und Herrschaft von Ewigkeit her, jetzt und in alle Ewigkeit. Amen." Judas 20–25

In dem vorliegenden Andachtsbuch über die Wiederkunft Jesu haben wir uns fast gar nicht mit den in der Offenbarung geschilderten prophetischen Ereignissen beschäftigt. Diese haben wir uns für einen Folgeband aufgehoben, den wir schreiben werden, so Gott will, denn die spannende Geschichte der in der Offenbarung beschriebenen Ereignisse verlangt ein eigenes Buch. Es ist außerdem das einzige Buch in der Bibel, das uns Gott so zeigt, wie er wirklich ist.

Aber wir haben uns die wichtigste Herausforderung – wie man sich auf das Kommen Jesu vorbereiten kann – für diese letzte Andacht aufgehoben. Es ist kein Zufall, dass der Brief des Judas ganz am Ende der Bibliothek Gottes seinen Platz gefunden hat. Er wurde fast 30 Jahre vor dem Buch der Offenbarung geschrieben.

Judas, ein Halbbruder Jesu, hat diesen Brief zwischen 65 und 67 n. Chr. geschrieben, also kurz bevor Jerusalem von den Römern zerstört wurde. Er wendet sich damit nicht an junge Christen wie viele der Paulus-Briefe. Er richtet sich an die Gläubigen der zweiten Generation und fordert sie auf: „Tretet entschieden für den überlieferten Glauben ein, der dem Volk Gottes ein für alle Mal anvertraut worden ist“ (Judas 3). Falsche Lehrer hatten sich mit ihren Irrlehren in die Gemeinde eingeschlichen und versucht, die Kontrolle über sie zu gewinnen, um sie für ihre Ziele zu missbrauchen.

Dieser kurze Brief soll uns vor allem daran erinnern, so zu leben, dass Gott uns in seiner Liebe segnen kann, während wir auf das ewige Leben warten, das Jesus Christus, unser Herr, uns schenken will (Vers 21). Dazu fordert Paulus auch Titus auf, wenn er von der „beseligenden Erfüllung der Hoffnung“ spricht (Titus 2,13), denn es wird schließlich bei der Entrückung der Gemeinde sein, dass wir ins ewige Leben eintreten. Indem wir dieses Ziel im Auge behalten, tragen wir entscheidend dazu bei, dass wir in der Liebe Gottes bleiben.

Judas lehrt uns, dass es drei Dinge gibt, die Christen tun können, um in der Liebe Gottes zu bleiben:

Wir können in unserem „hochheiligen Glauben“ fest werden und auf diesem Fundament aufbauen. Man hört heute viel darüber, was man tun muss, um sich körperlich zu trainieren und fit zu halten. Fitnesscenter stellen uns genügend Beispiele von Männern und Frauen vor Augen, die etwas für ihren Körper tun. Wenn wir reife und starke Christen werden wollen, müssen auch wir uns durch das Wort Gottes aufbauen. Diese Art von diszipliniertem Bibelstudium wird spirituelle Fitness hervorbringen. Indem wir Gottes Wort hören, es lesen, es studieren oder darüber meditieren, können wir zu geistlichen Größen werden, die unsere Welt in Erstaunen versetzen. Ein Sprichwort sagt: „Wir sind heute das, wozu wir geworden sind.“ Wir werden als Christen nur so stark sein wie das geistliche Training, dem wir uns aussetzen.

Zweitens müssen wir das Gebet zu einem unverzichtbaren Bestandteil unseres geistlichen Wachstums machen. Gott wünscht sich sehr, dass wir auch auf diese Weise den Kontakt mit ihm suchen. Wir müssen so leben, dass Gott uns segnen kann, während wir auf das ewige Leben warten, das uns Gott in seiner Liebe und Gnade geben will (Vers 21).

Drittens: *Wir müssen unsere Augen fest und beständig auf das Ziel richten, dass Jesus wiederkommen und alle Gläubigen* (gleichgültig, ob sie am Leben oder gestorben sind) *zu sich holen wird.* Dann werden wir nach der Trübsalzeit mit ihm wieder zurückkommen, wenn er sein Reich auf dieser Erde aufrichtet, und 1 000 Jahre lang zusammen mit ihm regieren.

Gott hat uns in seiner großen Gnade errettet und die Aussicht auf eine herrliche Zukunft geschenkt. Was könnten wir anderes tun, als ihm dienen? Es sollte uns nichts wichtiger sein als die Wiederkunft seines Sohnes und dass die Menschen zu dieser Zeit dafür bereit sind. Es ist dieses grandiose Finale, das alle Pläne Gottes auf Erden zum Abschluss bringen wird. Wenn wir uns auf seine verheißene Wiederkunft freuen, werden wir auch die Ewigkeit nicht aus den Augen verlieren. Diese größte aller menschlichen Hoffnungen wird uns letzten Endes nach dem Bild Christi umgestalten. Durch das Leben mit Jesus werden wir eine Lebensqualität haben, die mit nichts zu vergleichen ist. Und das Beste von allem: Wir werden eines Tages bekommen, was uns unsere Hoffnung unablässig vor Augen malt: ewige Gemeinschaft mit Gott und ein herrliches Erbe – ein Leben in Ewigkeit mit dem kommenden Jesus.

Gebet für den heutigen Tag

Lieber himmlischer Vater, danke für deine Liebe und Gnade, die du uns erwiesen hast. Danke für deine Zusage, dass wir ewig leben werden und dass uns der Himmel sicher ist. Danke, dass wir auf das Kommen Jesu hoffen dürfen. Hilf mir, jeden Tag im Licht dieser Gnade zu leben. Die Zeichen unserer Zeit scheinen darauf hinzuweisen, dass Christi Wiederkunft nicht mehr allzu weit entfernt ist. Bitte hilf mir, in deiner Liebe zu bleiben, während ich auf sein Kommen warte. Das bete ich in Jesu Namen, Amen.

Der neue Endzeitthriller
von James BeauSeigneur

Einem Wissenschaftler gelingt geradezu Unglaubliches. Er entnimmt dem Turiner Grabtuch lebende Hautzellen und klont daraus einen Menschen. Doch damit nicht genug. In einem Augenblick sterben auf der ganzen Welt Millionen von Menschen und die Hinterbliebenen bleiben voller Fragen zurück.
In den Wirren globaler Spannungen taumelt die Welt auf eine finale Apokalypse zu. Die Stunde des vermeintlichen Messias schlägt, und es wird sich zeigen, ob er die Welt in ein besseres Morgen führen wird … oder ob er doch nicht der ist, für den ihn viele halten.

James BeauSeigneur
Das Jesus-Gen
Messias-Trilogie – Band 1
Gebunden, 400 Seiten
Best.-Nr. 657 484